하나님의 은혜를 경험하는 3가지 영적 습관

은혜받는 습관

Habits of Grace

데이비드 마티스 지음 | 조계광 옮김

생명의말씀사

HABITS OF GRACE
by David Mathis

Copyright © 2016 by David Mathis
Published by Crossway
a publishing ministry of Good News Publishers
Wheaton, Illinois 60187, U.S.A.

This edition published by arrangement with Crossway through rMaeng2, Seoul, Republic of Korea.
All rights reserved.

This Korean Edition Copyright © 2016 by Word of Life Press, Seoul, Republic of Korea.

이 한국어판의 저작권은 알맹2를 통하여 Crossway와 독점 계약한 생명의말씀사에 있습니다. 신 저작권법에 의하여 한국 내에서 보호받는 저작물이므로 무단 전재와 무단 복제를 금합니다.

은혜받는 습관

ⓒ 생명의말씀사 2016

2016년 9월 27일 1판 1쇄 발행
2024년 9월 10일   4쇄 발행

펴낸이 | 김창영
펴낸곳 | 생명의말씀사

등록 | 1962. 1. 10. No.300-1962-1
주소 | 서울시 종로구 경희궁1길 6 (03176)
전화 | 02)738-6555(본사) · 02)3159-7979(영업)
팩스 | 02)739-3824(본사) · 080-022-8585(영업)

기획편집 | 구자섭
디자인 | 조현진
인쇄 | 주손디앤피
제본 | 주손디앤피

ISBN 978-89-04-16556-8 (03230)

저작권자의 허락없이 이 책의 일부 또는 전체를
무단 복제, 전재, 발췌하면 저작권법에 의해 처벌을 받습니다.

은혜받는 습관

"대다수 사람들은 전문적이거나 학술적인 실력이나 운동 기술을 연마하려면 반드시 훈련이 필요하다고 생각한다. 그러나 어떤 이유에서인지 그리스도인들은 이 원리를 신앙생활에 잘 적용하지 않는다. 저자는 이 책에서 영적 훈련의 중요성을 설득력 있게 제시하고 있다. 그는 매우 흥미로운 방식으로 신앙생활을 위한 영적 훈련을 실천에 옮길 수 있는 동기를 부여한다. 이 책은 믿음의 길을 막 걷기 시작한 새 신자들은 물론, 이미 그 길을 걷고 있는 신자들 모두에게 매우 유익하다."
_ 제리 브리지스, 『거룩한 삶의 추구』의 저자

"이 책은 성경 읽기, 기도, 교제에 관해 다른 많은 사람이 말하는 것을 다루지만, 성경을 읽고자 하는 결심과 기도하고 싶은 열정을 자극한다는 점에서 강한 설득력과 매력을 지니고 있다. '은혜의 수단'을 단지 의무로 생각한다면, 성화의 비결은 책임 이행에 있을 것이다. 그러나 은혜의 수단을 하나님이 우리 안에서 역사하시는 증거이자 은혜로운 선물로 옳게 인식한다면, 왕이신 예수님의 영광 안에서 자유를 만끽하면서 더 큰 기쁨을 누리게 될 것이다."
_ D. A. 카슨, 트리니티 복음주의 신학교 신약학 연구 교수이자 복음 연합 공동 설립자

"저자는 영적 훈련에 관한 서론을 쓰겠다고 목표를 세웠지만 결국에는 그 이상의 업적을 이루었다. 이 책에서 가장 마음에 드는 점은 저자가 영적 훈련을 제시하는 방식이다. 그는 영적 훈련을 '은혜의 수단', 곧 예수님을 기뻐하는 습관을 기르는 수단으로 묘사하기를 좋아한다. 저자는 예수님 당시의 바리새인들이나 오늘날의 율법주의자들이 잘못 생각하고 있는 것과는 달리 성경적인 실천 행위가 끝이 없다고 설명한다. 그런 실천 행위는 그리스도를 구하고, 맛보고, 기뻐하는 수단에 해당한다. 아무쪼록 주님이 이 책을 도구로 삼아 우리로 하여금 예수님 안에서 더 큰 기쁨을 누리게 해주시기를 기도한다."
_ 도널드 휘트니, 남침례교 신학교 신학부 학과장이자 영성학 부교수,
『신앙생활을 위한 영적 훈련』의 저자

"간단하고, 유용하고, 유익한 책이다. 저자는 우리의 삶을 재조정하고 믿음을 견고하게 하는 세 가지 핵심적인 영적 훈련을 심도 있게 다루었다. 이 책은 만사가 점점 더 복잡해지는 듯 보이는 세상에서 좀 더 여유로운 태도로 가장 중요한 것에 다시 초점을 맞추도록 도와준다."

_ 루이 지글리오, 애틀랜타 주 패슨시티 교회 담임목사이자 패슨 컨퍼런스 설립자

"이 책은 나의 마음과 우선순위와 신앙생활을 규칙적으로 점검할 수 있도록 도와주기에 충분하다. 저자는 은혜에 의해 시작된 의도적인 영적 습관, 곧 은혜가 그 원천으로부터 더욱 풍성하게 흘러나와 우리의 삶 속에 깊이 침투하도록 도와주는 습관을 통해 그리스도 안에서 더 큰 기쁨을 누리도록 돕는 영적 훈련 입문서를 우리에게 선물했다."

_ 낸시 리 드모스, 저술가, 라디오 프로그램 "Review Our Hearts" 진행자

"우리는 영적 훈련을 개인의 차원에서 해야 할 일로 생각할 때가 너무나도 많다. 저자는 그와 달리 매우 참신하고도 통찰력 넘치는 접근 방식을 시도한다. 저자는 개인적으로 성경을 읽고 기도해야 할 뿐 아니라 경험 많은 신자들의 조언을 구하고, 다른 사람들과 성경 공부에 관해 대화를 나누고, 함께 기도하라고 권한다. 영적 훈련을 비롯해 신앙생활의 모든 요소는 개인의 차원에만 국한되지 않는다. 저자는 깊이 있는 성경 지식과 실용적인 지침과 설득력 있는 전달 방식을 통해 하나님의 은혜에 토대를 둔 영적 훈련을 열심히 추구하도록 독려한다."

_ 트릴리아 뉴벨, 『United: Captured by God's Vision for Diversity』, 『Fear and Faith』의 저자

"내가 성장할 무렵, 영적 훈련은 율법주의적인 분위기를 많이 풍겼다. 그러나 요즘에는 또 다른 극단에 치우쳐 가정이나 개인의 경건의 시간이 신속히 사라져 가는 듯하다. 산만함과 자율성을 특징으로 하는 오늘날의 문화 속에서 '습관'이라는 용어는 더 이상 사람들의 흥미를 끌지 못한다. 그러나 인간의 인격은 주로 습관을 통해 형성된다. 예수님은 은혜의 수단(전파되거나 기록된 말씀, 세례, 성찬)을 통해 우리를 축복하겠다고 약속하셨다. 기도는 갓난아이의 첫 울음소리처럼 은혜에 대한 첫 반응이다. 기도가 없으면 우리는 결코 성장할 수 없다. 기도 외에도 우리에게 동기를 부여하고, 우리의 인격과 삶을 형성하는 여러 습관이 있다. 그런 영적 훈련을 다시 논의의 장으로 불러들인 이 책이 참 고맙다. 바라건대 이 책을 통해 영적 습관이 새롭게 회복되는 계기가 생겼으면 좋겠다."

_ 마이클 호튼, 캘리포니아 웨스트민스터 신학교 조직신학 교수,
『Calvin on the Christian Life』의 저자

"영적 훈련을 모두 터득한 그리스도인은 아무도 없다. 사실 은혜 안에서 성장할수록 하나님의 말씀을 듣고, 그분께 아뢰고, 그분을 묵상하는 일에 관해 얼마나 무지한가를 더욱 절실히 깨닫게 된다. 성숙할수록 우리의 부족함이 더욱 드러난다. 이 책은 영적 훈련에 관한 매우 유익한 안내서다. 이 책은 새 신자들에게는 기본적인 지침을 제시하고, 오랫동안 주님과 동행해 온 신자들에게는 새로운 격려를 제공한다. 이 책을 추천하게 되어 참으로 기쁘다."

_ 팀 챌리스, 『Next Story』의 저자, "Challies.com" 블로거 운영자

"저자는 실용적이고 이용하기 쉬운 영적 훈련에 관한 책을 펴냈다. 그는 질책하거나 위압적이지 않은 어조로 여러 가지 격려와 제안과 통찰력 넘치는 의견을 제시함으로써 이제 막 믿기 시작한 신자조차도 은혜의 수단을 활용해 신앙생활의 습관을 길러 나갈 수 있도록 도와준다. 주제를 다루는 방식이 참으로 간단명

료하면서도 철저한 이 책은 새 신자에게는 좋은 출발점을, 경험 많은 신자에게는 더욱 성장할 수 있는 기회를 제공한다."

_ 젠 윌킨, 『Women of the Word』의 저자, 성경 공부 교사

"나는 글을 쓰기 전에 먼저 실생활 속에서 다양한 경험을 쌓은 사람들이 쓴 책을 읽는 것을 좋아한다. 이 책도 그중에 하나다. 저자는 자신이 권장하는 은혜의 습관을 직접 활용해 예수님을 추구해 왔다. 이 책에서 우리의 생각을 일깨우고 마음을 뜨겁게 만드는 흥미로운 표현을 사용해 시공을 초월하는 가르침을 베풀어 준 저자에게 심심한 사의를 표한다. 이 책은 심원한 진리를 부담 없이 읽을 수 있게 해준다. 나는 이 책을 캠퍼스 사역에 힘쓰는 우리 간사들의 손에 들려주고 싶고, 방방곡곡에 있는 학교 기숙사와 캠퍼스에서 이 책이 읽히는 모습을 보고 싶다."

_ 매트 브래드너, 캠퍼스 아웃리치 지역 본부장

"이 책은 복음적이고, 말씀 중심적이고, 그리스도를 높이는 영적 훈련을 소개하고 있다. 저자는 성화가 공동체적인 과제라고 강조한다. 이 책은 교회의 중요성을 크게 부각시킨다. 소그룹 공부나 경건의 시간이나 영적 훈련을 처음 생각하는 친구에게 건넬 수 있는 선물로 매우 적절하다. 이 책을 강력히 추천한다."

_ 나단 핀, 유니언대학교 신학 및 선교 학부 학장

존 파이퍼의 추천의 글	12
서문	18
들어가는 글　거세게 몰아치는 하나님의 은혜	26

1부 말씀의 습관 : 하나님의 음성 듣기

1장　하나님의 말씀으로 삶을 만들어라　　44

본래의 말씀 | 성육신하신 말씀 | 복음의 말씀 | 기록된 말씀 | 삶에 침투하는 말씀 | 우리 자신에게 말씀 전하기

2장　성경을 폭넓게 읽고 깊이 공부하라　　52

성숙한 신자에게 물어보라 | 연습을 통해 기술을 연마하라 | 묵상의 기술을 터득하라 | 예수님을 발견하라 | 성경을 읽겠다고 결심하라 | 성경을 통독하라 | 갈퀴질에 만족하지 말라 | 하나님의 말씀을 깊이 파헤쳐라 | 성경 연구에 더욱 능숙해져라 | 삽질하는 것을 잊지 말라 | 다이아몬드를 발견하라 | 성경 읽기의 조력자, 성령님을 의지하라

3장　묵상으로 자신을 뜨겁게 하라　　68

묵상의 의미 | 주야로 행하는 묵상 | 시편에 나타난 묵상 | 묵상은 잃어버린 고리다 | 진정한 치유 | '경건의 시간'의 가장 중요한 요소

4장　말씀을 자신의 마음과 삶에 적용하라　　76

하나님의 말씀은 우리를 위한 것이다 | 매일 성경을 구체적으로 적용해야 하는가? | 하나님의 말씀은 영혼의 눈을 열어 준다 | 성경 적용이 가져다주는 축복

5장　하나님의 생각을 마음에 새겨라　　84

오늘을 위해 생각을 형성하라 | 어떤 사람은 성경 암송을 '묵상'으로 일컫는다 | 성령의 일을 생각하라 | 그리스도의 마음이 우리의 것이다 | 두 가지 큰 효과 | 성경 암송을 위한 5가지 조언 | 영혼을 뜨겁게 하는 10가지 복음 구절 | 깊이 생각해야 할 12가지 복음 본문

6장　평생 학습자가 되겠다고 결심하라　　102

우리의 배움은 그리스도의 날이 이를 때까지, 그리고 그 이후에도 여전히 계속된다 | 말씀에 초점을 맞춰라 | 평생 학습을 위한 5가지 원리

목 차

2부 기도의 습관 : 하나님의 귀에 아뢰기

7장 하나님께 아뢸 수 있는 특권을 마음껏 누려라   112
말씀하시는 하나님은 또한 들으신다 | 우리가 시작하지 않은 대화 | 기도의 위대한 목적 | 기도의 실천 | 우리는 예수님의 이름으로 기도한다

8장 개인적으로 은밀하게 기도하라   120
골방 기도 | 우리의 부족함을 채워 주는 수단 | 관계를 위한 수단 | 은밀한 기도를 위한 5가지 지침

9장 끊임없이 공동체와 함께 기도하라   130
기도로 하루를 살아가라 | 핵심 원리 : 함께 기도하라 | 그리스도와 그분의 동료들 | 공동 기도를 위한 5가지 조언 | 공동 기도의 9가지 유익

10장 금식으로 마음을 날카롭게 하라   143
금식이란 무엇인가? | 예수님은 우리가 금식하기를 원하셨다 | 금식은 마음을 뜨겁게 한다 | 금식하겠는가? | 금식하지 못하는 이유 | "너희가 금식할 때에" | 일시적인 긴급 수단 | 금식을 시작하는 법

11장 신앙 일기를 쓰라   156
의무는 아니다 | 신앙 일기를 쓰는 것이 왜 좋은가? | 과거의 일을 기록하는 수단 | 더 나은 미래를 건설하는 수단 | 현재를 풍요롭게 하는 수단 | 신앙 일기를 잘 쓸 수 있는 5가지 방법

12장 분주한 삶을 잠시 멈추고 침묵하라   168
침묵과 고독 | 침묵과 고독이 왜 필요한가? | 침묵 속에서 들어야 할 소리 | 위험을 경계하라 | 매일 홀로 조용히 보내는 시간을 만들라 | 특별한 침묵과 고독의 시간을 마련하라

3부 교제의 습관 : 하나님의 몸에 속하기

13장 교제를 통해 배워라　　　　　　　　　　　178
복음을 위한 동반 관계 | '교제'를 언급한 2가지 성경 본문 | 형제를 위한 수단이 되라 | 은혜의 영광스런 보조 수단 | 언약 공동체 안에서의 교제 | 잘 듣기 위한 6가지 지침

14장 공적인 예배로 불을 지펴라　　　　　　　　192
큰 무리에 속한 기쁨 | 가장 중요한 은혜의 수단 | 예배는 수단이 아니다 | 기쁨의 비밀 : 나를 잊어버림 | 공적인 예배의 5가지 유익

15장 강단에서 전하는 말씀에 귀를 기울이라　　　203
말씀을 듣는 훈련 | 강단에서 전하는 하나님의 사랑 | 설교의 초점은 예수님이시다 | 예수님은 자신의 교회에 임하신다 | 기쁨을 경험하라 | 충실한 설교가 주는 5가지 은혜

16장 물로 씻어라　　　　　　　　　　　　　　　213
은혜의 수단, 성례 | 물을 통한 은혜 | 세례를 잘 활용하라 | 믿음으로 바라보고 영혼을 정화하라

17장 성찬의 은혜 안에서 성장하라　　　　　　　219
축복이냐 심판이냐 | 과거 : 복음의 재현 | 현재 : 그리스도의 죽음을 전하는 것 | 미래 : 궁극적인 만찬을 기다리는 것

18장 책망을 달게 받으라　　　　　　　　　　　225
지혜의 분수령 | 책망의 선물을 감사하게 여기라 | 형제의 말을 통해 하나님의 음성을 들으라 | 실천하기보다 말하기가 더 쉽다 | 책망의 능력을 여는 열쇠 | 책망의 축복을 베풀라

4부 경건한 습관들 : 하나님의 청지기로서 살기

19장 예수님의 위임 명령을 기억하라   240
복음 전도와 영적 성장 | 제자 훈련

20장 재물을 선용하라   251

21장 시간을 지혜롭게 사용하라   260
하나님의 뜻이면 | 생산성 높은 시간 관리라는 통념 | 사랑으로 역사하는 믿음 | 지금까지 낭비해 온 시간을 보상하라 | 시간을 선용하기 위한 4가지 교훈 | 예수님의 말씀을 기억하라

나가는 글   바쁠수록 그리스도와 가까이 하라   272
주   278

존 파이퍼의 추천의 글

저자가 일부러 의도했다고는 생각하지 않지만, 이 책의 영문 제목 『Habits of Grace : Enjoying Jesus through the Spritual Disciplines』는 일종의 교차 대구법에 해당한다. 제목이 무척이나 마음에 든다. 나는 이 점에 착안해 추천의 글을 쓰려고 한다. '교차 대구'를 뜻하는 영어 단어 '카이아즘'(chiasm)은 대문자 '엑스'(X)처럼 생긴 헬라어 알파벳 '카이'로 표기한다는 의미를 지닌다(알파벳 '카이'의 형상처럼 문장을 서로 교차시킨다는 의미-역주).

교차 대구법은 첫 문장의 첫 번째 단어를 두 번째 문장의 마지막 단어와 대응시키고, 첫 번째 문장의 두 번째 단어를 두 번째 문장의 첫 번째 단어와 대응시켜 그 중간에 요점이 되는 단어를 배열하는 문장 기법을 가리킨다. 이 책의 주제와 부제는 다음과 같이 교차 대구를 이루고 있다.

습관(Habits)
  은혜의(of Grace)
    예수님을 기뻐하기(Enjoying Jesus)
  영적 (훈련)을 통해(through the Spiritual)
훈련(Disciplines)

'습관'은 '훈련'에 대응하고, '은혜'는 '영적'과 대응하며, '예수님을 기뻐하기'가 요점이다. 이 책이 읽을 가치가 있는 이유가 여기에 잘 나타나 있다. 이 같은 교차 대구법은 '예수님을 기뻐하는 것'이 이 책의 요점이라는 것을 분명하게 보여 준다.

'요점'은 사상의 중심이 되는 관점이나 생각을 가리킨다. 따라서 요점은 항상 그보다 더 많은 내용을 수반하기 마련이다. 요점은 나머지 내용을 이끄는 구심점에 해당한다.

저자는 우리로 하여금 예수님을 즐거워하도록 돕기 위해 이 책을 썼다. 그는 친절하려고 애쓰지 않고, 마치 핵폭탄 같은 태도를 취했다. 하지만 예수님을 기뻐하는 것에 관한 그의 생각은 엄청난 폭발력을 지녔다. 예수님을 목숨보다 더 기뻐하려면(마 10:38), 그분을 위해 모든 것을 버림으로써 세상을 깜짝 놀라게 만들어야 한다. 예수님을 기뻐하는 것은 케이크의 생크림이 아니라 포탄 속의 화약과도 같다.

예수님을 기뻐하는 것은 삶의 방식을 혁신적으로 변화시킬 뿐 아니라 예수님의 위대하심을 밝히 드러낸다. 이것이 우리가 성령을 받은 이유다. 예수님은 성령께서 자기의 영광을 나타내기 위해 오셨다고 말씀하셨다(요 16:14). 성령과 하나님의 백성이 행하는 사역의 일차적인 목표는 예수님이 그 어떤 사람이나 사물보다 더 영광스러우시다는 것을 보여 주는 것이다. 예수님보다 세상을 더 좋아하는 사람은 결코 그런 일을 할 수 없다. 그들은 세상을 더 크게 보이게 만들 뿐이다. 그리스도인의 삶 뿐만아니라 온 우주의 궁극적인 목적이 그분의 아들을 기뻐하는 것에 달려 있다.

그러나 이 일을 감당하는 것은 결코 쉬운 일이 아니다. 우리의 마음은 예수님보다 세상을 더 좋아하는 경향이 있기 때문이다. 이것이 이 책의 핵심 사상, 곧 '예수님을 기뻐하는 것'이 '영적'이라는 말과 '은혜'라는 말 사이에 위치하는 이유다.

은혜
  예수님을 기뻐하기
영적

'은혜'는 하나님의 자유롭고 주권적인 사역에서 비롯한다. 은혜는 우리가 아무 자격이 없는데도 우리 힘으로 할 수 없는 일을 우리를 위해 이루는 능력을 발휘한다. 또한 '영적'이라는 말은 성령께서 행하시는 사역을 묘사하는 성경 용어다. 이는 '종교적인', '신비한', '뉴에이지적인' 등의 의미와는 거리가 멀다. 이 용어는 '성령께서 일으키시고 형성하신다.'라는 의미를 담고 있다.

우리가 예수님을 기뻐하고자 할 때, 하나님은 우리를 홀로 두지 않으시고 은혜와 성령으로 도움을 베푸신다. 그분은 "여호와를 기뻐하라"(시 37:4)고 명령하고 나서 뒷전에 물러서서 우리가 그렇게 할 수 있는지 지켜보고만 계시지 않는다. 하나님은 우리와 언약을 맺으시고, "내 영을 너희 속에 두어 너희로 내 율례를 행하게 하리니"(겔 36:27)라고 말씀하신다. 하나님은 자신이 명령한 것을 지킬 수 있도록 도와주신다. 예수님을 기뻐하는 것은 선택 사안이 아닌 의무이자 신령하고 은혜로운 선물이다.

하지만 그 선물은 수단을 통해 주어진다. 이것이 '은혜'가 '습관'과, '영적'이 '훈련'과 각각 짝을 이루는 이유다.

습관
   은혜의
      예수님을 기뻐하기
   영적 (훈련)을 통해
훈련

성경은 "하나님이 선하신 목적을 이루기 위해 너희 안에서 역사하시니 너희는 가만히 누워만 있으면 된다."라고 말하지 않는다. 성경은 "너희 안에서 행하시는 이는 하나님이시니 두렵고 떨림으로 너희 구원을 이루라"고 말한다(빌 2:12-13 참조). 하나님의 사역은 우리의 사역을 불필요하게 만드는 것이 아니라 오히려 가능하게 만든다. 바울은 "내가 나 된 것은 하나님의 은혜로 된 것이니 내게 주신 그의 은혜가 헛되지 아니하여 내가 모든 사도보다 더 많이 수고하였으나"(고전 15:10)라고 말했다. 은혜는 우리의 잘못을 용서하는 데 그치지 않고, 예수님을 자신의 목숨보다 더 기뻐할 수 있도록 우리에게 능력을 공급해 준다.

이 책은 은혜의 능력을 의지하는 영적 습관을 다룬다. 성령께서는 영적 훈련을 위한 힘을 주신다. 영적 습관과 훈련은 생명의 샘물을 마시는 데 필요한 수단일 뿐, 그 기쁨을 얻는 공로가 될 수는 없다.

영적 습관과 훈련은 은혜를 받는 수단이지 기쁨을 얻기 위한 대가가 아니다. 비유하자면, 샘물을 마실 수 있는 수도관에 해당하는 셈이다. 시편 저자는 "주께서 복락의 강물을 (값을 받고) 파시리이다"가 아니라 "복락의 강물을 마시게 하시리이다"(시 36:8)라고 말했다.

그러나 우리는 은혜의 강물을 헛되이 흘려보내는 경향이 있다. 따라서 은혜의 강물을 계속해서, 규칙적으로 마실 수 있는 방법을 가르쳐 줄 교훈과 통찰력이 필요하다.

'은혜의 습관'이나 '영적 훈련'이라는 주제에 관한 책을 읽어 본 적이 없는 초신자라면 이 책부터 시작해 보라. 또한 하나님의 복된 강물을 마시기를 즐겨한 성숙한 신자였지만 최근에 어떤 이유로든 메마른 사막에서 갈팡질팡 헤매는 상황에 처했다면, 이 책이 본래의 자리로 되돌아갈 수 있는 좋은 길잡이가 되어 줄 것이다.

_ **존 파이퍼**
'하나님을 향한 갈망'(desiringGod.org)
미네소타 주, 미니애폴리스

서문

이 책이 '영적 훈련', 또는 '은혜의 수단'에 관한 결정판이라거나 그에 버금가는 책이라고 허세를 부릴 생각은 조금도 없다. 사실 나는 내용을 비교적 간결하게 쓰려고 노력했다. 이 책을 서론이나 방향 제시의 의미로 받아들여 주었으면 좋겠다. 좀 더 상세히 다루어야 할 여러 가지 중요한 주제들은 다른 사람들의 글을 참고해 주기 바란다.[1]

나는 나이 고하를 막론하고 모든 신자들에게, 다양한 은혜의 습관, 곧 영적 훈련에 대한 접근 방식을 단순화시켜 중요한 세 가지 핵심 원리에 초점을 맞추라고 권하고 싶다. 세 가지 원리란 하나님의 음성 듣기(말씀), 하나님께 아뢰기(기도), 하나님의 몸에 속하기(교제)를 가리킨다.

이 간결한 접근 방식과 이 책에 실린 내용의 대부분은 내가 베들레헴신학대학교에서 학부 3학년생에게 '영적 훈련'에 관해 가르칠 당시에 처음 형성되기 시작했다. 그 후로 나는 학생들이 가장 유익하게 여기는 듯 보인 개념들을 '디자이어링 갓' 사이트(desringGod.org)에 논문 형식으로 발표했다. 많은 격려의 말이 건네졌고, 친절하게도 크로스웨이 출판사에서는 그 생각들을 책으로 출판할 수 있는 기회까지 제공했다.

영적 훈련에 관한 대다수 책들과는 달리, 나는 이 책의 부피를 일부러 절반가량 줄였다. 이 책을 읽고 나서 좀 더 부피가 큰 책들까지 읽어 준다면 더 바랄 것이 없겠다. 내가 중요한 주제를 간추려 책의 부피를 줄이고, 은혜의 수단에 관한 접근 방식을 가능한 한 간결하게 다룬 이유는 부피가 큰 책을 읽는 것을 주저하는 사람들이 어렵지 않게 읽을 수 있게 하기 위해서였다.

물론 이 책의 발단은 대학생들을 가르치고, 논문을 쓰기 훨씬 이전까지 거슬러 올라간다. 사우스캐롤라이나 주 스파턴버그에서 어린 시절에 다녔던 교회와 부모님들의 모습이 아직도 기억에 생생하다. 아버지는 아침이면 늘 일찍 일어나 치과 사무실로 출근하기 전에 성경을 읽고 기도를 드렸으며, 어머니는 낮에 식탁 위에 성경책을 펼쳐 놓고 틈나는 대로 말씀을 읽었다. 또 나는 교회에서 초등부, 중등부, 고등부를 거치면서 신앙의 기본 원리를 자세하고 깊이 있게 배우면서 성장했다.

대학교에 다니는 동안, 학기 중에는 '캠퍼스 아웃리치' 사역을 통해 제자 훈련을 받았고, 여름 방학에는 다양한 훈련 프로그램에 참여해 신앙의 성장을 도모했다. 대학교 2학년 때는 제자 훈련 담당자가 도널드 휘트니의 『신앙생활을 위한 영적 훈련』(*Spiritual Disciplines for the*

Christian Life)이라는 책을 내게 소개했다. 그 후 나는 나보다 어린 학생들에게 '경건의 시간을 갖는 방법'을 가르치는 제자 훈련을 시작했고, 그 후 미니애폴리스의 캠퍼스 아웃리치(Campus Outreach)의 간사로서 그 활동을 이어 갔다. 그때의 경험들이 축적되어 나중에는 베들레헴신학대학교 학부 3학년생들을 가르치게 되었던 것이다.

나는 2006년 이후에 서로 가깝게 지내며 함께 일해 온 존 파이퍼로부터 많은 영향을 받았다. 존 파이퍼의 설교와 저서를 잘 알고 있는 사람들이라면 이 책의 내용 중에서 그의 영향을 받은 흔적을 쉽게 발견할 수 있을 것이다. 그의 영향력은 내가 직접 인용한 그의 말은 물론이고 나의 사고 구조나 직관에서도 여실히 드러난다. 나는 그의 영향력을 떨쳐낼 수도 없고, 또 그렇게 하고 싶지도 않다.

존 파이퍼가 2004년에 펴낸 『말씀으로 승리하라』(*When I don't desire God*)는 성경 읽기와 기도에 관한 실용적인 가르침을 집약적으로 다루고 있지만, 은혜의 수단에 관한 가르침과 그의 영적 습관은 그의 사역 전체에 두루 산재되어 있다. 그 가운데서도 특히 '하나님을 향한 갈망' 사이트에 게재된 새해 설교와 기도, "존 목사에게 물어보세요"(Ask Pastor John)라는 코너에 게재된 질의와 응답을 통해 두드러지게 나타난다.

나는 이 책의 출판을 제의받고 난 직후에, 『팀 켈러의 기도』를 읽었다. 기도를 다룬 2부을 읽어 보면 알겠지만, 나는 팀 켈러의 통찰력을 통해 많은 것을 깨달았다. 그의 책을 강력히 추천한다. 바라건대 독자들이 내가 기도에 관해 간단하게 언급한 내용을 통해 올바른 방향을 찾고, 또 조만간 팀 켈러의 탁월한 인도 아래 더욱 발전된 수준으로 빌돋움할 수 있기를 기도한다.

이 책의 특징

나는 영적 훈련을 좀 더 상세하게 다룬 책들을 읽으라고 권하고 싶다. 물론 그렇다고 해서 이 책이 아무 특징도 없는 개론적 수준에 머물러 있다는 뜻은 결코 아니다. 이 책의 가장 뚜렷한 특징은 간결하다는 것 외에도 이미 언급한 대로 삼중적인 구조로 구성되어 있다는 점을 꼽을 수 있다. 이 책은 우리의 삶에 적용할 수 있는 열두 가지, 또는 그 이상의 실천 방법을 제시하기보다 세 가지 핵심 원리(말씀, 기도, 교제)에 초점을 맞추고 있다. 이 세 가지 원리를 구체적으로 적용하면, 제각기 다른 신자들의 삶과 그들의 다양한 상황에 적용할 수 있는 창의적이고 유익한 영적 습관을 무수히 만들어낼 수 있다.

특히 이 구조는 은혜의 수단인 교제를 기독교적인 삶의 본질적인 요소로 복구시킨다. 존 파이퍼와 팀 켈러와 도널드 휘트니의 책은 개인 훈련에 초점을 맞출 뿐 교제의 역할에 관해서는 거의 다루지 않았다.[21]

나는 이 책을 총 4부로 나누어 비슷한 영적 훈련을 한데 묶어 독자들로 하여금 쉽게 이해할 수 있도록 안배했고, 각 장은 단번에 끝까지 읽을 수 있도록 길이를 짧게 구성했다.

늘 한 가지 특정한 영적 훈련에만 매달리지 말고, 은혜의 역사가 일어나는 핵심을 파악해 모든 영적 원리를 실천적인 습관으로 정착시키는 것이 중요하다. 나는 모두가 그런 방식을 터득해 스스로 자신의 삶에 적용할 수 있기를 바란다.

아울러 나는 크로스웨이 출판사의 요청에 따라 더욱 깊은 성찰과 적용을 원하는 독자들을 위해 "스터디 가이드"를 집필했다. 스터디 가이드는 개인이나 그룹 모두가 이용할 수 있도록 구성되었고, 워크북 형태로 만들어졌다.

단지 이 책이 권장하는 영적 습관을 실천에 옮길 시간이 없다는 이유로 고개를 돌려 외면하지 말았으면 좋겠다. 이 책은 은혜의 수단을 일상의 생활 습관에 적용하는 것이 매우 현실적일 뿐 아니라 삶을 더욱 풍요롭게 해준다는 점을 이해할 수 있게 도와줄 것이다.

이 책은 교제를 강조할 뿐 아니라 영적 훈련을 다룬 많은 책들과는 달리 기쁨을 추구하는 삶에 중점을 두어 그 점을 더욱 뚜렷하고 확실하게 부각시킨다.

독자들을 위한 바람과 기도

이 책을 읽는 동안 그리스도 안에서 기뻐하는 삶을 추구하는 데 있어 은혜의 수단이 매우 실질적이고, 현실적이며, 바람직한 기능을 발휘한다는 점을 깨달을 수 있기를 기도한다. 이 책이 일반 신자들에게 많은 유익을 주고, 특별히 생전처음 다양한 신앙생활의 습관과 실천 행위를 배우려고 노력하는 젊은 신자들과 대학생들에게 큰 도움이 될 수 있기를 바란다.

아울러 나는 이 책이 독자들에게 단순함과 견실함과 확고함과 능력과 기쁨을 일깨워 주기를 바란다.

'단순함'이란 세 가지 주요 통로로서 '은혜의 수단'을 바라봄으로 신앙생활을 위한 은혜의 원리를 이해하도록 돕고, 저마다 독특한 개개인의 현실적이고 삶을 풍요롭게 하는 실천 행위(습관)를 계발하도록 돕는 것을 가리킨다.

'견실함'은 각자의 영혼의 상태를 이해해 신앙생활의 습관과 실천 행위를 계발함으로써 이 타락한 세상에서 인생의 온갖 우여곡절을 거치는 동안 스스로를 알 뿐 아니라 피곤한 손과 연약한 무릎을 일으켜 세우고 너희 발을 위하여 곧은 길을 만들어(히 12:12-13), 하나님의 사랑 안에서 자신을 지키는 방법을 터득할 때(유 1:21), 느낄 수 있는 만족에 이르도록 돕는 것을 가리킨다.

'확고함'은 신앙의 길을 걸어가는 동안 하나님이 우리를 붙들어 주시고, "때를 따라 돕는 은혜"(히 4:16)를 주시는 일을 얼마나 충실하게 이행하시는지를 깨닫는 것을 가리킨다.

'능력'은 하나님의 말씀을 듣고, 그분께 아뢰고, 그분의 몸에 속하는 것이 우리에게 주어진 사명과 복음 사역을 위해 헌신할 수 있는 영적 활력과 힘을 제공한다는 것을 의미하고, '기쁨'은 하나님이요 인간이신 주님을 마주 대하고, 그분은 물론 동료 신자들과 영원토록 온전한 교제를 나눠야만 우리의 가장 깊은 갈망이 비로소 해소될 수 있다는 것을 의미한다.

이 책은 은혜의 수단이 다양한 은혜의 습관으로 발전해 나갈 때, 언제나 하나님 안에서 기쁨을 누리고, 그분을 영화롭게 하는 수단이 되어야 한다는 점을 거듭 분명하게 강조한다.

　이 모든 수단의 배후에는 하나님의 단순하심과 견실하심과 확고하심과 능력과 기쁨이 존재한다. 이것은 그분의 약속이 지니는 특징이다. 하나님은 언제라도 그런 수단들을 통해 풍성한 은혜를 홍수처럼 쏟아부어 줄 준비를 갖추고 계신다.

　자, 그런 은혜를 받을 준비가 되어 있는가?

들어가는 글

거세게 몰아치는 하나님의 은혜

하나님의 은혜는 어디에도 제한되지 않는다. 하나님의 은혜는 우리의 기대나 예상이나 판단을 무색하게 하고, 통제력을 확보하려는 우리의 열망을 비웃기라도 하는 듯 온 세상을 뒤흔들고 있다. 하나님은 아무 자격도 없는 온갖 종류의 죄인들에게 풍성한 은혜를 거침없이 쏟아부어 우리의 자기만족을 철저하게 벗겨내신다.

하나님의 은혜를 우리의 삶 속에 계속 받아들일 수 있게 해주는 '은혜의 수단'과 실천 행위(습관)를 살펴보기에 앞서 분명하게 밝혀둘 사실이 있다. 그것은 하나님의 은혜가 우리의 기술과 방법을 무한히 능가한다는 것이다. 은혜의 수단은 하나님의 은혜를 얻거나 그분을 강요하거나 그분의 축복을 좌지우지할 수 있는 공로가 아니라 그분이 이끄시는 대로 일관되게 따라갈 수 있는 준비를 갖추도록 도와줄 뿐이다.

은혜는 창세전부터 자유롭고 거세게 역사해 왔다. 하나님의 거센 은혜는 세상이 창조되기 전부터 시공을 초월해 존재했고, 사람들이 창조되기도 전에 이미 하나님의 아들과 사람들의 관계를 설정했으며, 그리스도 안에서 사람들을 선택했다(엡 1:4). 하나님은 은혜의 영광을 찬송하게 하려고 크나큰 사랑을 베푸시어 우리를 예수 그리스도로 말미암아 자기의 아들들이 되게 하셨다(엡 1:5). 하나님의 거룩한 선택은 우리 안에 어떤 선한 것이 있을 것을 예견한 상태에서 이루어지지 않았다. "만일 은혜로 된 것이면 행위로 말미암지 않음이니 그렇지 않으면 은혜가 은혜 되지 못하느니라"라는 말씀대로, 하나님이 우리를 선택하신 것은 순전한 은혜였다(롬 11:5). 디모데후서 1장 9절도 "우리의 행위대로 하심이 아니요 오직 자기의 뜻과 영원 전부터 그리스도 예수 안에서 우리에게 주신 은혜대로 하심이라"고 말한다.

이렇듯 하나님은 창조, 타락, 대홍수, 아담과 노아와 아브라함과 다윗 왕의 시대를 거쳐 오면서 무한한 인내로 은혜의 길을 준비하셨다. 그러는 동안 사람들은 고통 속에 신음하며 이따금 하나님의 긍휼을 경험하거나 장차 올 풍성한 구원의 만찬을 미리 맛보면서 기다렸다. 선지자들은 장차 임할 은혜를 예언했다(벧전 1:10). 마침내 그때가 이르렀고, 구원자가 나타나셨다.

세상 안으로 밀려드는 하나님의 은혜

마침내 "하나님의 은혜"가 나타났다(딛 2:11). 은혜가 육신이 되었다. 신성과 인성을 갖추신 구원자가 우리 가운데 거하시니 은혜와 진리가 충만했다(요 1:14). 우리가 다 그분의 충만한 데서 받으니 은혜 위에 은혜였다(요 1:16). 율법은 모세를 통해 주어졌고, 은혜와 진리는 그분을 통해 나타났다(요 1:17). 하나님의 은혜가 구체적인 형상으로 드러났다.

하지만 은혜는 거기에서 멈추지 않았다. 은혜는 인간의 형상을 취하신 구원자에게만 머물지 않고, 자유롭고 거침없이 온 세상을 뒤덮었다. 우리가 '성육신하신 은혜', 곧 예수님과 믿음으로 연합해 그분 안에서 "하늘에 속한 모든 신령한 복"을 누리게 된 것은 순전히 은혜로 인한 결과다(엡 1:3). 우리는 은혜 안에서 부르심을 받아 영혼이 새롭게 거듭났다. 전에 죽었던 우리의 심장이 다시 살아나고, 전에 죽었던 우리의 폐가 다시 숨을 쉬게 된 것은 아무 대가 없이 무한정 주어진 은혜 덕분이다. 우리는 오직 은혜로 말미암아 믿음을 갖게 되었고(행 18:27), 오직 은혜를 통해 진리를 아는 지식에 이르는 회개함을 얻는다(딤후 2:25).

은혜는 여전히 계속 거세게 역사한다. 은혜의 성령이 우리에게 주어지고, 오래전에 계획된 양자의 은혜를 경험함으로써 우리는 하나님을 향해 "아빠 아버지"라고 부르짖는다(롬 8:15). 우리는 그리스도 안에서 그의 은혜의 풍성함을 따라 속량 곧 죄 사함을 받는다(엡 1:7).

은혜는 온갖 장애물을 뚫고 속박의 사슬을 끊는다. 은혜는 우리를 의롭게 한다. 예수 그리스도와의 연합을 통해 하나님이 인정하시는 온전하고 흠 없는 의가 우리의 것이 된다. 우리는 하나님의 은혜로 값없이 의롭다 하심을 얻는다(롬 3:24, 딛 3:7). 우리는 한 분이신 예수 그리스도를 통해 "은혜와 의의 선물을 넘치게 받는 자들" 가운데 속한 사람으로 간주된다(롬 5:17). 따라서 우리는 바울과 더불어 "내가 하나님의 은혜를 폐하지 아니하노니 만일 의롭게 되는 것이 율법으로 말미암으면 그리스도께서 헛되이 죽으셨느니라"라고 기쁘게 말할 수 있다(갈 2:21).[1]

삶 속으로 밀려드는 하나님의 은혜

이쯤이면 하나님이 우리가 상상하는 것 이상의 일을 우리를 위해 이루셨다고 생각하고 만족하게 여길지도 모르지만, 은혜는 또 한 번 우리의 예상을 뒤집는다. 은혜는 우리를 거룩하게 한다. 이 은혜는 매우 거세기 때문에 우리를 불의에 머물도록 가만히 놔두지 않는다. 은혜는 너무나 자유롭기 때문에 우리를 죄의 속박된 상태에 머물도록 그대로 놔두지 않는다. 은혜는 막강하기 때문에 우리의 정욕을 사로잡아 정복하지 않을 수가 없다. 은혜의 능력은 그야말로 거칠 것이 없기 때문에 참된 거룩을 통한 행복을 추구하도록 우리를 강력하게 이끈다.

따라서 우리는 우리 주 곧 구주 예수 그리스도의 은혜와 그를 아는 지식에서 자라 가고(벧후 3:18), 법 아래에 있지 아니하고 은혜 아래에 있는 삶을 살아간다(롬 6:14). 은혜는 죄 가운데 거할 때가 아니라 성령의 능력을 통해 죄로부터 해방될 때 더욱 풍성해진다(롬 6:1). 은혜는 강력하기 때문에 우리를 피동적인 상태에 머물게 놔두지 않고, 죄와 연약함에 휩싸이도록 허용하지 않는다. 주님은 "내 은혜가 네게 족하도다 이는 내 능력이 약한 데서 온전하여짐이라"(고후 12:9)고 말씀하셨다.

은혜로우신 하나님은 새 하늘과 새 땅이 이루어지기 전까지 성도의 견인과 성장과 기쁨을 위해 우리에게 '은혜의 수단'을 허락하셨다. 다양한 습관과 실천 행위를 통해 하나님의 수단을 자유롭게 활용할 수 있도록 돕는 수많은 영감과 능력도 은혜에서 비롯한다.

미래까지 흘러 넘치는 하나님의 은혜

이제는 더 이상 없을 것이라고 생각하고 슬슬 주변을 정리하고 한계를 정해도 좋을 것 같다고 확신하는 순간, 하나님의 은혜는 이 세상 너머 다음 세상으로 들어가는 경계선을 지나 영원의 들판을 온통 휩쓴다.

은혜는 우리를 영화롭게 한다. 성경은 우리의 영화를 자세히 설명하지 않지만, 이 은혜는 생각만 해도 숨이 곧 멎을 듯한 벅찬 감동을 느끼게 하기에 충분하다. 예수님은 우리 안에서 영광을 얻으시고, 우리는 "우리 하나님과 주 예수 그리스도의 은혜대로"(살후 1:12) 그분 안에서 영광을 얻게 될 것이다.

하나님은 "모든 은혜의 하나님 곧 그리스도 안에서 너희를 부르사 자기의 영원한 영광에 들어가게 하신 분"이시다(벧전 5:10). 따라서 베드로는 우리에게 "예수 그리스도께서 나타나실 때에 너희에게 가져다주실 은혜를 온전히 바랄지어다"라고 말했다(벧전 1:13). 하나님이 그 은혜의 지극히 풍성함을 오는 여러 세대에 나타내실 때는 말로 다할 수 없는 경이로움을 느끼게 될 것이다(엡 2:7). 심지어 우리 가운데 가장 성숙한 신자조차도 하나님의 은혜를 단지 조금 맛본 것에 지나지 않다.

은혜는 창세전의 선택, 유효 소명, 믿음과 회개를 통한 그리스도와의 연합, 양자와 죄 사함, 칭의, 성화, 영화, 영원한 만족을 가져다준다. 은혜는 거칠 것이 없이 밀려온다.

은혜의 길을 걸으라

우리는 이 무한한 은혜의 홍수 안에서 믿음의 길을 걸으며, 은혜의 능력에 의지해 노력하며 전진해야 한다.

우리는 스위치를 켤 수는 있지만 전기를 공급할 수는 없고, 수도꼭지를 틀 수는 있지만 물을 흘러나오게 할 수는 없다. 누군가 공급하는 사람이 없으면 빛도 없고, 물도 없다. 그리스도인과 하나님의 은혜의 관계도 마찬가지다.

하나님의 은혜는 우리의 영적 생활에 반드시 필요하지만, 우리 자신이 은혜의 공급을 주관할 수는 없다. 우리는 은혜가 임하게 만들 수 없다. 그러나 하나님은 우리에게 은혜와 연결할 수 있는 전선과 수도관을 주셨다. 하나님이 은혜를 약속하신 길이 있고, 우리는 은혜를 기대하며 그 길을 걸어갈 수 있다.

하나님은 우리의 협력이나 준비가 없더라도 자유롭게 자신의 선하심을 관대하게 드러내신다. 하나님은 그런 은혜를 종종 베푸신다. 하지만 그분은 규칙적인 은혜의 통로를 마련해 주신다. 우리는 하나님이 보여 주신 축복의 길을 일상적으로 이용해 복을 누릴 수도 있고, 그것을 무시함으로써 해를 자초할 수도 있다.

은혜가 지나가는 길목

존 파이퍼는 "신앙생활의 본질은 오직 은혜만 의지하며 기쁨을 쟁취하는 것이다."라고 말했다. 우리는 어떤 공로를 세워 하나님의 은혜를 얻을 수 없다. 은혜는 하나님이 값없이 베푸시는 선물이다. 그러나 우리는 하나님이 은혜를 베푸실 때 그것을 받을 준비를 갖출 수 있다. 우리는 "하나님이 축복을 약속하신 길을 걸으려고 노력할 수 있다."[2] 우리는 '영적 훈련'이나 혹은 '은혜의 수단'으로 일컬어지곤 하는 은혜의 통로에 머물러 있으면서, 은혜 받을 준비를 갖출 수 있다.[3]

그런 실천 행위는 기이한 행동이나 과시적인 허세와는 거리가 멀다.[4] 이것은 기독교의 기본적인 실천 행위, 곧 지극히 평범하고 일상적인 행위일 뿐이지만, 성령의 역사를 통해 강력하고 놀라운 능력을 발휘한다. 그런 실천 행위를 온전하게 나열한 최종 목록은 있을 수 없다. 하나님의 음성 듣기, 하나님께 아뢰기, 하나님의 몸에 속하기(간단하게 말하면 말씀과 기도와 교제)라는 세 가지 핵심 원리를 중심으로 유익한 다양한 습관을 얼마든지 만들 수 있다.[5]

지난 세대에 그리스도인들 사이에서 영적 훈련에 관한 관심이 다소 되살아났다. 그들은 영적 훈련 가운데 대부분을 '은혜의 수단'으로 간주했다.

제임스 패커는 "영적 훈련의 교리는 은혜의 수단에 관한 개신교의 전통적인 가르침을 새롭게 고쳐 좀 더 자세히 진술한 것이다."라고 말했다.[6] 어떻게 표현하든 요점은 하나님이 규칙적으로 은혜를 받을 수 있는 통로를 마련해 주셨다는 것이다. 따라서 그것을 중심으로 영적 습관을 기르는 것은 매우 중요하다.

'은혜의 수단'이 의미하는 것과 의미하지 않는 것

'은혜'를 '수단'과 결부시키는 것은 자칫 은혜의 자유로운 속성을 훼손할 수도 있다. 그러나 수단이 '받아들인다'는 의미이고, 노력조차도 은혜로 주어지는 것이라면 그렇게 될 가능성은 없다. 그리스도인들은 이 점을 분명하게 이해해야 한다. 이 문제와 관련해 우리가 자랑할 수 있는 근거는 어디에도 없다.[7]

우리가 의지하는 하나님은 "모든 은혜의 하나님"이시다(벧전 5:10). 하나님은 아무 자격도 없는 사람들을 아무 조건 없이 선택하시고(롬 8:29-33), 그들 안에서 거듭남의 기적을 행하시며, 믿음을 선물로 주실 뿐 아니라 믿음으로 의롭다 하심을 받게 하시고(칭의), 영적 생명과 활력을 공급해 그리스도의 형상을 본받는 기쁨을 누리게 하신다.

거세게 몰아치는 하나님의 은혜는 우리를 그리스도 안에서 거룩한 존재로 인정할 뿐 아니라 점진적으로 거룩해지려는 열망을 느끼게 한다(성화). 죄를 용서하는 것도 은혜요, 의로운 자가 되려는 마음을 갖게 하는 것도 은혜다. "아들의 형상을 본받게" 만드는 것도 은혜요(롬 8:29), 우리를 죄의 불행에 빠지게 놔두지 않고 우리 안에서 시작한 선한 일을 온전히 이루시겠다는 하나님의 약속(빌 1:6)을 가능하게 하는 것도 은혜다.

신앙생활의 목표는 하나님의 영광과 다른 사람들의 유익과 우리 영혼의 만족을 위해 그리스도의 형상을 본받는 것, 곧 경건한 삶을 사는 것이다. 이것이 '거룩함'의 올바른 의미다. 그 목표를 향한 우리의 노력은 모두 은혜의 선물이다.

경건에 이르도록 연습하라

그렇다. 우리의 노력도 은혜다. 따라서 바울은 제자인 디모데에게 "경건에 이르도록 네 자신을 연단하라"고 말했다(딤전 4:7). 성장을 위해 자신을 훈련하라. 규칙적인 습관을 길러 마음과 생각으로 하나님을 더 많이 의식하고, 삶 속에서 그분의 길을 좇으라. 그러면 차츰 그분을 닮게 될 것이다(경건). 이것은 선물이다. 그 선물을 받으려면 그에 합당한 준비를 갖추어야 한다.

바울은 은혜를 받기 위해 항상 하나님을 의지했다. 그의 태도는 은혜의 수단이라는 기독교의 역동적 원리와 우리가 어떤 삶의 습관을 길러 나가야 하는지를 분명하게 보여 준다. 그는 고린도전서 15장 10절에서 "내가 나 된 것은 하나님의 은혜로 된 것이니…내가 모든 사도보다 더 많이 수고하였으나 내가 한 것이 아니요 오직 나와 함께하신 하나님의 은혜로라"고 말했다. 하나님의 은혜는 바울을 피동적으로 놔두지 않고, 훈련과 노력을 기울이는 데 필요한 힘을 공급했다. 공급된 힘은 모두 은혜에서 비롯했다.

또한 바울은 로마서 15장 18절에서 "그리스도께서…나를 통하여 역사하신 것 외에는 내가 감히 말하지 아니하노라"고 말했다. 이 경우 예수님의 은혜는 바울을 배제하거나 그와 상관없이 그분의 목적을 이루지 않았다. 은혜는 바울을 통해 예수님의 목적을 이루었다.

그렇다면 바울 사도는 그런 영적 노력을 기울이고, 사역을 행할 수 있는 능력을 어디에서 얻었을까? 그는 "이를 위하여 나도 내 속에서 능력으로 역사하시는 이의 역사를 따라 힘을 다하여 수고하노라"고 말했다(골 1:29).

애씀의 은사를 받는 법

이런 역동적인 원리가 사실인 이유는 바울이 사도이기 때문이 아니라 그가 그리스도인이기 때문이다. 그는 모든 신자에게 "두렵고 떨림으로 너희 구원을 이루라"고 권면했다(빌 2:12). 그의 권고는 "너희 안에서 행하시는 이는 하나님이시니 자기의 기쁘신 뜻을 위하여 너희에게 소원을 두고 행하게 하시나니"라는 위대한 약속에 근거했다(빌 2:13).

히브리서라는 장엄한 서신도 하나님이 "그 앞에 즐거운 것을…우리 가운데서 이루시기를 원하노라"라는 기도로 끝을 맺는다(히 13:21).

우리에게 능력을 주어 행하게 하시는 하나님의 은사를 받을 수 있는 방법은 그분이 원하시는 행위를 실천에 옮기는 것이다. 하나님이 애씀의 은사를 주시면 애씀으로써 그 은사를 받을 수 있고, 거룩해지는 은사를 주시면 거룩하게 됨으로써 그 은사를 받을 수 있다. 또한 하나님이 성경과 기도와 교제를 통해 그분을 더 많이 알 수 있는 은사를 주시면 그런 소원을 품고 열심히 추구해야만 그 은사를 받을 수 있다.

은혜의 길목을 지켜라

삭개오는 키는 매우 작았을지 모르지만 은혜의 길목을 지키는 탁월한 본을 보여 주었다. 그는 예수님을 강요하거나 은혜가 저절로 임하게 만들 수는 없었지만 은혜가 임하는 길목을 지킬 수는 있었다(눅 19:1-10). 맹인 바디매오의 경우도 마찬가지였다(눅 18:35-43). 그는 스스로의 공로로 시력을 되찾을 수는 없었지만, 예수님이 지나가면서 나눠 주시는 은혜의 길목을 지킬 수는 있었다.

도널드 휘트니는 "영적 훈련을 하나님의 은혜가 임하는 길목을 지키는 것으로 생각하고, 삭개오나 바디매오처럼 예수님이 오시는 길목을 지키고 있다가 그분을 구하라."고 조언했다.[8] 예수님을 강요할 수는 없지만, 그분의 축복을 기대할 수 있는 은혜의 길목을 지키는 일은 얼마든지 가능하다.

일상적인 은혜의 수단은 하나님의 음성과 하나님의 귀와 하나님의 몸이다. 물론 하나님은 자기 백성에게 종종 예기치 않은 은혜를 소낙비처럼 내려 주신다. 그러나 그리스도 안에 뿌리를 깊게 내려 진정한 성장을 이루게 하고, 새 날을 위해 우리의 영혼을 준비시키며, 지속적인 영적 성숙을 가져다주고, 기쁨의 강수를 넘치게 만드는 은혜는 무수히 많은 실천 행위와 습관을 만들어 낼 수 있는 교제와 기도와 성경 공부라는 지극히 평범하고 일상적인 원리에서 비롯한다.

이런 간단한 은혜의 수단은 스위치나 수도꼭지처럼 지극히 평범하게 보이지만, 하나님은 그런 수단을 통해 빛과 생명수를 규칙적으로 베푸신다.

'은혜의 수단'이 지향하는 목적

예수님의 말씀과 그분의 귀와 교회를 본격적으로 살펴보기에 앞서 가장 큰 은혜는 바로 예수님 자신이시라는 점을 분명하게 밝혀 둘 필요가 있다. 은혜의 수단이 지향하는 큰 목적은 예수님을 알고 기뻐하는 것이다. 영적 훈련이나 실천 행위, 또는 삶의 반복적인 습관을 통해 얻을 수 있는 궁극적인 즐거움은 바울 사도가 말한 대로 가장 고귀한 가치를 지닌 "그리스도 예수를 아는 지식"이다(빌 3:8). "영생은 곧 유일하신 참하나님과 그가 보내신 자 예수 그리스도를 아는 것"이고(요 17:3), 그것이 바로 은혜의 수단이 지향하는 목적이다.

영적 훈련의 목적은 성경을 잘 알고, 기도를 잘하고, 교회에 충실한 교인이 되는 것이 아니라 "곧 명철하여 나를 아는 것과 나 여호와는 사랑과 정의와 공의를 땅에 행하는 자인 줄 깨닫는 것"이다(렘 9:23-24). 우리가 말씀을 듣고, 기도를 드리고, 교제를 나누는 습관을 발전시켜 나가는 목적은 호세아 6장 3절("우리가 여호와를 알자 힘써 여호와를 알자") 말씀대로 예수님을 알기 위해서다. 예수님을 알고 기뻐하는 것이 그분의 음성을 듣고, 그분께 아뢰고, 그분의 몸에 속하려고 노력하는 궁극적인 목적이다.

은혜의 수단과 이에 근거한 다양한 좋은 습관들은 예수님을 좀 더 닮기 위한 목적을 지닌다. 그러나 우리는 그리스도의 형상을 닮은 우리 자신이 아니라 그리스도께 항상 초점을 맞추어야 한다. 주의 영광을 볼 때, 그와 같은 형상으로 변화하여 영광에서 영광에 이르게 된다(고후 3:18). 영적 성장은 그런 실천 행위에서 비롯하는 놀라운 결과다. 그러나 그것은 어떤 점에서 단지 부산물에 불과하고, 진정한 핵심은 예수님을 알고 기뻐하는 데 있다.

은혜의 수단과 세상의 것

우리가 물어야 할 한 가지 중요한 질문은 이런 은혜의 수단이 하나님이 창조하신 다른 모든 것과 어떤 관계를 맺고 있느냐는 것이다. 사실 하나님의 말씀과 기도와 교제만이 아니라 창조된 모든 것이 은혜의 수단이 될 수 있다.[9] 내 친구이자 동료 목회자인 조 릭니는 『세상의 것들 : 하나님의 선물을 기뻐함으로써 그분을 존귀하게 여기라』에서 이 점을 잘 다루었다.[10]

그가 "하나님을 추구하는 반복적인 습관"이라는 장에서 다룬 내용은 은혜의 수단과 습관에 관한 우리의 논의와 일맥상통한다. 그는 "하나님을 추구하는 방법은 두 가지가 있는데…하나는 직접적인 방법이고 다른 하나는 간접적인 방법이다."라고 말했다.[11]

조 릭니는 간접적인 방법에 초점을 맞춰 세상의 것으로 하늘의 하나님을 어떻게 존귀하게 여길 수 있는지를 다루었지만, 이 책은 첫 번째 방법에 초점을 맞춰 하나님이 정하신 은혜의 수단, 곧 교회에 축복을 내려 주시는 특별한 통로를 다룬다. 하나님을 추구하는 직접적인 방법과 간접적인 방법이라는 이중적인 방법은 조 릭니의 논점을 밝히는 데는 매우 유용하다. 하지만 이 책의 경우에는 은혜의 수단에 하나님의 말씀과 기도만이 아니라 교제를 포함시킨 관계로 다음과 같은 몇 가지 질문이 자연스레 제기된다.

공적인 신앙 행위는 하나님을 직접적으로 추구하는 것인가, 간접적으로 추구하는 것인가? 공적인 예배를 드릴 때는 직접적이고, 복음의 현실에 관해 서로 대화를 나눌 때는 간접적인가? 좀 더 구체적으로 말하면, 공적인 예배를 드리면서 하나님을 찬양할 때는 직접적이고, 설교자의 설교를 들을 때는 간접적인가? 성찬에 참여하는 것은 직접적인가, 간접적인가?

이중적인 방법은 개인적인 성경 묵상과 기도 그리고 일과 휴식과 관련해서는 그 의미가 분명하지만, 공적인 차원에서 하나님을 추구할 때는 그 의미가 불분명해진다. 즉 '직접적인', 또는 '간접적인'이라는 구도는 그다지 유용하지 않다.

따라서 최소한 이 책을 위한 한 가지 해결책은 '공적으로 하나님을 추구하는 교제'를 개인적인 성경 묵상과 기도라는 직접적인 방법이나 세상의 것을 통해 간접적으로 하나님을 추구하는 방법과 달리 또 하나의 방법으로 취급하는 것이다.

동료 신자들과 더불어 하늘의 것을 서로 나누는 것은 단순히 비신자들이나 동료 신자들과 스포츠나 날씨에 관해 말하는 것과는 근본적으로 다르다. 만약 한 가지 방법을 덧붙여 세 가지 방법으로 만든다면, 이 책은 주로 다음 두 가지 방법에 초점을 맞추게 될 것이다. 제1부와 제2부에서는 하나님을 직접적으로 추구하는 방법을 다루고, 제3부에서는 공적인 차원에서 하나님을 추구하는 방법을 다루게 될 것이다.[12]

영적 습관과 하나님의 은혜

은혜의 수단은 하나님이 약속하신 은혜의 통로다. 우리는 믿음으로 은혜를 받는다. 우리의 앞과 뒤에는 무한한 은혜가 존재한다. 하나님은 정하신 은혜의 수단을 통해 계속해서 우리의 영혼에 생명과 활력과 건강과 힘을 공급하기를 기뻐하신다. 은혜의 수단은 기쁨을 추구하고, 다른 사람들을 유익하게 하며, 하나님을 영화롭게 할 수 있는 원동력을 제공한다. 이는 소위 '번영 신학'이 성급하게 약속을 남발하는 물질 축복과는 무관한 영적 축복이다. 또한 이는 단순한 훈련이 아닌 축복, 곧 하나님이 우리의 생존과 성장과 활발한 사역을 위해 영적 양식을 제공하시는 통로다.

그리스도인들 사이에서 영적 훈련에 대한 관심이 되살아난 지 이미 한 세대가 훌쩍 지났다. 관심이 되살아난 것은 매우 바람직한 현상이다. 그러나 은혜의 공급자요 제공자이신 하나님의 역할을 무시하거나 축소하고, 기교와 기술만을 지나치게 강조하는 경향이 있다. 하나님이 세우신 계획의 공적인 본질이나 교회의 역할을 도외시하고 개인의 주도권과 노력만을 강조할 때가 너무 많다. 또한 기쁨은 거의 언급하지 않은 채 의무의 관점에서만 사안을 다룰 때가 적지 않다.

훈련의 목록만을 길게 나열하는 것은 그리스도인들에게 좌절감을 심어 주기 쉽다. 훈련의 목록 가운데 실천하지 못하는 것이 있으면 죄책감을 느끼게 되어, 결국에는 훈련을 통해 매일의 삶을 잘 살아갈 수 있는 준비를 갖추어야 함에도 불구하고 도리어 하루의 일상을 신자답게 꾸려 나가지 못하는 결과가 발생할 가능성이 높다.

내가 영적 훈련에서 은혜의 수단으로 초점을 옮기고, 그것을 토대로 다양한 개인적인 은혜의 습관을 발전시켜 나가기를 바라는 이유는 복음과 하나님의 능력을 중심에 놓고, (종종 간과되는) 공적인 측면을 중시하며, 하나님의 음성을 듣고, 그분께 아뢰고, 그분의 몸에 속하는 것과 같은 은혜의 수단에 관한 우리의 사고방식을 단순화하기 위해서다. 아무쪼록 이런 접근 방식이 은혜의 수단이 예수님을 알고 기뻐할 수 있는 진정한 은혜의 수단이 되게 하고, 또 그것을 중심으로 제각각 이용 가능하고 현실적인 습관을 발전시켜 나가도록 이끌어 주기를 간절히 기도한다.

은혜의 습관 가운데 하나인 성경 읽기와 성경 공부는 우리의 노력만으로 이루어지지 않는다. 거기에는 우리가 통제할 수 없는 변수가 존재한다. 우리가 좌지우지할 수 없는 신비로운 능력이 존재한다. 우리가 늘 받아들여야 할 신비로운 은혜가 존재한다. 우리의 조력자는 다름 아닌 성령이시다.

1부

말씀의 습관

: 하나님의 음성 듣기

1장. 하나님의 말씀으로 삶을 만들어라

신앙생활은 처음부터 끝까지 하나님의 은혜에 전적으로 의존한다. 우리는 순전히 하나님의 은혜로 영적 생명을 얻었고(행 18:27, 롬 3:24, 엡 2:5), 또한 계속해서 하나님의 은혜에 의지해 살아간다(행 13:43). 우리의 영혼이 많은 시련 속에서도 생명을 잃지 않는 것도 하나님의 은혜 덕분이다(고후 12:9, 히 4:16). 우리는 하나님의 은혜로 매일을 살아갈 수 있는 힘을 얻고(딤후 2:1, 히 13:9), 더욱 성숙하고 건강하게 자라 간다(벧후 3:18).

우리는 하나님의 은혜에 힘입어 선택을 하고, 하나님을 더 많이 구하려고 노력한다(고전 15:10). 우리가 은혜의 수단을 활용하고 싶어 하고, 또 실제로 그것을 활용하게 되는 것도 은혜 덕분이다. 하나님의 음성(말씀), 하나님의 귀(기도), 하나님의 백성(교제) 가운데 가장 기본적인 은혜의 원리는 우리의 삶을 말씀에 깊이 잠기게 하는 것이다.

본래의 말씀

우리의 삶 속에 경험하는 하나님의 말씀을 받아들이는 여러 가지 좋은 습관(성경 읽기, 성경 공부, 설교 듣기, 성경 묵상, 성구 암송 등)들을 생각하기 전에, 특정한 실천 행위보다 일반적인 원리로서의 말씀을 먼저 생각해 보자. 말씀을 인쇄해서 가죽으로 표지를 씌우기 이전의 말씀의 본래 개념을 생각해 보자.

하나님은 말씀하신다. 그분은 우리에게 자신을 계시하시며 우리와 의사소통을 하신다. 존 프레임은 하나님의 말씀은 "그분의 강력하고 권위 있는 자기표현이다."라고 말했다.[1] 마치 친구의 말이 우리에게 그의 인격을 나타내듯, 하나님의 말씀도 마찬가지다. 우리를 창조하시고, 매 순간 우리의 생명을 유지시켜 주시는 하나님은 인간의 말로 우리에게 자신을 표현하신다(골 1:17, 히 1:3).

따라서 우리는 그분의 말씀에 귀를 기울여야 한다. 다른 중요한 은혜의 수단(기도와 교제)도 똑같이 본질적인 원리에 해당하지만, 말씀만큼 근본적이지는 못하다. 창조(창 1:3)와 새 창조(고후 4:6)는 모두 하나님의 말씀으로 시작된다. 하나님은 먼저 말씀으로 시작하신다. 하나님의 자기표현은 매우 깊고 풍성하고 온전이며, 단지 인격적인 차원에 머물지 않고, 그 자체로 인격이시다.

성육신하신 말씀

하나님의 온전하고 궁극적인 자기 계시는 하나님이요 사람이신 그분의 아들이시다(히 1:1-2). 예수님은 말씀이시다(요 1:1). 말씀이 육신이 되었다(요 1:14). 예수님은 성부 하나님을 가장 온전하게 나타낸 분이시다(요 1:18). 예수님은 하나님의 자기표현의 절정이시다. 그분은 조금도 거짓이나 꾸밈이 없이 "나를 본 자는 아버지를 보았다"고 말씀하셨다(요 14:9).

예수님은 형태를 갖춘 하나님의 말씀이시다. 그분은 성육하신 하나님의 은혜시다(딛 2:11). 그분은 단순한 말이 아닌 말씀의 인격체로서 하나님을 온전하고 완전하게 나타내신다. 그분은 완전한 삶과 희생적인 죽음을 통해 인성의 본래 목적을 온전히 이루셨고(히 2:9), 부활을 통해 죄와 사망을 정복하셨으며, 지금은 하나님의 오른편에 앉아 계신다. 만물이 그분에게 복종한다(고전 15:25-28). 예수님은 우리의 영혼을 살리고, 성장하게 하고, 강건하게 하는 데 필요한 말씀, 곧 신성과 인성을 지닌 말씀이시다.

그렇다면 우리는 지금 하늘에 계시는 이 말씀에 어떻게 다가갈 수 있을까?

복음의 말씀

신약성경에서 '말씀'과 관련해 가장 많이 사용된 표현은 복음의 메시지와 관계가 있다. 그것은 바로 '복음의 말씀'이다. 복음의 말씀은 예수님에 관한 메시지, 곧 "그리스도의 말씀"(골 3:16)을 가리킨다.

바울은 '그리스도를 전파하다', '그리스도를 선포하다', '말씀을 전하다'와 같은 표현을 사용했다(빌 1:14-17 참조). 그는 "하나님의 은혜의 복음을 증언하는 일"(행 20:24)이 자신의 사명이라고 말했다. '은혜의 복음'은 '은혜의 말씀'과 동일시된다(행 20:32).

"복음 진리의 말씀"(골 1:5)은 우리의 회심을 이루고, 영적 성장과 결실을 가능하게 한다. "진리의 말씀 곧…구원의 복음"(엡 1:13)을 통해 그리스도인의 모든 것이 변화된다. 우리는 어그러지고 거스르는 세대에서 생명의 말씀을 굳게 붙잡아야 한다(빌 2:15-16).

존 파이퍼는 기쁨을 쟁취해야 할 그리스도인들을 염두에 두고, "핵심 전략은 우리 자신에게 복음을 전하는 것이다. …십자가의 말씀을 듣고 그것을 우리 자신에게 전하는 것이 죄인인 우리가 기쁨을 쟁취하고자 할 때 반드시 기억해야 할 핵심 전략이다."라고 말했다.[2]

복음의 말씀이 입에서 입으로, 개인에게서 개인에게로, 사람들에게서 사람들에게로, 민족에게서 민족에게로 전해지는 동안 예수님에 관한 메시지는 어떻게 그 내용을 변함없이 유지할 수 있을까? 복음을 전하는 말이 항상 충실하고 참될 뿐 아니라 삶을 변화시키는 능력을 유지하도록 만드는 것은 무엇인가? 타성에 젖어 들거나 메시지를 전하는 구태의연한 방식에 얽매이지 않으려면 어떻게 해야 할까?

기록된 말씀

지금까지 하나님의 말씀이 예수님의 인격과 사역을 통해 절정을 이루었고, 복음을 통해 가장 널리 확산되었다는 점을 살펴보았다. 이번에는 이 세상에서 우리에게 주어진 기록된 하나님의 말씀에 관해 잠시 생각해 보자.

우리의 영적 생활을 위해서는 말씀이신 예수님 안에서 하나님을 발견하고, 복음의 말씀 안에서 예수님을 발견하는 것 외에도 하나님의 영감으로 기록된 무오한 계시인 성경이 필요하다.

성경이 없다면 우리는 곧 참된 복음과 참된 예수님과 참된 하나님을 잃고 말 것이다. 우리의 삶을 생명의 말씀으로 충만하게 하려면 성경에 충실한 사람들이 되어야 한다. 물론 모든 신자가 반드시 동일한 습관을 발전시켜 나갈 필요는 없지만, 하나님의 말씀에 우리의 삶을 깊이 잠기게 해야 한다는 원리를 충실히 받아들여 저마다 다양한 접근 방식을 개발할 필요가 있다. 각자의 상황에 적합한 은혜의 습관을 개발하고자 할 때, 먼저 기록된 하나님의 말씀을 통해 복음의 말씀과 성육하신 하나님의 말씀을 중심으로 살아 가는 삶의 리듬을 갖추어야 한다.

삶에 침투하는 말씀

이런 식으로 하나님의 말씀에 대해 적절한 관점을 유지하면, 성경

1년 1독 하기, 성구 암송하기, 성경 구절 깊이 묵상하기, 적극적으로 말씀 적용하기, 팟캐스트를 통해 설교 듣기, 인터넷에 게시된 성경 해설 읽기, 성경 공부반에 참여하기, 기독교 서적 읽기 등 무수히 많은 영적 습관들을 생각해 낼 수 있다.

가능한 습관은 무한정하지만, 그런 모든 습관은 한 가지 원리에 근거한다. 바로 성령을 통해 삶 속에서 하나님의 은혜를 끊임없이 공급하는 근본 수단은 기록된 성경 안에 다양한 형태로 완전하게 보존되어 있는 말씀과 복음을 통한 하나님의 자기 계시라는 것이다.

아무쪼록 성경 읽기, 성경 공부, 성경 묵상, 성구 암송, 성경 적용, 충실한 성경 해설 듣기에 대해 살펴보는 동안, 그분의 음성으로 매일의 삶을 살며, 생명의 말씀을 규칙적으로 활용하는 새로운 습관을 발전시켜 우리 자신과 주변 사람들의 삶을 창의력 있게 이끌어 나갈 수 있기를 간절히 기도한다.

우리 자신에게 말씀 전하기

다양한 형식을 통해 성경을 배우는 방법을 살펴보기에 앞서, 우리 자신에게 복음을 전하는 것과 그것이 은혜의 수단으로서 어떤 기능을 발휘하는지를 잠시 생각해 보자.

존 파이퍼는 "십자가의 말씀을 듣고 그것을 우리 자신에게 전하는 것이 죄인인 우리가 기쁨을 쟁취하고자 할 때 반드시 기억해야 할 핵심 전략이다."라고 말했다.[3]

우리는 부패한 본성을 지닌 채 타락한 세상에 살고 있기 때문에 우리가 고백하는 믿음과 삶이 서로 일치하지 않을 때가 많다. 분노, 두려움, 공포, 실망, 조급함은 우리의 마음을 뒤흔들고, 우리의 귀에 우리가 믿는다고 고백하는 것과 다른 삶을 살도록 유혹하는 거짓 복음을 속삭인다. 우리의 생각 속에서 싸움이 벌어진다. 우리의 나태한 생각을 사로잡고 있는 것은 무엇인가? 가만히 있을 때 어떤 두려움이나 절망감이 느껴지는가? 자기 말만 듣고, 자기 말만 할 셈인가? 그래서는 안 된다. 우리의 생각으로 우리의 삶을 형성하지 말고, 복음의 능력으로 우리의 생각을 변화시켜야 한다.

우리 자신에게 복음을 전하는 것은 선제적이고 동시에 반응적인 은혜의 습관이다.

'반응적인 기능'이란 말은 유혹과 절망에 부딪쳐 새로운 힘을 필요로 하거나 우리의 죄와 상황을 복음의 렌즈를 통해 돌아보며 평가하는 것을 의미한다. 아울러 '선제적인 기능'이란 일상생활에서 느끼는 절망감이나 처리해야 할 과제나 사건들과 마주치기 전에 규칙적인 습관을 통해 우리의 영혼에 지속적으로 활력을 공급하는 적극적인 태도를 의미한다.

단순히 진리를 떠올리는 것과 우리 자신에게 복음의 진리를 전하는 것에는 큰 차이가 있다. '2+2=4'는 사실이지만, 그것으로는 우리의 영혼을 배부르게 할 수 없다. 우리에게 필요한 것은 진리에 관한 한두 가지 지식이 아니라 유일한 진리, 곧 복음의 메시지다. 복음을 우리 자신에게 전하려면 성부와 성자의 사랑이 어떻게 나타났는지, 또 하나님이 우리에게 어떤 구원과 기쁨과 선한 은혜를 베푸셨는지를 깊이 묵상하며, 그 진리가 우리의 현실에 깊이 침투해 우리의 삶을 변화시켜 나갈 수 있도록 노력해야 한다.

우리 자신에게 복음을 전하는 것과 성경 읽기는 상호 의존적인 관계를 맺고 있지만 동일하지는 않다. 성경은 우리 자신에게 복음을 전하는 데 필요한 구체적인 내용을 제공할 뿐이다. 성경은 예수님의 인격과 사역을 중심으로 우리의 삶에 적용해야 할 진리의 말씀을 공급해 준다.

똑같은 복음을 몇 번이고 반복해서 듣는다고 해서 우리의 영혼이 강건해지는 것은 아니다. 성경의 진리를 예수님의 빛을 통해 보고, 또 우리의 마음에 깊이 새기지 않으면서 단지 그 지식만을 습득하는 것으로는 우리의 영적 삶을 유지할 수 없다.[4]

2장. 성경을 폭넓게 읽고 깊이 공부하라

성경을 잘 읽으려면 몇 가지 기술이 필요하다. 언어와 문장 구조, 곧 주어, 동사, 목적어 및 연결사에 관한 기본 지식을 갖추는 것이 중요하다. 문법에 대한 기본 지식을 갖추거나 읽는 법을 알려 주는 책을 읽으면 많은 도움을 받을 수 있다.[1] (특히 구약성경의 선지서를 위한) 성경의 개요나 개론 및 신빙성 있는 주석과 같은 성경 공부 보조 자료를 이용해 성경의 전체적인 흐름을 파악하는 것은 유익하다.

그런 보조 자료를 활용하면, 보조 바퀴를 이용해 자전거 타는 법을 배우듯 '귀납법적 성경 연구'라는 단순한 방법을 통해 관찰, 해석, 적용이라는 기술을 습득하기가 용이하다. 이와 같은 초보적이고 기억하기 쉬운 접근 방식이 성경을 진지하게 받아들이는 그리스도인들

사이에서 흔히 사용되고 있다. 이 방식은 성경이라는 다소 부담스러워 보이는 큰 책을 요령 있게 다루어 나갈 수 있도록 도와준다. 그러나 기본적인 지식을 배우는 궁극적인 목적은 음악이 연주되기 시작할 때 그에 맞춰 능숙하게 춤을 출 준비를 갖추기 위한 것이다. 춤을 잘 추려면 교실에서 이론만 배워서는 안 되고, 실제로 춤을 추는 연습이 필요하다.

성경을 잘 읽는 것은 과학이 아닌 예술에 더 가깝다. 사실 성경 자체가 위대한 예술을 집대성한 책이다. 성경을 읽는 기술을 가장 잘 배울 수 있는 방법은 스스로 성경을 읽는 것이다.

성숙한 신자에게 물어보라

경험 많고 성숙한 신자, 성경을 수십 년 동안 스스로 읽어 온 신자에게 물어보라. 그가 매일 성경을 읽는 방법에 관해 근사하고 깔끔한 공식을 만들어 두고 있는지 살펴보라. 과연 그는 간단하고 기억하기 쉬운 서너 가지 원칙을 매일 의식적으로 적용하고 있을까? 아마도 그렇지 않을 것이다. 그는 오랜 세월을 지나 오면서 그런 지식보다는 실전 기술을 더 많이 익혔을 것이 분명하다.

또는 "성경을 어떻게 읽습니까?"라고 한번 물어보라. 그러면 그는 대답하기 어렵다는 듯 난색을 표할 것이 분명하다. 그 이유는 그가 오랜 세월을 지나면서 영혼의 양식을 먹는 데 필요한 다양한 공식이나 방법, 곧 읽기와 이해의 기본 원리와 같은 기초적이고 '과학적인'

것을 제시할 자신이 없기 때문이 아니라 성경을 잘 읽는 방법이 과학이 아닌 예술에 가깝다는 것을 체득했기 때문일 것이다. 성경을 잘 읽으려면 가만히 앉아서 형식적인 교육을 받는 것으로는 부족하고, 실제로 그 일을 스스로 해봐야 한다. 이 기술을 가장 잘 터득한 사람이 성경을 가장 잘 읽을 수 있다.

연습을 통해 기술을 연마하라

성경 저자 가운데 매일 성경을 읽는 법에 관해 산뜻하고 근사한 공식을 제시한 사람은 아무도 없다. 이 장에서도 그런 공식은 발견할 수 없을 것이다. 도움을 필요로 하는 초신자의 경우에는 부담을 느낄지도 모르겠지만, 결국에는 그런 공식이 없다는 것이 무척이나 자유롭게 느껴질 것이다. 보조 바퀴를 달고 자전거를 타는 것이 한동안은 도움이 되겠지만 일단 타는 법을 배우고 나면 옆으로 불쑥 튀어나온 보조 바퀴가 매우 거추장스럽게 느껴지기 마련이다.

하루를 마무리할 무렵 정기적으로 시간과 장소를 정해 놓고 정신을 집중해 성경을 읽으면서 기록된 객관적인 말씀을 통해 우리에게 말씀하시는 하나님으로 인해 기뻐하면서 그분이 마음과 생각을 사로잡아 이끄시도록 우리 자신을 온전히 내어 놓는 것보다 더 좋은 방법은 없다.

성경이 부담스럽고, 성경 읽는 기술이 부족한 경우에는 무엇보다 스스로 성경을 규칙적으로 읽는 습관을 기르는 것이 중요하다. 매일 몇 분이라도 집중해서 성경 본문을 읽는 것보다 더 좋은 방법은 없다. 조금씩이라도 꾸준히 읽어 나가다 보면 나중에는 스스로도 놀랄 만큼 많은 양을 읽게 될 것이다.

단번에 성경 전문가 못지않은 능력을 갖출 수 있는 신속한 해법을 찾고 싶겠지만 성경을 가장 잘 읽는 방법은 한나절은 고사하고 한 학기 강의로도 쉽게 터득할 수 없다. 매주, 매달, 매년 꾸준히 성경을 읽으면서 하나님의 말씀을 통해 생각이 변화되고, 마음이 새롭게 되고, 삶의 교훈을 깨닫는 과정이 필요하다. 즉 성경을 꾸준히 읽어 나가는 동안 삶의 모든 영역에 진리의 빛이 조금씩 스며들어야 한다.

묵상의 기술을 터득하라

아무리 야심 찬 각오를 다졌더라도 본문을 깊이 생각하며 그 의미를 이해하려고 노력하거나(연구) 이해한 것을 마음속으로 곰곰이 되새기지 않고(묵상) 무작정 진도만 나가려고 서둘러서는 곤란하다.

성경을 읽을 때는 성경이라는 넓은 전경을 바라보면서 잠시 차분히 앉아 묵상할 지점을 찾는다고 생각하라. 묵상은 성경 읽기의 핵심이자 가장 풍요로운 시간이다(다음 장에서 묵상에 관해 좀 더 자세히 다룰 것이다). 넓게 읽고 깊이 공부하라. 이해하기 어려운 구절은 질문을 던지며 대답을 찾아보고, 자료들을 검토하고, 떠오른 생각을 글이나 도표로 간단하게 적어 보라. 성경에는 낙엽을 신속하게 갈퀴로 긁어모으듯 읽어도 되는 대목이 있고, 다이아몬드를 채굴하듯 깊이 파헤치는 식으로 대해야 하는 대목도 있다. 묵상이란 그렇게 발견한 보석 같은 진리를 경이로워하는 것이다.

성경 읽기는 실시간으로 상영되는 영화를 보는 것과 같고, 성경 연구는 장면을 하나씩 들여다보는 것과 같으며, 묵상 및 성구 암송은 특정 장면에 집중하는 것과 같다. 묵상은 성경 말씀의 의미를 우리의 마음과 삶에 깊이 아로새기는 활동을 가리킨다.

예수님을 발견하라

단지 과학만이 아닌 예술로서 성경을 읽는 것과 관련해 마지막으로 들려주고 싶은 말은 예수님도 제자들에게 우리가 예술이라 일컫는 방식으로 성경을 읽으라고 가르치셨다는 것이다. 과학적인 방식으로 성경을 읽는 것은 물론 중요하다. 하지만 지나치게 엄격하고 편협한 현대적 방식을 도입해 그리스도를 가리키는 확실하고 구체적인 예언만 그분에게 적용하거나, 성경 본문을 항상 '본래의 독자들'만을 위한 것이고 우리를 위한 것은 아니라는 식으로 생각할 필요는 전혀 없다.

예수님은 훨씬 더 날카로운 안목으로 성경을 읽으셨다. 그분은 겉으로 드러난 사실에만 관심을 기울이지 않으시고, 믿음의 눈을 이용해 육신의 생각으로는 발견할 수 없는 숨은 의미를 찾아내셨다. 그런 식으로 성경을 깊이 있게 읽는 능력은 쉽게 전수될 수 있는 기술이 아니라 규칙적인 연습을 통해 꾸준히 연마해야만 터득할 수 있다. 다시 말해, 제자들처럼 불신앙에 빠지거나 겉으로만 믿는 척하지 않고 다양한 형식과 방법을 통해 나타난 하나님의 은혜의 경륜을 추적함으로써 성경 곳곳에서 예수님을 찾아낼 수 있는 능력을 갖추어야만, 곧 요한 사도와 더불어 "예수의 증언은 예언의 영이라"(계 19:10)라는 진리를 깨달아야만 가능하다.

예수님은 "모세와 모든 선지자의 글로 시작하여 모든 성경에 쓴 바 자기에 관한 것을 자세히 설명"하셨다(눅 24:27). 그분은 "너희 조상 아브라함은 나의 때 볼 것을 즐거워하다가 보고 기뻐하였느니라"(요 8:56)라고 선언하셨고, "그[모세]가 내게 대하여 기록하였음이라"(요 5:46), "모세의 율법과 선지자의 글과 시편에 나를 가리켜 기록된 모든 것이 이루어져야 하리라"(눅 24:44)라고 말씀하셨다. 예수님은 제자들의 마음을 열어 그들이 편협하고 부패한 이성을 뛰어넘어 성경을 진정으로 이해할 수 있도록 이끌어 주셨다(눅 24:45).

우리의 좌뇌만을 사용해 성경을 읽는 법을 배우려고 하지 말고 온 마음과 생각을 기울여 제자들이 성경의 속삭임을 어떻게 알아들었는지, 그들이 예수님을 가리키는 말씀을 성경 곳곳에서 어떻게 찾아냈는지를 더욱 깊이 알려고 노력해야 한다.

성경을 읽겠다고 결심하라

새 신자든 신앙 연수가 오래된 신자든 우리가 할 수 있는 가장 중요한 일 가운데 하나는 성경을 규칙적으로 읽는 것이다.

우선, 원할 때면 언제라도 스스로 읽을 수 있는 성경책이 필요하다. 지나간 시대를 살아간 신자들은 물론 오늘날에도 세계의 많은 곳에 살고 있는 신자들 가운데는 여전히 개인용 성경책을 소지하지 못한 사람들이 많다. 그들은 한곳에 모여 누군가가 읽어 주는 성경 말씀을 들어야 했다. "읽는 것에 전념하라"는 바울의 말에서 '읽는 것'이란 대중 앞에서 성경을 읽어 주는 것을 가리킨다. 과거의 신자들이 성경을 배울 수 있는 길은 성경 구절을 암송하거나 읽어 주는 말씀을 듣는 것뿐이었다.

그러나 요즘에는 인쇄된 성경책이 많고, 인터넷을 통해서도 얼마든지 자유롭게 성경을 읽을 수 있기 때문에 성경 말씀을 가볍게 생각하는 유혹을 느끼기가 쉽다. 개인용 성경책을 매일 읽는 것은 모든 신자가 반드시 준수해야 할 규칙은 아니다. 사실 지금까지 그렇게 할 수 없는 신자들이 많았다. 그러나 매일 성경을 읽는 것은 놀라운 은혜의 수단이 될 수 있다. 그런 은혜와 축복을 마다할 이유가 무엇인가?

성경을 통독하라

디모데후서 3장 16절은 "모든 성경은 하나님의 감동으로 된 것으로…교육하기에 유익하니"라고 말한다. 창세기 1장부터 요한계시록 22장까지 기록된 모든 말씀이 교회를 유익하게 한다.

"그들에게 일어난 이런 일은 본보기가 되고 또한 말세를 만난 우리를 깨우치기 위하여 기록되었느니라"(고전 10:11).

"무엇이든지 전에 기록된 바는 우리의 교훈을 위하여 기록된 것이니 우리로 하여금 인내로 또는 성경의 위로로 소망을 가지게 함이니라"(롬 15:4).

그러나 모든 성경 본문이 동일한 방식으로 우리의 믿음을 형성시키거나 새 언약의 시대에 살고 있는 하나님의 모든 자녀들에게 똑같은 효력을 나타내는 것은 아니다. 성경 전체를 읽는 것은 좋은 일이다. 목회자와 교회학교 교사들은 최소한 일 년에 한 번씩 성경을 통독하는 것이 좋다. 그래야만 그들이 회중 앞에서 전하는 신학적 주장들을 뒷받침해 주는 성경의 근거를 확보할 수 있다. 그러나 (신자라면 누구나 특정 기간에 성경을 한 번 통독하는 것이 좋고, 또 최소한 몇 년에 걸쳐서라도 성경을 통독하려는 계획을 세우는 것이 바람직하지만) 그런 멍에를 매년 모든 신자에게 지울 필요는 없다.

아무튼 성경 전체를 통독할 생각을 가졌다면 그것이 충분히 가능한 일이라는 것을 알고는 분명 놀라게 될 것이다. 성경을 처음부터 끝까지 읽는 데 걸리는 시간은 약 70시간이다. 도널드 휘트니는 이렇게 말했다.

그것은 평범한 미국인이 매달 텔레비전 앞에서 보내는 시간보다 더 적다. 다시 말해 대다수 사람들이 텔레비전을 시청하는 시간을 성경을 읽는 데 할애한다면 4주도 채 안 되어 성경을 완독할 수 있다. 그렇게 하기가 힘들게 느껴진다면 하루에 15분만 성경 읽기에 할애해도 일 년이 못 되어 성경을 완독할 수 있다는 것을 기억하기 바란다.[2]

다가오는 새해부터, 아니 지금 당장부터라도 성경 통독을 시작할 수 있다. 내가 지금까지 즐겨 사용해 온 성경 읽기 가이드북 가운데 몇 가지를 소개하면, 『맥체인 성경 읽기 가이드북』, 『킹덤 성경 읽기 가이드북』, 『디사이플십 저널』 등이다.[3]

일 년에 성경 전체를 읽는 것이 어려울 것 같으면 몇 년이 걸리더라도 자신의 속도에 맞춰 성경을 읽을 수 있는 계획을 세워라. 그러면 성경을 마구잡이식으로 펼쳐 읽지 않게 되고, 다음에 읽을 성경 본문이 어디인지 쉽게 알 수 있을 뿐 아니라, 차츰 시간이 지나면 성경 전체를 자유롭게 넘나들 수 있는 자신감이 생기거나 최소한 기록된 하나님의 계시 전부를 대략적으로 파악하게 될 것이다.

갈퀴질에 만족하지 말라

지금까지 성경 읽기에 관해 말했다. 하루에 몇 분씩이라도 꾸준히 성경을 읽는 습관을 기르면 비교적 짧은 시간 안에 많은 양을 읽을 수 있다. 그러나 속도를 늦춰 천천히 연구하면서 읽는다면 성경 읽기란 한평생이 걸려도 못다 할 일이라는 사실을 알게 될 것이다. 연구는 깊이 있게 공부하는 것을 의미한다. 읽기와 연구의 차이를 생각할 때 마당에서 하는 갈퀴질이 생각난다.

갈퀴질은 비교적 쉬운 작업으로, 짧은 시간 안에 마당을 깨끗하게 보이게 해준다. 동네 철물점에서 어린이용 갈퀴를 구입하기만 하면, 그 일은 심지어 세 살배기 어린아이도 도울 수 있을 만큼 쉽다.

갈퀴질을 하고 나면 그다음 날 허리가 좀 아플 수는 있지만, 이 일은 마당에 작은 옹벽을 설치하기 위해 삽으로 흙을 파는 것과는 비교조차 할 수 없다. 갈퀴질은 아무리 많이 해도 그렇게 몸이 많이 아프지 않지만, 삽으로 흙을 파는 일은 조금만 해도 온몸이 쑤시기 일쑤다. 그러나 흙을 파서 옮기는 일에는 큰 보상이 뒤따른다. 나는 언제라도 갈퀴를 들고 손쉽게 일을 끝내려는 성향이 있지만, 단지 낙엽을 긁어모으는 것보다는 흙을 파는 것이 마당을 훨씬 더 보기 좋게 만들 수 있다.

하나님의 말씀을 깊이 파헤쳐라

성경을 배우려면 읽기와 연구가 모두 필요하다. 우리는 성경을 읽으면서 천천히 말씀을 깊이 파헤쳐야 한다는 것을 종종 상기할 필요가 있다. 물론 다른 사람들에 비해 좀 느린 성격을 타고난 그리스도인들도 있다. 그들은 성경 한 구절을 마치 사탕을 천천히 녹여 먹듯이 음미하는 것으로 만족하지 말고 폭넓게 읽으면서 더 많은 문맥을 살피고, 큰 그림을 생각해야 한다.

그러나 대다수 사람들은 손쉽게 갈퀴질로 끝내려는 경향이 있다.

질문을 제기하고 진지하게 묵상하면서 성경을 읽는 것보다는 정신을 차리기도 전인 이른 아침 시간에 커피를 마시면서 무작정 성경 본문을 쭉 읽어 내려가는 것은 훨씬 힘이 덜 든다. 그렇게 하면 정확하게 1분 만에 성경 한 장을 다 읽고 나서 진도표에 다 읽었다고 표시할 수 있다. 그에 비하면 연필을 들거나 컴퓨터를 켜고 (이메일이나 소셜 미디어를 점검하지 않고) 곧장 빈 공간에 떠오르는 생각을 적는 것은 좀 힘들게 느껴진다.

성경 연구에 더욱 능숙해져라

하나님의 말씀으로 영혼을 먹이는 능력을 향상시키기 원하는 그리스도인들에게 열심히 성경을 연구하는 것보다 더 좋은 방법은 없다. 물론 이곳저곳에서 강연이나 성경 공부에 관한 책을 통해 약간의 기술과 기교를 배울 수는 있다. 이때 성경을 규칙적으로 읽는 법을 배우려고 굳이 신학교에 갈 필요는 없다. 세상에서 성경을 가장 잘 읽고 적용하는 데 능통한 사람들 가운데는 정식 교육을 받은 사람들이 그다지 많지 않다.

성경 연구는 스포츠를 배우는 것과 같다. 경기장에서 경기를 하는 것보다 더 좋은 방법은 없다. 오랫동안 이러쿵저러쿵 이론만 늘어놓지 말고 실제로 경기를 해야 한다. 그것이 능력을 향상시키는 첩경이다. 통찰력이 풍부하고 재능이 뛰어난 설교자와 교사들의 말을 듣는 것은 매우 중요하다. 좋은 가이드북을 활용하는 것도 많은 도움이 될 수 있다.⁴⁾ 그러나 긴 안목으로 보면 성경을 스스로 공부하는 것보다 더 좋은 방법은 없다.

삽질하는 것을 잊지 말라

결코 다함이 없는 양식 창고로부터 매일 우리의 영혼을 배불리 먹이려면 깊이와 넓이를 모두 갖춘 식단이 필요하다. 성경 전체를 통독해야 할 때도 있고, 또 한 구절을 깊이 공부해야 할 때도 있다. 죄인들을 구원하시는 예수님을 큰 안목으로 바라봐야 할 뿐 아니라 큰 그림을 구성하는 세부 내용을 깊이 파헤쳐 복음을 우리의 삶에 새롭게 적용해 나가야 한다.

갈퀴질을 하지 않으면 땅이 훤히 드러나지 않아 정확한 곳을 파헤치기가 어렵고, 흙을 깊이 파서 구체적인 성경 구절과 본문을 토대로 신학을 확립하지 않으면 우리의 양식은 곧 바닥을 드러내 영혼에 다양한 음식과 맛을 제공할 수 없다.

다이아몬드를 발견하라

존 파이퍼는 『미래의 은혜』(Future Grace) 서론에서 '성급하지 않은 묵상'을 강조하며 독자들에게 그런 시간을 가지라고 권고한다.

새로운 개념이나 오래된 개념을 새롭게 표현한 것을 깊이 생각하면 참으로 많은 깨달음을 얻을 수 있다. 나는 독자들이 바울 사도가 자신의 서신을 디모데가 읽어 주기를 바랐던 그 방식으로 이 책을 읽어 주기를 바란다. 그는 "내가 말하는 것을 생각해 보라 주께서 범사에 네게 총명을 주시리라"(딤후 2:7)라고 말했다. 어떤 책이든 읽을 만한 가치가 있는 책은 "내가 말하는 것을 생각해 보라."라고 손짓한다. …나는 내 자녀들이 어떤 책을 읽기 어렵다고 불평할 때면 "갈퀴질은 쉽지만 얻는 것은 낙엽뿐이다. 삽질은 힘들지만 다이아몬드를 발견할 수도 있다."라고 말한다.[5]

읽을 만한 가치가 있는 책이 모두 그렇다면 하나님의 말씀은 얼마나 더하겠는가? 넓게 갈퀴질을 해서 낙엽을 모으고, 깊게 삽으로 파서 다이아몬드를 발견하자.

성경 읽기의 조력자, 성령님을 의지하라

성경 읽기와 성경 연구를 논한 이 장을 마무리하기에 앞서 한 가지 중요하고 신비로운 주제를 잠시 생각해 보자. 나는 그것을 성경 읽기와 성경 연구의 '엑스 요인'이라고 일컫고 싶다.

성경은 마법의 책은 아니지만, 성경을 대할 때면 기이한 능력이 느껴진다. 하나님의 말씀을 읽어 주거나 말로 전하는 소리를 들을 때, 그리고 우리 자신이 직접 성경을 읽거나 연구할 때면 보이지 않는 영향력을 느낄 수 있다. 눈앞에 놓인 성경 말씀을 읽고 그것을 우리의 영혼 안에 받아들일 때면 보이지 않는 초자연적인 무엇인가가 일어난다.

우리의 조력자는 신성하고 신비롭기 그지없는 인격적인 힘이시다. 그분은 우리보다 훨씬 더 인격적인 존재이시지만 불가항력적인 막강한 능력을 지니고 계신다. 그분은 겉으로 단순해 보이는 것을 이용해 초자연적인 역사를 일으키신다. 성경 읽기는 우리의 통제 범위를 넘어서는 곳으로 우리를 인도한다.

우리의 조력자는 우리가 성육하신 그리스도나 죄인을 구원하기 위한 복음의 말씀, 그리고 성경에 기록된 말씀 등 어떤 형태의 말씀을 대하든 명백하면서도 신비로운 방법으로 우리의 영혼을 강건하게 하신다.

우리는 성경을 연구하는 습관을 온전히 터득해 우리가 취하는 행동과 그로 인해 우리의 영혼이 만족하게 되는 과정을 처음부터 끝까지 확실하게 규명하기를 원하지만, 우리의 조력자는 은혜를 객관화시키려는 노력을 용납하지 않으신다. 그분은 우리의 통제 밖에서 신비롭게 역사하신다. 그분은 우리가 의식하지 못하는 사이에 우리를 하루하루, 한 주 한 주 새롭게 변화시켜 나가신다. 그분은 우리가 감지할 수 없는 방식으로 우리의 생각을 형성하시고, 마음에서 불순한 것을 제거하시고, 우리의 의지를 변화시키시고, 우리의 완고함을 깨뜨리신다.

우리의 조력자는 수면 위와 창조된 공간을 운행하시며(창 1:2), 성부의 뜻을 행하시고, 영화롭게 되신 성자의 통치를 널리 확대하신다.

그분은 특히 하나님의 말씀, 즉 성육하신 말씀이나 말로 전해진 말씀이나 기록된 말씀에 각별히 주의를 기울여 그것을 통해 죽은 영혼을 살리시고, 감긴 눈을 열어 주시고, 냉랭한 마음을 따뜻하게 만드시는 사역을 행하신다. 그분은 성자를 증언하시고(요 15:26), 영화롭게 하신다(요 16:14).

이 조력자를 통해 복음이 우리에게 "말로만 이른 것이 아니라 또한 능력"으로 이르렀다(살전 1:5). 우리는 그분의 기쁨으로 많은 환난 가운데서 말씀을 받는다(살전 1:6). 하나님은 그분을 통해 우리를 선택하시고, 거룩하게 하시고, 구원을 받게 하셨다(살후 2:13).

예수님은 우리의 조력자를 염두에 두고 사마리아 여인에게 "아버지께 참되게 예배하는 자들은 영과 진리로 예배할 때가 오나니 곧 이때라 아버지께서는 자기에게 이렇게 예배하는 자들을 찾으시느니라 하나님은 영이시니 예배하는 자가 영과 진리로 예배할지니라"(요 4:23-24)라고 말씀하셨다.

우리의 조력자를 통해 "은밀한 가운데 있는 하나님의 지혜", 곧 "하나님이 우리의 영광을 위하여 만세 전에 미리 정하신" 지혜가 우리에게 계시되었다(고전 2:7-10). 그분의 도우심이 없으면 아무도 하나님의 일을 이해할 수 없다. 진정으로 거듭난 사람은 그분을 통해 하나님께서 우리에게 은혜로 주신 것들을 알게 된다(고전 2:12). 우리가 성경의 가르침을 전할 때는 "사람의 지혜가 가르친 말로 아니하고" 오직 그분이 가르치신 것으로 하는 것이다. 영적인 일은 영적인 것으로 분별한다(고전 2:13).

우리의 조력자는 약속된 분이시다. 우리는 그 안에 진리의 말씀 곧 구원의 복음을 듣고 그 안에서 또한 믿어 인 치심을 받았다(엡 1:13). 하나님의 말씀은 그분의 검으로 일컬어진다(엡 6:17).

우리가 홀로 성경을 읽을 때 우리는 결코 혼자가 아니다. 하나님은 자신의 말씀을 이해하고 영혼의 양식을 먹는 일을 우리에게만 맡겨 두지 않으신다. 훈련이 아무리 부족하고, 성경을 공부하는 습관이 일관되게 이어지지 못해도 우리의 조력자는 언제라도 도움을 베풀 준비가 되어 있으시다. 성경을 펼칠 때마다 하나님이 항상 자신의 숨결로 우리를 축복할 준비가 되어 있으시다는 것을 기억하라.

은혜의 습관 가운데 하나인 성경 읽기와 성경 공부는 우리의 노력만으로 이루어지지 않는다. 거기에는 우리가 통제할 수 없는 변수가 존재한다. 우리가 좌지우지할 수 없는 신비로운 능력이 존재한다. 우리가 늘 받아들여야 할 신비로운 은혜가 존재한다.

우리의 조력자는 다름 아닌 성령이시다.

3장. **묵상으로 자신을 뜨겁게 하라**

우리는 묵상하도록 창조되었다. 하나님은 우리에게 조용히 생각할 수 있는 능력을 주셨다. 그분은 우리가 단지 듣기만 하거나 말씀을 서둘러 읽지 않고, 말씀을 깊이 생각해 마음에 새기기를 원하신다.

조용히 숙고하는 것, 곧 어떤 것을 생각과 마음의 이빨로 잘게 씹어 곰곰이 생각해 가슴 깊이 새기거나 여러 각도에서 살펴보아 그 의미를 파악하는 것은 인간만의 독특한 특성이다. 성경은 이런 기술을 '묵상'으로 일컫는다. 도널드 휘트니는 묵상을 가리켜 "성경에 계시된 진리와 영적 현실을 깊이 생각해 그 의미를 이해하고, 적용하고, 기도로 승화하는 활동"으로 정의했다.[1]

묵상은 신앙생활을 위한 참으로 놀라운 은혜의 수단이지만, 오늘날의 교회 안에서는 가장 많이 오해되거나 가장 크게 경시되는 영적 훈련 가운데 하나다. 하지만 묵상은 하나님의 말씀을 받아들이는 가장 중요한 수단이다.

묵상의 의미

세계 종교는 대부분 명상에 많은 관심을 기울이고, 두뇌의 건강을 활성화시키거나 혈압을 낮추는 수단으로 명상을 이용하는 것은 그다지 놀랄 일이 못 된다.

그러나 기독교의 묵상은 기독교 이외의 다양한 체세 속에서 흔히 이루어지는 '명상'과는 근본적으로 다르다. 기독교의 묵상은 우리의 생각을 비우기는커녕 오히려 성경적이고 신학적인 진리, 곧 우리 밖에 있는 진리로 가득 채우고, 마음속으로 진리의 광대함을 충분히 느낄 때까지 그 의미를 깊이 곱씹는다.

기독교의 묵상은 그리스도의 말씀이 풍성히 거하는 것을 의미한다 (골 3:16). 기독교의 묵상은 일반적인 명상과 같이 아무것도 하지 않고 자신의 생각에 귀를 기울이는 것이 아니라 하나님의 말씀을 천천히 소화시켜 질감을 맛보고, 즙액을 즐기고, 풍요롭고 달콤한 냄새를 음미하는 것을 뜻한다. 기독교의 묵상은 복음의 인도를 받고, 성경에 의해 형성되며, 성령께 의존하고, 믿음으로 이루어진다.

인간은 빵만으로는 살 수 없다. 영적 양식의 풍미를 천천히 즐길 수 있는 묵상이 필요하다.

주야로 행하는 묵상

현대 생활에는 정신을 산만하게 만드는 것들이 많다. 죄의 부패함에서 비롯되는 폐해도 갈수록 늘어나고 있다. 무엇보다 오늘날에는 믿음의 선조들이 살던 시대에 비해 묵상이 현저하게 줄어들었다. 성경은 "이삭이 저물 때에 들에 나가 묵상하다가"(창 24:63)라고 말한다. 히브리 성경에는 묵상과 관련해 이보다 좀 더 중요한 성경 구절이 세 개나 더 발견된다. 이 구절들은 묵상이 가만히 앉아 정신을 집중하는 것, 좀 더 구체적으로는 모든 잡념을 버린 상태에서 느릿한 마음으로 진지하게 생각하는 활동임을 분명하게 보여 준다.

첫 번째 구절은 여호수아 1장 8절이다. 모세의 사후에 구원사의 큰 획을 그을 중대 시점이 찾아왔다. 그 순간에 하나님은 친히 여호수아에게 "강하고 담대하라"고 세 차례나 힘주어 당부하셨다(수 1:6, 7, 9). 그렇다면 여호수아는 강하고 담대해지기 위해 어떻게 해야 했을까? 그는 어떻게 강하고 담대해질 수 있었을까? 그 대답은 바로 '묵상'이다.

"이 율법책을 네 입에서 떠나지 말게 하며 주야로 그것을 묵상하여"
(수 1:8).

하나님은 여호수아에게 율법을 잘 알고 있으라거나 아침에 율법의 한 대목을 신속히 읽거나 연구하라고 말씀하지 않으시고, 율법에 온전히 사로잡혀 그 진리 위에 삶을 구축하라고 명령하셨다. 여호수아는 게으르고 헛된 생각을 버리고 율법에 온전히 집중해야 했다. 또한 하나님의 말씀을 삶 속에 깊이 적용하고, 길잡이로 삼고, 그것을 통해 생각과 습관을 형성하고, 열정을 북돋우고, 행동의 방향을 결정해야 했다.

시편에 나타난 묵상

나머지 두 개의 성경 구절은 시편 1편과 가장 긴 시편에 각각 기록되어 있다. 시편 1편 1-2절은 여호수아 1장과 비슷한 표현을 사용해 "복 있는 사람은…여호와의 율법을 즐거워하여 그의 율법을 주야로 묵상하는도다"라고 말한다. 복 있는 사람, 곧 하나님을 즐거워하는 사람은 생명의 말씀을 신속하게 많이 읽고 연구하는 것에 만족하지 않고, '주야로 묵상' 한다.

아울러 시편 119편은 도처에서 '묵상' 을 언급하며 하나님의 말씀을 찬미한다. 시편 저자는 "주의 법도들"(15, 78절), "주의 율례들"(23, 48절), "주의 기이한 일들"(27절)을 묵상한다고 말했다. 그는 "주의 증거들"(99절)을 묵상한다고 말했고, "내가 주의 법을 어찌 그리 사랑하는지요 내가 그것을 종일 작은 소리로 읊조리나이다"(97절)라고 외쳤다.

시편 저자가 옛 언약의 가르침을 이토록 소중하게 여겼다면, 우리는 새 언약의 복음을 더욱 소중히 여겨 진지하게 묵상해야 마땅하지 않겠는가?

묵상은 잃어버린 고리다

묵상은 교회사에서 하나님의 백성을 위한 가장 강력한 은혜의 수단 가운데 하나로서 뿌리 깊고 지속적인 역할을 감당해 왔다. 특히 청교도는 묵상을 매우 중시했고, 묵상이 하나님의 음성 듣기(말씀)나 하나님께 아뢰기(기도)와 같은 은혜의 수단과 밀접한 관계를 맺고 있다는 점에 깊은 관심을 기울였다. 도널드 휘트니는 묵상을 '말씀과 기도를 잇는 잃어버린 고리' 로 생각했던 뛰어난 청교도 몇 명을 소개하면서 기독교의 묵상을 위한 실질적인 조언 몇 가지를 제시했다.[2]

- "말씀을 읽거나 듣고 나서는 묵상하고 기도로 마무리하라"(윌리엄 브리지).[3]
- "말씀은 묵상을 독려하고, 묵상은 기도를 독려한다. …말씀을 듣고 나서는 묵상해야 하고, 묵상하고 나서는 기도해야 한다. …말씀으로 들은 것을 묵상으로 소화한 다음, 기도로 배출해야 한다"(토머스 맨튼).[4]
- "하나님의 말씀을 읽고 나서도 마음이 냉랭한 이유는 우리 자신을 묵상의 불길로 뜨겁게 하지 않기 때문이다"(토머스 왓슨).[5]
- "우리의 기도가 무기력한 이유는 기도하기 전에 묵상하지 않기 때문이다"(윌리엄 베이츠).[6]

묵상은 다른 영적 훈련들과 밀접한 관계를 맺고 있는 영적 훈련에 해당한다. 묵상은 성경에 기록된 하나님의 자기 계시와 하나님을 공경하며 드리는 기도와 동떨어져 따로 존재하지 않는다. 오히려 묵상은 하나님의 말씀을 듣는 것과 그분에게 말하는 것을 연결하는 가교 역할을 한다.

우리는 묵상을 통해 우리가 읽거나 듣거나 연구한 하나님의 말씀을 조용히 생각한다. "묵상의 불길로 뜨겁게 한다."라는 말대로 마음속으로 하나님의 말씀을 곰곰이 생각하면 심령이 뜨거워지기 시작한다. 하나님의 말씀을 깊이 생각해 마음에 새기고 그 진리가 우리의 영혼을 사로잡으면 하나님을 향해 기도의 문이 열린다. 매튜 헨리는 "묵상은 기도를 위한 가장 바람직한 준비 단계에 해당하고, 기도는 묵상의 가장 훌륭하고 바람직한 결과에 해당한다."라고 말했다.[7]

진정한 치유

기독교의 묵상은 육체의 자세보다는 영혼의 태도와 더 밀접하게 관련된다. 가부좌를 하고 마룻바닥에 앉거나 의자에 앉아 양발을 바닥에 대고 등을 곧추세운 채 손바닥을 위로 향하는 자세를 취할 필요는 없다. 기독교의 묵상은 성경 말씀을 읽거나 말씀에 귀를 기울이거나 성경 구절을 암송하는 데서 시작한다.

성경을 폭넓게 읽고, 그 가운데 특별히 우리의 관심을 끄는 구절이나 대목을 골라 몇 분 동안 마음속으로 깊이 생각하고 나서 손에 연필을 들거나 키보드에 손가락을 올려놓고 깨달은 것을 적으면서 우리의 심령을 뜨겁게 하고, 그 불길을 기도로 토해 낸 다음, 하루의 일상을 시작하면 된다.

불안하고 스트레스가 많은 오늘날의 사회에서 기독교의 묵상을 이용해 두뇌를 강화하고 혈압을 낮추는 것도 나쁘지는 않겠지만, 묵상의 진정한 유익은 우리의 영혼을 이롭게 하는 데 있다.

'경건의 시간'의 가장 중요한 요소

나는 묵상을 '경건의 시간'의 가장 중요한 요소로 생각한다. 나는 먼저 간단한 기도로 하나님의 도우심을 구하고 나서 성경 읽기 계획에 따라 그날에 할당된 성경 본문을 읽는다. 성경을 읽을 때는 그 말씀이 예수님과 어떤 관계를 맺고 있는지에 주목하고, 묵상이나 연구를 필요로 하는 문구나 구절이나 항목이 있는지를 살핀다. 연구가 필요할 때는 간단히 질문을 제기한 뒤에 일단 주석이나 스터디 바이블을 참조하고, 질문을 쉽게 해결할 수 없을 때는 그날이나 그 주간 어느 때든 좀 더 깊이 있는 연구를 하기 위해 메모를 해둔다. (연구를 위해 메모해 둔 것들 가운데 일부는 나중에 다시 연구하고, 시간이 없을 경우 다음에 다시 그 구절을 대할 때까지 미뤄 둔다.)

성경을 읽다가 묵상이 필요한 항목을 발견하면 그 말씀에 정신을 집중해 곰곰이 생각하고 기도를 드린다. 그러고는 그날에 할당된 나머지 성경 본문을 다 읽어야 한다는 의무감을 갖지 않고 곧장 하루 일과를 시작한다. 나는 성경 읽기 진도를 나가는 것보다는 하나님의 말씀을 중심으로 묵상과 기도를 통해 그분과 교제를 나누는 것이 더 중요하다는 점을 거듭 떠올리곤 한다. 나는 그날에 할당된 성경 본문을 가교 역할을 하는 묵상과 기도를 통해 내 영혼을 배불리는 '말씀의 꼴'로 생각한다.

4장. 말씀을 자신의 마음과 삶에 적용하라

우리 모두는 말씀을 듣기만 하지 않고 행하는 자가 되기를 원한다 (약 1:22). 우리 가운데 실패의 감정을 느끼거나 '거울로 자기의 생긴 얼굴을 보고…그 모습이 어떠했는지를 곧 잊어버리는' 사람처럼 부끄러운 일을 하고 싶어 할 사람이 누가 있겠는가. 말씀의 적용은 우리가 하나님의 말씀을 대할 때마다 의식적으로 추구해야 할 근본적인 영적 훈련에 해당한다. 그러나 그것은 '적용'을 어떻게 정의하느냐에 따라 달라진다.

이 장에서 생각해야 할 핵심적인 질문은 "규칙적인 성경 읽기와 연구가 우리의 마음과 삶에 어떤 영향을 미치고, 또 그런 일은 어떻게 일어나는가?"라는 것이다.

하나님의 말씀은 우리를 위한 것이다

먼저 하나님의 말씀을 우리의 삶에 적용해야 하는 이유는 성경이 우리를 위한 것이기 때문이다. 성경을 우리의 삶에 적용하는 것이 가능한 이유는 모든 성경이 그리스도인을 위한 것이라는 놀라운 사실 때문이다.

"모든 성경은 하나님의 감동으로 된 것으로 교훈과 책망과 바르게 함과 의로 교육하기에 유익하니 이는 하나님의 사람으로 온전하게 하며 모든 선한 일을 행할 능력을 갖추게 하려 함이라"(딤후 3:16-17).

"이러한 일은 우리의 본보기가 되어 우리로 하여금 그들이 악을 즐겨 한 것같이 즐겨 하는 자가 되지 않게 하려 함이니…그들에게 일어난 이런 일은 본보기가 되고 또한 말세를 만난 우리를 깨우치기 위하여 기록되었느니라"(고전 10:6, 11).

"무엇이든지 전에 기록된 바는 우리의 교훈을 위하여 기록된 것이니 우리로 하여금 인내로 또는 성경의 위로로 소망을 가지게 함이니라"(롬 15:4).

성경은 교회를 위한 것이다. 성경은 우리가 이해할 수 있고, 또 적용할 수 있다는 기대감을 가지고 하나님의 말씀을 대할 수 있는 확실한 근거를 제시한다. 성경을 펼칠 때는 청교도 설교가 토머스 왓슨의 조언을 기억해야 할 필요가 있다.

> 모든 말씀을 자신에게 하는 말씀으로 받아들여라. 말씀이 죄를 엄중히 꾸짖거든 '하나님이 내 죄를 책망하신다.' 라고 생각하고, 말씀이 의무를 강조하거든 '하나님이 내게 이 일을 요구하신다.' 라고 생각하라. 성경이 마치 처음 기록될 당시에 살던 사람들에게만 적용되는 것처럼, 하나님의 말씀이 자기 자신과는 아무 상관이 없다고 생각하는 사람들이 많다. 그러나 말씀을 통해 유익을 얻고자 한다면 말씀을 자신에게 적용해야 한다. 이는 약을 실제로 복용하지 않으면 아무런 효과가 없는 이치와 같다.[1]

모든 말씀을 자신에게 하는 말씀으로 받아들여라. 먼저 하나님의 말씀이 본래의 청중에게 어떻게 이해되었고, 또 예수님의 인격과 사역과는 어떤 관계를 맺고 있는지를 생각하고 그 말씀을 자신에게 적용하라. 성경에 기록된 말씀, 곧 하나님의 영감을 받은 인간 저자가 본래의 청중에게 전한 말씀을 성령의 조명을 통해 이해하고, 그 이해한 것을 오늘날 우리를 향한 말씀으로 받아들여 삶에 적용해야 한다.

매일 성경을 구체적으로 적용해야 하는가?

그렇다면 적용은 매일 이루어져야 하는 은혜의 수단인가? 적용은 성경을 읽을 때마다 시도되어야 하는 영적 훈련인가? 대답은 긍정과 부정 반반이다. 즉 그 대답은 '적용'을 어떤 의미로 사용하느냐에 따라 달라진다.

어떤 성경 교사들은 하나님의 말씀을 대할 때마다 우리의 삶에 구체적으로 적용할 수 있는 내용을 최소한 한 가지는 발견할 수 있다고 말한다. 그들은 아무리 사소한 것이라도 우리의 인격과 그날에 해야 할 일에 적용할 것이 있다고 말한다. 이러한 주장에는 '하나님의 말씀을 듣기만 하지 말고 행하는 사람이 되어야 한다.'는 지혜로운 의도가 담겨 있다. 그러나 그렇게 단순한 논리로 적용에 접근하는 경우에는 신앙생활의 좀 더 복잡한 본질, 즉 "우리의 삶은 우리가 흔히 생각하는 것보다 더 불분명한 상태로 진행될 때가 많은데 그런 와중에서 얼마나 진실하고 지속적인 변화가 일어날 수 있느냐?"라는 문제를 간과할 가능성이 높다.

우리가 삶의 대부분을 즉흥적으로 살아간다는 것을 인정해야 할 필요가 있다. 일상 속에서 이루어지는 이런저런 결정의 99% 이상이 즉각적인 성찰이 없는 상태에서 이루어진다. 우리의 삶은 행동의 연속이다. 우리의 삶은 잠시 생각하고 나서 행동하는 것의 반복이라기보다는 우리의 인격, 곧 우리의 사람됨에서 즉각적으로 비롯한다.

바울 사도가 우리를 위해 기도를 드린 이유가 바로 여기에 있다.

그는 우리가 의무를 나열한 목록에 복종할 수 있게 해달라고 기도하지 않았다. 그는 쉴 새 없이 많은 삶의 결정에 부딪칠 때마다 하나님의 뜻을 분별할 수 있는 지혜를 허락해 달라고 기도했다.

"오직 마음을 새롭게 함으로 변화를 받아 하나님의 선하시고 기뻐하시고 온전하신 뜻이 무엇인지 분별하도록 하라"(롬 12:2).

"내가 기도하노라 너희 사랑을 지식과 모든 총명으로 점점 더 풍성하게 하사 너희로 지극히 선한 것을 분별하며"(빌 1:9-10).

"우리도…구하노니 너희로 하여금 모든 신령한 지혜와 총명에 하나님의 뜻을 아는 것으로 채우게 하시고 주께 합당하게 행하여 범사에 기쁘시게 하고 모든 선한 일에 열매를 맺게 하시며 하나님을 아는 것에 자라게 하시고"(골 1:9-10).

바울 사도는 구체적인 행동을 지시하는 대신 우리가 "주를 기쁘시게 할 것이 무엇인가 시험하여" 보고 거기에 비춰 행동할 수 있는 사람이 되기를 원했다(엡 5:10).

하나님의 말씀은 영혼의 눈을 열어 준다

존 파이퍼는 이렇게 말했다.

경건한 삶은 경이로워하는 마음에서 비롯한다. 우리는 하나님과 그리스도와 십자가와 은혜와 복음을 경이로워하는 마음으로 성경을 대해야 한다.[21]

하나님의 말씀을 적용하는 것은 그런 경이감을 수반한다. 성경을 자신의 영혼에 적용하라. 뜨거운 열정이 솟아나게 해달라고 기도하라. 성경을 마음에 적용하라. 이것은 묵상이 그토록 중요한 또 하나의 이유다.

하나님과 복음의 장엄함에 매료되면, "우리가 다 수건을 벗은 얼굴로 서울을 보는 것같이 주의 영광을 보매 그와 같은 형상으로 변화하여 영광에서 영광에 이르니"(고후 3:18)라는 말씀대로 우리가 보는 것의 형상대로 변화된다. 그렇게 되면 성경 읽기와 연구를 통해 우리의 영혼을 더 크게 만족시킬 수 있고, 그것으로부터 모든 것에 영향을 미치는 결정이나 삶을 이끌어 줄 원동력이 생겨난다.

하나님의 말씀에 대한 묵상은 우리의 영혼에 큰 영향을 미친다. 때로는 즉각적이고 구체적인 적용이 이루어지기도 한다. 그런 때는 그것을 그대로 적용하면 된다. 그러나 구체적인 행동만을 생각하다가 경이감에서 비롯하는 헌신의 마음이나 주님 안에서 영혼의 행복을 느끼는 일을 도외시하지 않도록 주의해야 한다. 성경을 통해 보고 느끼게 되면 삶이 처음에 성경을 대할 때와는 매우 다른 양상을 띠게 된다.

성경은 우리를 위한 것이지만 우리 자신에 관한 책은 결코 아니다.

성경은 우리가 해야 할 일의 목록이 아니라 우리가 그 안에서 발견하게 되는 인격을 통해 우리에게 가장 큰 영향을 미친다. 존 파이퍼는 "인격이 되라. 긴 목록을 만들지 말라."라고 조언했다.[31]

성경 적용이 가져다주는 축복

우리는 여호수아 1장 8절에서 형통한 삶에 이르는 길을 어렴풋하게 발견할 수 있다. 성경 묵상과 적용은 축복을 가져다준다.

"이 율법책을 네 입에서 떠나지 말게 하며 주야로 그것을 묵상하여 그 안에 기록된 대로 다 지켜 행하라 그리하면 네 길이 평탄하게 될 것이며 네가 형통하리라"(수 1:8).

성경 읽기의 우선적인 목적은 경이감(묵상과 예배)이다. 그것은 우리의 마음에 역사해 인격을 변화시켜 말씀을 적용할 준비를 갖추게 한다. 말씀을 삶에 적용하면 우리의 영혼이 하나님의 축복을 받을 수 있는 길이 열린다. "그리하면 네 길이 평탄하게 될 것이며 네가 형통하리라." 말씀을 삶에 적용하면 우리에게 은혜의 효력이 미치고, 좀 더 많은 은혜를 받을 수 있는 결과가 나타난다.

예수님은 요한복음 13장 17절에서 "너희가 이것을 알고 행하면 복이 있으리라"라고 말씀하셨다. 야고보서 1장 25절도 "듣고 잊어버리는 자가 아니요 실천하는 자"는 "그 행하는 일에 복을 받으리라"라고 약속한다.

 하나님의 말씀을 마음에 적용함으로써 경이감을 느끼고, 그렇게 변화된 마음을 통해 말씀을 삶에 적용하면 그것이 우리에게 은혜를 가져다주는 통로가 된다. 하나님은 말씀을 삶에 진정으로 적용하는 사람을 축복하신다.

5장. 하나님의 생각을 마음에 새겨라

　성경을 암송하라는 말을 수없이 들어 봤을 것이다. 아마도 성경 암송이 말로 다할 수 없는 유익을 가져다준다고 믿고, 또 말씀을 나중을 위해 마음속에 저장해 두는 일보다 시간을 더 잘 활용하는 법은 없다고 생각하는 사람이 많을 것이다. 그러나 여러 차례 성경 암송을 시도해 보아도 결과가 그리 신통하지 않을 때가 많다.

　성경을 암송해야 한다는 생각을 하면 초등학교에서 학과목을 암기하던 시절을 떠올리거나 기억력이 좋지 않다는 이유를 내세워 스스로의 실패를 자책하는 경우가 다반사다. 성경 구절이 가득한 보물 창고나 성령께서 사용하실 무기를 가득 쌓아 놓은 무기고를 소유하는 것은 참으로 바람직한 일이지만, 단지 미래의 어느 날을 위해 비축해 놓는 데 그칠 뿐 현재와는 아무 관련도 없게 된다면 성경 암송을 꼭 해야 한다는 절박감을 느끼기가 어렵다.

그러나 관점만 약간 달리하면 놀라운 혁신이 일어날 수 있다. 성경 암송이 현재와 관련이 있다면 어떻게 될까? 최소한 단 1분만이라도 앞으로의 몇십 년에 대한 생각을 잊어 보라. 또 이미 암송한 성경 본문을 매일 복습하는 일도 잠시 중단해 보라. 창고를 지어 그곳을 가득 채울 생각을 성경 암송의 동기로 삼으려는 생각을 버리고 현재에 초점을 맞춰 보라. 성경 암송의 목적은 바로 오늘 이 순간에 우리의 영혼을 배불리는 것이고, 하나님의 삶과 생각을 토대로 우리의 삶과 생각을 형성해 나가는 데 있다.

오늘을 위해 생각을 형성하라

미래를 위해 반짝이는 보화를 쌓아 놓고 무기를 날카롭게 갈아 놓는 것은 좋은 일이다. 다른 사람들도 나와 다를 바 없다면, 보통 우리의 하루하루는 이미 충분히 고단해서 성경 암송을 차일피일 미루기가 너무나도 쉽다(마 6:34 참조). 이런 상황을 타개하려면 주기도문의 "오늘 우리에게 일용할 양식을 주시고"라는 간구를 성경 암송에 적용해야 한다.

마음으로 성경을 배우려면 기록된 지 오래되었지만 여전히 적절성을 유지하고 있는 성경 말씀을 단순히 암송하는 데 그치지 말고, 창조주요 구원자이신 주님의 음성을 듣고 배워야 한다. 성경 말씀을 암송하면 그 순간에 우리의 생각이 하나님이 생각하시는 방식과 구조를 본받게 된다.

훌륭한 신학은 우리의 생각에 영향을 미쳐 하나님의 생각을 본받도록 이끌지만, 성경 암송은 우리의 생각을 가능한 한 구체적으로 형성시켜 하나님의 생각을 그대로 흉내 낼 수 있게 도와준다. 성경 암송은 미래를 위해 우리를 준비시켜 조언을 건네거나, 복음을 전하거나, 죄와 싸울 때 암송한 성경 구절을 사용하게 해줄 뿐 아니라 현재에도 강력하게 역사해 우리를 성령 안에서 행하는 사람으로 변화시킨다. 성경 암송은 심령이 새롭게 되는 데 기여한다(엡 4:23). 성경 암송은 마음을 새롭게 함으로 변화를 받아 하나님의 선하시고 기뻐하시고 온전하신 뜻이 무엇인지 분별할 수 있게 도와준다(롬 12:2). 성경 암송은 미래에 결정을 내릴 때나, 다양한 상황에서 유혹에 맞서 싸울 때 우리에게 도움을 주는 데 그치지 않고, 성경 구절을 암송하는 그 행위를 통해 본문의 의미를 이해하고 본문과 교감을 나누게 함으로써 지금 이 순간에 우리의 생각을 변화시켜 하나님의 뜻을 분별하는 사람이 되게 한다.

오늘 암송한 하나님의 말씀은 단지 내일을 위해 비축해 두는 자산이 아니라 지금 당장 활용할 수 있는 자산이다.

어떤 사람은 성경 암송을 '묵상'으로 일컫는다

앞에서 성경 암송은 본문의 의미를 이해하고 본문과 교감을 나누는 것이라고 말했다. 성경 암송은 3장에서 '잃어버린 은혜의 수단' 으로 일컬었던 묵상과 병행되어야 한다.

묵상은 뉴에이지나 초월주의와는 거리가 멀다. 성경이 권장하는 전통적인 묵상은 하나님이 말씀하신 진리를 깊이 생각하며, 그 의미를 이해할 때까지 마음속으로 충분히 곱씹어 삶에 적용하는 방법을 궁리하는 것을 의미한다.

묵상을 성경 암송과 병행하는 것은 고된 암송의 과정을 이끌어 가는 방법에 큰 영향을 미친다.

우선 묵상은 속도를 느리게 만든다. 가만히 멈추어 생각하지 않고 암송만 하면 그 속도가 훨씬 빨리지기 마련이다. 단순히 암송만 하는 것은 별로 유익이 없지만, 묵상과 함께 하면 매우 유익하다. 묵상을 진지하게 받아들이면 암송하는 말씀을 이해할 수 있을 뿐 아니라 말씀을 곰곰이 생각하고 느끼는 동안에 이미 적용이 이루어지기 시작한다.

묵상과 성경 암송을 병행하면 생명의 양식을 미래의 변화를 위해 비축해 두는 데 그치지 않고, 오늘 당장 그 양식을 섭취해 변화를 경험할 수 있다. 영혼을 먹이고 생각을 형성하는 일에 더 많은 관심을 기울인다면 암송한 성경 말씀을 복습하는 것은 그렇게 중요하지 않다. 성경 말씀을 전에 암송했다가 잊어버리는 것은 아무 잘못이 아니다. 그것은 오히려 그 말씀을 새롭게 묵상함으로써 우리의 생각을 훨씬 더 올바르게 형성할 수 있는 기회를 제공한다.

성령의 일을 생각하라

단지 미래만이 아니라 현재를 위한 또 하나의 유익은 그날 하루를 살아갈 수 있는 영혼의 태도가 결정된다는 것이다. 즉 성령의 일을 생각하고, 성령을 따르는 삶을 살아갈 수 있다(롬 8:5). 거기에서 "생명과 평안"(롬 8:6)이 비롯된다.

성경 암송을 묵상과 병행하면, "위의 것을 생각하라"는 명령에 복종하기가 용이해진다(골 3:2). 다시 말해 하나님의 성령의 일들을 받지 아니하는 자연인처럼 살지 않고, 영적인 것으로 하루를 살아갈 수 있다(고전 2:13-14). 하나님의 말씀으로 우리의 생각을 형성해 성령의 일에 초점을 맞추면 놀라운 결과가 나타난다. 바울도 이사야처럼 "누가 주의 마음을 알아서 주를 가르치겠느냐"라고 물으며, "우리가 그리스도의 마음을 가졌느니라"라고 대답했다(고전 2:16, 사 40:13 참조).

그리스도의 마음이 우리의 것이다

바울 사도는 "누가 주의 마음을 아느냐?"라는 질문에 두 가지로 대답했다. 그 가운데 첫 번째가 로마서 11장 34절, "누가 주의 마음을 알았느냐 누가 그의 모사가 되었느냐"라는 말씀에 함축되어 있다. 그 대답은 "아무도 없다."이다. 하나님의 생각은 우리의 생각을 무한히 초월한다. 어떤 인간도 하나님의 생각을 온전히 알 수는 없다.

"그의 판단은 헤아리지 못할 것이며 그의 길은 찾지 못할 것이로다" (롬 11:33).

바울은 고린도전서 2장 16절에서 두 번째 대답을 제시했다. 즉 "우리가 그리스도의 마음을 가졌느니라"라고 말했다. 성경을 읽고 연구해 그 의미를 이해하고, 말씀을 묵상하고 암송하면 점차 '그리스도의 마음을 갖게 되어' 그분의 형상으로 변화된다. 하나님의 생각을 다 알 수는 없지만 앎의 정도가 갈수록 깊어진다. 하나님의 생각을 우리의 생각에 각인시키는 방법 가운데 성경에 기록된 것을 암송하고 묵상하는 것보다 더 좋은 방법은 없다.

두 가지 큰 효과

'그리스도의 마음'을 언급하고 있는 또 하나의 성경 본문은 하나님의 생각을 암기하는 것이 일으키는 두 가지 효과를 다루고 있다. 그 성경 본문은 '그리스도의 비하와 승귀'를 다룬 빌립보서 2장 6-11절의 서론에 해당하는 빌립보서 2장 5절이다.

"너희 안에 이 마음을 품으라 그리스도 예수의 마음이니"(빌 2:5).

그리스도의 마음을 품는다는 것은 우리의 삶 속에서 어떤 의미를 지닐까? 본문의 전체 문맥을 살펴보면, '연합'(빌 1:27-2:2)과 '겸손'(빌

2:3-4)이라는 두 가지 주제가 뚜렷하게 나타난다.

단지 기독교적인 개념만이 아니라 실제로 하나님의 말씀에 초점을 맞추는, 자신의 생각을 그리스도의 생각에 복종시키려고 노력하는 그리스도인들보다 그리스도의 몸 안에서 더 나은 조화를 이끌어 낼 수 있는 사람은 없다.

그리스도의 마음을 품는 것은 우리가 한마음으로 서서 한뜻으로 복음의 신앙을 위하여 협력하고(빌 1:27), 마음을 같이하여 같은 사랑을 가지고 뜻을 합하여 한마음을 품는 공동체가 되기 위한 촉매제 역할을 한다(빌 2:2).

'한마음'은 겸손(벧전 3:8)과 밀접하게 관련된다. 성경 암송을 통해 우리의 마음을 하나님의 말씀에 복종시키는 것보다 겸손한 태도를 진작시킬 수 있는 더 좋은 방법은 없다. 그렇게 하면 우리는 다음 말씀이 요구하는 사람이 될 수 있다.

"아무 일에든지 다툼이나 허영으로 하지 말고 오직 겸손한 마음으로 각각 자기보다 남을 낫게 여기고 각각 자기 일을 돌볼뿐더러 또한 각각 다른 사람들의 일을 돌보아 나의 기쁨을 충만하게 하라"(빌 2:3-4).

하나님의 말씀을 마음속에 간직하고, 유혹에 맞설 무기를 준비하라. 그러나 하나님의 생각을 마음에 새기는 것은 현재의 삶을 변화시키는 능력을 지니고 있다는 사실을 간과하지 말라.

성경 암송을 위한 5가지 조언

어떤 성경 암송 가이드북은 매우 복잡하다. 카드에 암송할 성구를 적어 놓거나 이전에 암송한 성구를 복습하도록 긴 목록을 달아 놓기도 한다. 그런 가이드북을 인내심 있게 사용하며 그것을 통해 영혼의 생명을 얻고 유지해 온 사람들이 참으로 고맙고 존경스럽다. 내 경우에 그런 가이드북을 사용했다면 매일 경건의 시간을 위해 할애한 시간을 거기에 온전히 다 쏟아붓거나 시간이 너무 빠듯했을 것이 틀림없다.

나는 성경 암송을 묵상의 도구이자 성경 적용의 수단으로 활용한다. 묵상은 매일 행해야 할, 양보할 수 없는 은혜의 수단이다. 삶의 상황에 쫓겨 시간이 없을 때에도 간략하게라도 해야지 그냥 건너뛰어서는 곤란하다.[1] 그와는 달리 성경 암송은 매일 하지 않고 일주일에 한두 번 정도로 만족한다. 나는 성경을 읽다가 발견한 감동적인 구절을 몇 분 동안 암송하는 시간을 갖는다. 그런 때는 단지 묵상에 그치지 않고 내 영혼의 유익과 다른 사람들을 섬기는 사역을 위해 성경 구절을 암송한다.

성경 암송에 관해서는, 이전에 다른 사람들을 섬기는 데 특별히 도움이 되는 성경 구절을 "목회자들이 암송해야 할 10가지 성경 구절"이라는 제목으로 제시한 바 있다.[2] 아울러 영혼을 배불리는 묵상과 관련해서는 이 장 말미에 "영혼을 뜨겁게 하는 10가지 복음 구절"과 "깊이 생각해야 할 12가지 복음 본문"을 제시했다.

그런 성경 구절을 소개하기에 앞서 성경 암송을 위한 5가지 조언을 하자면 다음과 같다.

1. 성경 구절의 선택을 다양화하라

성경 한 권이나 한 장(로마서 8장이나 빌립보서 3장부터 시작하면 좋다), 또는 핵심 구절을 암송할 수 있다.[3] 내 경우에는 지금까지 성경 읽기 계획에 따라 성경을 읽으면서 좋아하게 된 성경 구절을 핵심 구절로 삼았다(핵심 구절은 대개 4-7절로 이루어진다. 예를 들어 딛 3:1-7). 핵심 구절의 경우에는 그 의미가 매우 깊고 풍부하기 때문에 단지 몇 분 동안의 묵상만으로는 충분하지 않다.

그 풍성한 의미를 좀 더 깊이 이해하려면 암송이 필요하다(핵심 구절을 암송하기 원한다면 다음 성경 구절부터 시작해 보기 바란다. 골 1:15-20절, 요 1:1-14, 히 1:1-4, 빌 2:5-11).

2. 하루 종일 암송 구절을 떠올려라

암송 구절을 종이에 기록하거나 태블릿 컴퓨터나 휴대전화에 입력해 놓으라. 성경 암송을 특정한 장소에서만 하는 일로 생각하지 말고, 무슨 활동을 하든지 병행하라. 자동차를 타고 갈 때는 오디오 카세트를 틀어 암송 구절을 듣고, 줄을 서서 기다릴 때는 종이에 기록한 암송 구절을 읽어 보고, 휴대전화에도 암송 구절을 입력해 놓고 틈틈이 들여다보라.

3. 암송 구절을 이해하고, 느끼고, 적용하려고 노력하라

단순한 암송을 목표로 삼으려는 충동을 억제하라. 머릿속으로 성구를 암송하는 것은 부차적인 일이다. 가장 우선적인 일은 성구를 마음속에 깊이 간직하는 것이다. 아무 생각 없이 암송하지 말고, 본문의 의미를 곰곰이 생각하라. 암송 구절이 삶에 어떤 의미를 가져다주고, 또 감정에는 어떤 영향을 미치는지 생각하라.

4. 암송 구절을 기도로 바꾸라

개인 기도 시간이나 공동 기도 시간은 암송 중인 성경 구절을 활용할 수 있는 좋은 기회를 제공한다. 암송 구절로 하나님께 기도를 드리면서 그 의미를 다른 사람들에게 적용해 보기도 하고, 또 새로운 각도에서 그 구절을 이해하고 느끼려고 노력하라. 내 경우에는 암송 구절을 기도로 바꾸는 일을 통해 그전에는 알지 못했던 새로운 의미를 깨닫게 된 적이 적지 않았다.

5. 복음의 빛에 비춰 암송하라

골로새서 3장 16절, "그리스도의 말씀이 너희 안에 풍성히 거하여"라는 말씀을 성경 암송에 적용하라. 여기서 '그리스도의 말씀', 곧 '그리스도의 메시지'는 가장 중요한 성경 구절이 아니라 복음을 가리킨다. 복음의 빛에 비춰 성경 구절을 암송하라.

성경 암송은 기독교의 전유물이 아니다. 예수님은 우리보다 구약 성경을 훨씬 더 많이 암송했던 유대 지도자들에게 "너희가 성경에서 영생을 얻는 줄 생각하고 성경을 연구하거니와 이 성경이 곧 내게 대하여 증언하는 것이니라 그러나 너희가 영생을 얻기 위하여 내게 오기를 원하지 아니하는도다"(요 5:39-40)라고 말씀하셨다. 바울은 성경을 잘 알고 있던 유대인들에 관해 이렇게 말했다.

"그러나 그들의 마음이 완고하여 오늘까지도 구약을 읽을 때에 그 수건이 벗겨지지 아니하고 있으니 그 수건은 그리스도 안에서 없어질 것이라 오늘까지 모세의 글을 읽을 때에 수건이 그 마음을 덮었도다 그러나 언제든지 주께로 돌아가면 그 수건이 벗겨지리라"(고후 3:14-16).

구약성경 구절을 암송하든지 신약성경 구절을 암송하든지 우리는 항상 주께로 돌아가야 할 필요가 있다. 성경 전체를 암송하든, 한 장이나 한 대목이나 한 구절을 암송하든, 예수님이 말씀하신 성경 해석의 원리를 늘 기억해야 한다.

"모든 성경에 쓴 바 자기에 관한 것을 자세히 설명하시니라"(눅 24:27).

"모세의 율법과 선지자의 글과 시편에 나를 가리켜 기록된 모든 것이 이루어져야 하리라 한 말이 이것이라 하시고 이에 그들의 마음을 열어 성경을 깨닫게 하시고"(눅 24:44-45).

영혼을 뜨겁게 하는 10가지 복음 구절

성경을 암송하는 것은 시간을 선용하는 것이다. 성경 암송은 "교훈과 책망과 바르게 함과 의로 교육하기에 유익"하다(딤후 3:16). 그 가운데서도 복음을 한 구절로 진술한 내용은 특별히 더 유익하다.

복음 구절을 암송함으로써 영혼을 뜨겁게 하면, 인간의 언어로 표현되었지만 하나님의 영감으로 기록된 무오한 말씀, 곧 모든 성경과 역사의 핵심이 되는 진리를 마음속에 간직할 수 있고, 가장 강력한 성령의 검을 소유할 수 있다. 성경의 핵심 진리를 한 구절로 요약한 말씀을 암송하면 우리의 영혼이 강건해지고, 하나님의 뜻을 옳게 헤아릴 수 있을 뿐 아니라, 그분이 지으신 세상의 본질을 꿰뚫고, 우리 자신이나 다른 사람들의 불신앙에 단호히 맞설 수 있다. 아울러 복음 구절은 복음 전도와 제자 훈련과 관련해 매우 귀한 가치를 지닌다.

따라서 다른 성경 구절을 암송하는 동안에도 성경 암송을 올바른 방향으로 이끌어 줄 수 있는 복음 구절을 적절히 떠올릴 필요가 있다. '복음 구절'이란 요한복음 3장 16절과 같은 구절(이 구절은 매우 유명할 뿐 아니라 그래야 할 충분한 이유를 지닌다), 곧 예수님이 죄인들을 구원하신다는 것을 분명하게 가르치는 구절을 의미한다.

그 본보기로 10가지 구절을 제시하면 다음과 같다. 성경을 읽으면서 다른 구절들을 찾아 덧붙여라. 복음 구절은 로마서에 특히 많다.

- "인자가 온 것은 섬김을 받으려 함이 아니라 도리어 섬기려 하고

자기 목숨을 많은 사람의 대속물로 주려 함이니라"(막 10:45).

- "우리가 아직 죄인 되었을 때에 그리스도께서 우리를 위하여 죽으심으로 하나님께서 우리에 대한 자기의 사랑을 확증하셨느니라"(롬 5:8).

- "죄의 삯은 사망이요 하나님의 은사는 그리스도 예수 우리 주 안에 있는 영생이니라"(롬 6:23).

- "그러므로 이제 그리스도 예수 안에 있는 자에게는 결코 정죄함이 없나니"(롬 8:1).

- "자기 아들을 아끼지 아니하시고 우리 모든 사람을 위하여 내주신 이가 어찌 그 아들과 함께 모든 것을 우리에게 주시지 아니하겠느냐"(롬 8:32).

- "하나님이 죄를 알지도 못하신 이를 우리를 대신하여 죄로 삼으신 것은 우리로 하여금 그 안에서 하나님의 의가 되게 하려 하심이라"(고후 5:21).

- "우리 주 예수 그리스도의 은혜를 너희가 알거니와 부요하신 이로서 너희를 위하여 가난하게 되심은 그의 가난함으로 말미암아 너

희를 부요하게 하려 하심이라"(고후 8:9).

- "미쁘다 모든 사람이 받을 만한 이 말이여 그리스도 예수께서 죄인을 구원하시려고 세상에 임하셨다 하였도다 죄인 중에 내가 괴수니라"(딤전 1:15).

- "사랑은 여기 있으니 우리가 하나님을 사랑한 것이 아니요 하나님이 우리를 사랑하사 우리 죄를 속하기 위하여 화목 제물로 그 아들을 보내셨음이라"(요일 4:10).

- "두루마리를 가지시고 그 인봉을 떼기에 합당하시도다 일찍이 죽임을 당하사 각 족속과 방언과 백성과 나라 가운데에서 사람들을 피로 사서 하나님께 드리시고"(계 5:9).

깊이 생각해야 할 12가지 복음 본문

단순한 진리만으로는 영혼의 생명을 유지할 수 없다. 우리에게는 복음이 절실히 필요하다. 진리를 통해 나타난 "하나님의 은혜"(골 1:6)가 있어야만 죽은 영혼이 살아나고, 그 생명을 계속 유지할 수 있다. 아무리 본질적인 진리라고 할지라도 단순한 진리만으로는 충분하지 않다. 인간의 마음을 일깨우고 힘을 공급하는 것은 바로 복음이다. '2+2=4'라는 등식은 진리이지만 그런 진리로는 나태한 영혼을 일깨워 참된 열정을 지니게 할 수 없다.

성경을 통해 다양한 진리를 배우는 것은 참으로 좋은 일이다. 배워야 할 중요한 진리가 많다. 그러나 "복음 진리의 말씀"(골 1:5, 엡 1:13), 곧 매우 중대한 핵심 진리이기 때문에 바울 사도가 '하나의 진리'가 아니라 '그 진리'라고 일컬었던(딤전 2:4, 3:15, 4:3, 6:5, 딤후 2:18, 25, 3:7, 8, 4:4, 딛 1:1, 14) 진리를 간과하거나 경시해서는 안 된다.

앞에서는 복음을 한 구절로 진술한 말씀을 소개했다. 여기에서는 주의 깊게 선정한 12가지 복음 본문을 소개하고자 한다. 이 복음 본문들은 서너 구절로 복음의 핵심을 명료하게 진술하고 있다.

이 짧은 성경 본문은 암송하기에 좋을 뿐 아니라 시간을 두고 깊이 묵상할 수 있는 기회를 제공한다. 이 복음 본문들을 삶의 토대이자 모든 것의 길잡이로 삼아 깊이 생각하라.

- "그는 실로 우리의 질고를 지고 우리의 슬픔을 당하였거늘 우리는 생각하기를 그는 징벌을 받아 하나님께 맞으며 고난을 당한다 하였노라 그가 찔림은 우리의 허물 때문이요 그가 상함은 우리의 죄악 때문이라 그가 징계를 받으므로 우리는 평화를 누리고 그가 채찍에 맞으므로 우리는 나음을 받았도다 우리는 다 양 같아서 그릇 행하여 각기 제 길로 갔거늘 여호와께서는 우리 모두의 죄악을 그에게 담당시키셨도다"(사 53:4-6).

- "모든 사람이 죄를 범하였으매 하나님의 영광에 이르지 못하더니

그리스도 예수 안에 있는 속량으로 말미암아 하나님의 은혜로 값
없이 의롭다 하심을 얻은 자 되었느니라"(롬 3:23-24).

• "일하는 자에게는 그 삯이 은혜로 여겨지지 아니하고 보수로 여겨
지거니와 일을 아니할지라도 경건하지 아니한 자를 의롭다 하시는
이를 믿는 자에게는 그의 믿음을 의로 여기시나니"(롬 4:4-5).

• "내가 받은 것을 먼저 너희에게 전하였노니 이는 성경대로 그리스
도께서 우리 죄를 위하여 죽으시고 장사 지낸 바 되셨다가 성경대
로 사흘 만에 다시 살아나사"(고전 15:3-4).

• "그리스도께서 우리를 위하여 저주를 받은 바 되사 율법의 저주에
서 우리를 속량하셨으니 기록된 바 나무에 달린 자마다 저주 아래
에 있는 자라 하였음이라 이는 그리스도 예수 안에서 아브라함의
복이 이방인에게 미치게 하고 또 우리로 하여금 믿음으로 말미암
아 성령의 약속을 받게 하려 함이라"(갈 3:13-14).

• "긍휼이 풍성하신 하나님이 우리를 사랑하신 그 큰 사랑을 인하여
허물로 죽은 우리를 그리스도와 함께 살리셨고 (너희는 은혜로 구
원을 받은 것이라)"(엡 2:4-5).

• "그는 근본 하나님의 본체시나 하나님과 동등됨을 취할 것으로 여

기지 아니하시고 오히려 자기를 비워 종의 형체를 가지사 사람들과 같이 되셨고 사람의 모양으로 나타나사 자기를 낮추시고 죽기까지 복종하셨으니 곧 십자가에서 죽으심이라"(빌 2:6-8).

- "아버지께서는 모든 충만으로 예수 안에 거하게 하시고 그의 십자가의 피로 화평을 이루사 만물 곧 땅에 있는 것들이나 하늘에 있는 것들이 그로 말미암아 자기와 화목하게 되기를 기뻐하심이라"(골 1:19-20).

- "또 범죄와 육체의 무할례로 죽었던 너희를 하나님이 그와 함께 살리시고 우리의 모든 죄를 사하시고 우리를 거스르고 불리하게 하는 법조문으로 쓴 증서를 지우시고 제하여 버리사 십자가에 못 박으시고"(골 2:13-14).

- "우리 구주 하나님의 자비와 사람 사랑하심이 나타날 때에 우리를 구원하시되 우리가 행한 바 의로운 행위로 말미암지 아니하고 오직 그의 긍휼하심을 따라 중생의 씻음과 성령의 새롭게 하심으로 하셨나니 우리 구주 예수 그리스도로 말미암아 우리에게 그 성령을 풍성히 부어 주사 우리로 그의 은혜를 힘입어 의롭다 하심을 얻어 영생의 소망을 따라 상속자가 되게 하려 하심이라"(딛 3:4-7).

- "자녀들은 혈과 육에 속하였으매 그도 또한 같은 모양으로 혈과 육

을 함께 지니심은 죽음을 통하여 죽음의 세력을 잡은 자 곧 마귀를 멸하시며 또 죽기를 무서워하므로 한평생 매여 종노릇하는 모든 자들을 놓아 주려 하심이니 이는 확실히 천사들을 붙들어 주려 하심이 아니요 오직 아브라함의 자손을 붙들어 주려 하심이라 그러므로 그가 범사에 형제들과 같이 되심이 마땅하도다"(히 2:14-17).

- "그는 죄를 범하지 아니하시고 그 입에 거짓도 없으시며 욕을 당하시되 맞대어 욕하지 아니하시고 고난을 당하시되 위협하지 아니하시고 오직 공의로 심판하시는 이에게 부탁하시며 친히 나무에 달려 그 몸으로 우리 죄를 담당하셨으니 이는 우리로 죄에 대하여 죽고 의에 대하여 살게 하려 하심이라 그가 채찍에 맞음으로 너희는 나음을 얻었나니 너희가 전에는 양과 같이 길을 잃었더니 이제는 너희 영혼의 목자와 감독 되신 이에게 돌아왔느니라"(벧전 2:22-25).

6장. 평생 학습자가 되겠다고 결심하라

나이가 든다고 해서 저절로 지혜로워지는 것은 아니다. 나이가 많은데도 어리석은 사람들이 적지 않다. 엘리후는 욥기에서 "사람의 속에는 영이 있고 전능자의 숨결이 사람에게 깨달음을 주시나니 어른이라고 지혜롭거나 노인이라고 정의를 깨닫는 것이 아니니라"(욥 32:8-9)라고 말했다.

물론 나이가 들어 흰머리가 많은 사람들 가운데는 명석하고 지혜로운 사람도 많이 있다. 그러나 나이가 들면서 생각이나 태도가 더욱 조급해지고 편협해지고 경솔해지는 사람들도 적지는 않다. 삶의 경험은 나이와 더불어 늘어 가지만 그런 경험을 이해하고 해석하는 능력이 없으면 많은 경험이 도리어 혼란을 가중시킬 뿐이다.

특히 그리스도인의 경우에는 일평생 배우겠다는 마음 자세와 거룩한 호기심을 배양시켜 나가는 것이 매우 중요하다. 가르치고 배우는 것은 기독교 신앙의 핵심이다. '제자'가 된다는 것은 '학습자'가 된다는 것을 의미한다. 우리의 주님은 궁극적인 교사이시고, 교회에서 그분을 섬기는 작은 목자들의 핵심 임무는 가르치는 것이다(마 28:20, 딤전 3:2, 5:17, 딛 1:9, 히 13:7). 하나님은 교회를 교사요 지도자인 사람들의 인도 아래 일평생 배워 나가는 '학습자들의 공동체'로 세우셨다.

기독교 신앙은 성인이 되기 위한 준비를 갖추게 하는 데 목표를 둔 한시적인 교육 과정과는 거리가 멀다. 우리는 일정한 지식을 습득하고 나서 그 지식을 토대로 남은 인생을 살아가겠다는 사고방식을 버려야 한다. 신앙생활의 건강은 지속적인 학습과 밀접하게 관련된다.

우리의 배움은 그리스도의 날이 이를 때까지, 그리고 그 이후에도 여전히 계속된다

우리는 "너희 안에서 착한 일을 시작하신 이가…[그 일을] 이루실 줄을…확신하노라"(빌 1:6)라는 말씀에서 많은 위로를 느낀다. 그러나 그 말씀은 그것이 전부가 아니다. 하나님이 우리 안에서 자신의 일을 온전히 이루실 것이라는 약속도 주어졌고, 그 일이 언제까지 지속될 것인지도 아울러 명시되었다. 그 일은 "그리스도 예수의 날까지" 계속된다. 배움의 과정은 오늘이나 내일 끝나지 않는다. 예수님의 재림이 늦어지는 한, 그 일은 일평생 계속된다.

심지어 천국에서나 새 창조가 이루어진 이후에도 우리의 배움은 끝나지 않는다. 우리는 그리스도 안에서 풍성한 은혜를 받아 누린다. 하나님은 그리스도 예수 안에서 우리에게 자비하심으로써 그 은혜의 지극히 풍성함을 오는 여러 세대에 나타내신다(엡 2:7). 물론 모든 것이 한꺼번에 우리에게 주어지는 것은 아니다. 우리는 영원토록 늘 새로운 긍휼을 받아 누리고, 새로운 계시를 발견하고, 주님에 관한 새로운 진리를 배운다. 우리에게는 단지 일평생에 그치지 않고 영원히 계속되는 은혜의 약속이 주어졌다.

우리는 평생 학습자다. 이 장은 두 가지 중요한 질문을 다룬다. 그것은 "무엇?"과 "어떻게?"라는 질문이다. 첫째, 우리는 무엇을 중심으로 평생 배우는가? 배우고 성장해 나가는 동안 무엇에 초점을 맞추고, 무엇을 학습의 체계적 원리로 삼아야 할 것인가? 둘째, 평생 동안 배워 나가려면 어떻게 해야 하는가?

말씀에 초점을 맞춰라

우리의 신앙생활을 이끄는 근본 진리가 있다. 우리는 그 근본 진리를 일평생 계속 배우고 더욱 깊이 탐구해야 한다. 그것은 바로 성육하신 말씀, 곧 예수님에 관한 '진리' 또는 '메시지'다. 간단히 말해, 평생 학습의 초점이자 핵심은 그리스도의 인격과 사역이다. 만물이 그분 안에 있고, 그분을 위해 존재하며, 그분에게서 비롯했다(골 1:17).

우리가 학습자라는 것은 단순한 사실이나 정보나 이론적인 지식을 배우는 것을 의미하지 않는다. 우리는 그런 지식은 물론이고 그 이상의 것을 배워야 한다. 우리는 단지 사실이나 원리만을 배우지 않고, 인격을 지닌 존재에 관해 배운다. 우리는 일평생 예수님을 알고 배워 나가는 학습자로서 그분의 말씀을 듣고, 기도로 그분께 아뢰며, 성령의 능력을 통해 그분의 몸과 교제를 나눈다.

그리스도의 인격을 알아 가는 가장 주된 방법 가운데 하나는 우리를 위한 그분의 사역에 관해 배우는 것이다. 우리는 갈보리에서 밝히 드러난 그리스도의 사랑 안에서 "뿌리가 박히고 터가 굳어져서 능히 모든 성도와 함께 지식에 넘치는 그리스도의 사랑을 알고 그 너비와 길이와 높이와 깊이가 어떠함을 깨달아 하나님의 모든 충만하신 것으로…충만하게" 되기에 이른다(엡 3:17-19).

기독교의 평생 학습은 단지 끝이 없어 보이는 정보, 곧 세계와 인간과 역사에 관한 사실을 배우고 파헤치는 것이 아니라 그리스도의 광대한 사랑의 강물 속으로 뛰어들어 그 무한한 너비와 길이와 높이와 깊이를 깨달아 그 빛으로 모든 것을 바라보는 지혜를 터득하는 것을 의미한다.

기독교의 평생 학습은 복음의 말씀과 기록된 성경을 통해(곧 성경을 듣고, 읽고, 연구하고, 묵상하고, 암송하는 활동을 통해) 그리스도 안에서 하나님을 알고 기뻐하는 것을 목표로 한다. 이것이 "하나님의 음성을 들으라"라는 내용을 다루는 제1부에 평생 학습에 관한 장을 포함시킨 이유다.

평생 학습을 위한 5가지 원리

"무엇?"이라는 질문의 대답은 "말씀"이다. 성육하신 말씀, 말로 전하는 말씀, 기록된 말씀이 모든 학습의 핵심이다. 그렇다면 "어떻게?"라는 질문의 대답은 무엇일까? 간단히 말해 평생 학습의 실천 방법은 창의력이 허락하는 한 무한히 다양할 수 있다. 스스로 방법을 이것저것 생각해 보면서 새로운 방법을 찾아보라. 평생 학습의 습관을 배양하는 데 필요한 원리를 크게 5가지로 나누면 다음과 같다.

1. 학습 자료를 다양화하고, 인생의 시기에 알맞은 학습 방법을 따르라

사적인 대화, 책 읽기, 강의 듣기, 교육용 비디오 시청하기, 오디오 테이프 듣기를 학습에 활용하라. 학습 방법을 다양화하라.

- 경험과 지식이 많은 사람들과의 사적인 대화를 가장 먼저 언급한 이유는 대화를 나누면서 질문을 던지면 우리의 상황과 필요에 꼭 맞는 지혜로운 조언을 들을 수 있기 때문이다.
- 책은 언제 어디서나 쉽게 이용할 수 있고, 각자의 속도와 시간과 장소와 필요에 맞게 활용할 수 있다는 장점이 있다.
- 강의는 다른 사람들과 함께 배울 수 있고, 그들의 질문을 통해 유익을 얻을 수 있으며, 특정 기간 동안 정해진 시간 내에 주어진 지식과 정보를 소화할 수 있다는 이점을 제공한다.
- 교육용 비디오는 각자에게 가장 편한 시간에 학습 내용을 살펴볼

수 있다는 편리함과 시각적인 요소(도표, 순위, 몸짓, 표정 등)를 통해 배울 수 있다는 이점을 제공한다.
- 오디오 테이프를 듣는 것은 다른 일(운전, 운동, 청소 등)을 하면서도 학습 내용을 배울 수 있을 뿐 아니라 비디오 시청과는 달리 가르치는 사람과 상황을 머릿속으로 상상하며 배울 수 있다는 이점을 제공한다.

아울러 인생의 시기에 따라 학습 방법이 어떻게 달라질 수 있는지를 고려하라. 대학교나 신학교에 다니는 경우에는 강의나 교육적인 대화나 집중적인 독서를 통해 학습에 전념할 수 있고, 출퇴근 거리가 긴 직장인이나 육체노동에 종사하는 사람은 책이나 강의나 설교를 오디오 테이프를 이용해 들을 수 있다. 하나님과 세상과 자아에 관해 배우는 데 가장 큰 도움을 줄 수 있는 자료나 방법을 각자의 인생의 시기에 맞게 선택하라.

2. 공간을 만들고 남은 시간을 선용하라

직장에 다니면서 결혼 생활을 막 시작한 경우에는 주말 저녁 강좌에 참석하거나 온라인 강좌를 듣거나 과제를 소화해 낼 기간이 충분하지 않을 것이다. 그러나 분주한 삶의 시기를 거치고 있더라도 조금이나마 배우기 위한 방법을 창안해 낼 수 있다. 예를 들어, 저녁에 잠자리에 들기 전에 5분이나 10분 정도 공부할 수 있고, 아침에는 그보다 좀 더 길게 성경을 읽고 배울 수 있으며, 칫솔질을 할 때나 출퇴근

할 때, 또는 심부름을 할 때 "존 스토트 목사님께 물어보세요"라는 팟캐스트를 들을 수 있다.[1] 또는 '복음 연합'과 같은 단체의 웹 사이트를 이용해 매일 온라인으로 한두 편의 논문을 읽겠다는 목표를 세울 수도 있고,[2] 종이 책이나 전자책을 이용해 몇 분 동안 좋은 책을 조금씩 읽어 나갈 수도 있다.

3. 시간을 아무 생각 없이 흘려보내지 말라

정신적인 휴식과 재충전의 시간도 필요하고, 텔레비전이나 영화를 보거나 음악을 듣거나 운동하는 시간도 필요하다. 그러나 평생 학습자는 여가 시간을 아무 생각 없이 오락으로 흘려보내지 않으려고 노력할 것이 분명하다. 스포츠 경기나 텔레비전도 배우려는 의도를 가지고 하나님을 영화롭게 하는 방식으로 보고 즐길 수 있는 방법이 있다. 예를 들면 뉴스나 역사 프로그램이나 유익한 다큐멘터리 프로그램을 보는 것이다.

평생 학습이란 쉬고 싶은 생각이 들 때마다 아무 생각 없이 휴식을 취하는 것이 아니라 그 순간을 성장의 기회로 삼는 것을 의미한다. 물론 하루를 그렇게 보냈다고 해서 크게 달라진 느낌이 들지는 않겠지만 나중에는 크나큰 유익을 얻을 수 있다.

4. 새로운 매체에 적응하라

과거에는 연필 자국이 난 낡은 책들이 가득한 개인 서재를 갖춘 것이 평생 학습자의 특징이었다. 그때는 책장에 책을 비롯해 신문과 잡지에서 오려 낸 기사들이 쌓여 있었고, 그후에는 8-트랙 오디오 테이프, 카세트테이프, CD 등이 뒤를 이었다. 오늘날에는 전자책이나 노트북컴퓨터 등을 이용할 뿐 아니라 한때 하드드라이브에 내장되었던 MP3도 거의 어디나 있는 와이파이를 통해 온라인에서 이용이 가능하다.

호기심이 많은 사람들은 팟캐스트를 이용하는 것을 좋아한다. 앞으로의 기술은 더 낫고 새로워질 것이다. 이미 이전과는 달리 무료 온라인 교육이나 비디오 교육 과정이 개설되었고, 소셜 미디어도 활발하게 이용되고 있다. 어떤 교사나 연예인이나 운동선수나 친구들의 말에 귀를 기울이냐에 따라 여가 시간을 헛되이 흘려보낼 수도 있고, 학습의 기회로 삼을 수도 있다.

5. 학습자의 정체성을 잊지 말라

충실한 교육과 평생 학습은 건강한 기독교의 특징이다. 따라서 우리 자신이 학습자라는 사실을 기억해야 한다. 학습을 유아기와 사춘기에만 국한된 것으로 간주하는 시대의 흐름에 맞서 성인기에도 여전히 지속되어야 하는 과정으로 받아들여라. 여가 시간을 아무 생각 없이 오락으로 낭비하지 않도록 주의하라. 우리 자신은 유한하고, 하나님은 무한하시다는 사실을 잊지 말라. 배우는 것을 짐이 아닌 큰 기쁨으로 알고 결코 중단하지 말라. 심지어 새 창조가 이루어진 이후에도 배움의 과정은 끝나지 않는다는 진리를 명심하라.

평생 학습자가 되겠다고 결심하라.

기도는 은밀히 시작한다. 그러나 하나님은 기도가 골방에만 머물러 있기를 원하지 않으신다. 기도는 삶 전체, 특히 공동체 안에서 이루어지는 삶을 위한 것이다. 성경의 가르침에 의하면, 기도는 개인적인 차원에 국한되지 않는다. 하나님을 의지하고 신뢰하는 태도로 하루를 살아가야 하고, 또 동료 신자들과 더불어 기도하는 시간으로 이어져 나가야 한다.

2부

기도의 습관

: 하나님의 귀에 아뢰기

7장. 하나님께 아뢸 수 있는 특권을 마음껏 누려라

하나님은 "모든 은혜의 하나님"(벧전 5:10)이시다. 하나님은 세상이 창조되기 전에 우리를 선택하셨고, 우리를 구원하기 위해 자신의 독생자를 내주셨으며, 우리를 거듭나게 하셨고, 우리의 신앙생활을 처음 회심한 날부터 마지막 날이 이를 때까지 풍성한 은혜로 이끌어 주신다. 하나님은 어려울 때나 편안할 때나 사람들과 상황을 통해 뜻하지 않은 축복을 베풀어 주시고, 건강할 때나 아플 때나 살아갈 때나 죽을 때나 예기치 못한 은혜를 베푸신다.

그러나 지금까지 살펴본 대로 하나님은 항상 뜻하지 않은 은혜로 우리를 놀라게 하지는 않으신다. 사실 그런 일은 그다지 흔하지 않다. 하나님은 규칙적인 은혜의 통로, 곧 은혜의 수단을 제공하신다.

하나님은 그런 수단을 즐겨 사용하며 기대감을 가지고 기다리는 사람들에게 은혜를 베푸신다. 하나님의 말씀과 그분의 교회와 기도, 즉 그분의 음성과 몸과 귀가 그 통로로 사용된다. 이 장부터는 논의의 초점을 하나님의 음성에서 하나님의 귀에 맞춰 볼 생각이다. 물론 기도로 하나님께 아뢰는 것은 그분의 말씀을 듣는 것과 서로 밀접하게 연관되어 있다.

말씀하시는 하나님은 또한 들으신다

하나님은 먼저 자신의 음성을 들려주신다. 그분은 말씀으로 자신을 계시하시고, 마음을 표현하신다. 하나님은 자신의 독생자를 말씀의 화신으로 세상에 보내셨다.

그분은 말씀으로 세상을 창조하셨고(창 1:3), 단지 개인뿐 아니라 '교회'(제3부에서 다루게 될 은혜의 수단)라고 불리는 몸을 새롭게 창조하신다.

참으로 경이롭게도 하나님은 자신을 표현하시고, 우리에게 자신의 음성을 들으라고 명령하실 뿐 아니라, 우리의 말을 듣기를 원하신다. 말씀하시는 하나님은 단지 말씀만 하지 않으시고 우리의 말을 들어주신다. 그분은 우리를 내려다보시며, 우리의 말을 듣기를 원하신다. 그분은 언제라도 우리의 말을 들을 준비가 되어 있으시다.

신자들이여, 우리는 하나님의 귀를 가졌다. 우리는 그것을 '기도'라고 일컫는다.

우리가 시작하지 않은 대화

간단히 말해, 기도는 하나님께 아뢰는 것이다. 기도는 관계이고 인격적인 행위다. 하나님은 전능한 인격체이시고, 우리는 그분의 형상대로 지음을 받은 파생된 인격체다. 어떤 점에서 기도는 인격체끼리 서로 관계를 맺고, 대화를 나누고, 영향을 주고받는 것을 의미한다.

그러나 한 가지 중요한 차이가 있다. 그것은 하나님과의 관계에서는 그분과 대등한 위치에서 대화를 나누지 않는다는 것이다. 하나님은 창조주이시고, 우리는 피조물이다. 하나님은 위대한 주님이시고, 우리는 그분의 행복한 종들이다. 그러나 하나님은 참으로 놀라운 사랑과 엄청난 은혜를 베풀어 우리와 대화를 나누기 원하신다. 그분은 입을 열어 우리에게 말씀하실 뿐 아니라 귀를 열어 우리의 말을 들어 주신다.

기도는 단지 하나님을 향해 말하는 것이 아니라 우리에게 말씀하시는 그분께 반응하는 것이다. 하나님이 먼저 말씀하셨다. 이것은 우리가 먼저 시작한 대화가 아니다. 우리는 관계 속으로 초대되었다. 하나님의 음성이 침묵을 깨뜨리면, 우리는 우리에게 말씀하신 하나님을 향해 기도로 말하기 시작한다.

구하고, 간청하고, 간구하는 우리의 기도는 우리 자신의 공허함이 아닌 그분의 충만하심에서 비롯한다. 기도는 우리의 필요가 아니라 하나님의 관대한 은혜에서부터 시작한다. 따라서 기도는 찬양에서부터 시작하고, 간구는 그다음이다. 기도는 하나님이 죄인들에게 베푸시는 은혜를 반영하는 것이다. 기도는 하나님이 보여 주신 능력을 기억하고 그분의 은혜와 축복을 구하는 것이다.

기도는 신부가 기쁜 마음으로 신랑을 따르는 것처럼 우리의 신랑, 곧 우리를 위해 자신의 생명을 내어 주시고 온갖 희생을 감당하신 주님께 대한 반응이다. 우리는 시편 기자가 남긴 한마디의 말 속에서 참으로 놀라운 은혜를 발견할 수 있다. 이 은혜는 모든 그리스도인에게 적용된다. 다윗은 "여호와께서 내 간구를 들으셨음이여"(시 6:9)라고 말했다.

기도의 위대한 목적

기도는 하나님으로부터 필요한 것을 얻어 내는 것이 아니라 그분을 기뻐하는 것이다. 기도는 하나님의 음성에 대한 반응에서 시작해 그분께 필요한 것을 간구하는 데로 나아가지만, 단지 그분으로부터 무엇을 받는 것으로 만족하지 않는다. 기도의 궁극적인 목적은 하나님을 구하는 것이다. 존 파이퍼는 이렇게 말했다.

하나님의 선물을 원하고 구하는 것은 잘못이 아니다. 성경에 나오는 기도는 대부분 하나님의 선물을 구하는 기도다. 그러나 선물을 구하는 이유는 궁극적으로 하나님을 더 많이 기뻐하기 위해서다. …온 세상이 사라진다고 해도 우리에게는 여전히 기뻐해야 할 이유가 남는다. 따라서 이 세상에서의 삶과 건강과 집과 가족과 직업과 사역을 위해 구하는 것은 모두 부차적이다. 기도의 위대한 목적은 하나님의 모든 선물 안에서, 또 그것을 통해 그분을 기뻐하는 데 있다."[1]

C. S. 루이스도 "어떤 것을 구하는 간구의 기도는 기도의 작은 부분에 불과하다. 고백과 회개는 기도의 출발점이고, 찬양은 기도의 성소이며, 하나님의 임재를 보고 느끼며 기뻐하는 것은 기도의 빵이요 포도주다."라고 말했다.[2] 기도의 위대한 목적은 겸손한 마음으로 기대감을 품고 (예수님을 힘입어) 담대하게 하나님 앞에 나아가 그분과 관계를 맺고, 대화를 나누고, 궁극적으로는 그분을 가장 귀한 보물로 여겨 기뻐하는 것이다.

기도의 실천

기도는 궁극적으로 하나님을 더욱 깊이 알고 기뻐하는 것이다. 하나님께 아뢴다는 것은 그분의 음성을 듣는 것과 마찬가지로 우리의 실천 행위나 자세(우리가 발전시킨 구체적인 습관)가 가장 중요한 비중을 차지하지 않는다. 중요한 것은 개인이나 공동체 차원에서 하나님과의 관계를 지속시켜 나가는 것이다. 하나님은 거룩하시고, 우리는 예배를 드린다(찬양). 하나님은 긍휼이 풍성하시고, 우리는 회개한다(고백). 하나님은 은혜로우시고, 우리는 감사한다(감사). 하나님은 자애로우시고, 우리는 우리 자신과 가족과 친구와 세상을 위해 간구한다(간구).[3]

기도는 하나님과 나누는 지속적인 관계의 일부이기 때문에 사도행전은 초대교회의 기도가 이루어진 장소나 시간을 구체적으로 언급하지 않고, "마음을 같이하여 오로지 기도에 힘쓰더라"(행 1:14)라고만 기록하고 있다. 바울도 교회를 향해 구체적인 기도의 습관을 정하라고 말하지 않고, 단지 "기도에 항상 힘쓰며"(롬 12:12), "기도를 계속하고"(골 4:2), "쉬지 말고 기도하라"(살전 5:17), "모든 기도와 간구를 하되 항상 성령 안에서 기도하고"(엡 6:18)라고 권고했다. 이처럼 기도는 공동체나 인생의 계절이나 교회사의 시대를 특징짓는 구체적인 실천 행위나 습관이라기보다는 삶의 태도를 가리킨다.

신약성경이 곳곳에서 명령하고 있는 기도는 비인격적인 성취를 위한 수단이나 단순한 훈련 행위가 아닌 친밀한 관계를 가리킨다. 기도는 인간의 강철 같은 의지가 아니라 "구하는 자에게 좋은 것으로 주시"기를 기뻐하시는 하나님에게서 비롯한다(마 7:11). 하나님은 말씀으로 자신의 관대함을 나타내실 뿐 아니라 구하기 전에 있어야 할 것을 알고 계신다(마 6:8). 그러나 그분은 우리가 기도하기를 원하신다. 그분은 우리의 말을 듣고 싶어 하시고, 우리와 교제를 나누기 원하신다. 그분은 우리와 가상적인 관계가 아닌 실질적인 관계를 맺고 싶어 하신다. 우리가 기도하기를 원하는 것보다 하나님이 우리의 기도를 듣고 싶어 하시는 마음이 훨씬 더 강렬하다.

우리는 예수님의 이름으로 기도한다

이 모든 것이 가능한 이유는 하나님의 아들이신 예수님의 인격과 사역 때문이다. 예수님은 우리를 위해 죽으심으로써 우리를 향한 하나님의 사랑을 나타내셨을 뿐 아니라(롬 5:8) 우리를 위하여 [하늘에] 들어가셨고(히 6:20), 우리를 위하여 하나님 앞에 나타나셨다(히 9:24).

예수님은 "하나님 우편에 계신 자요 우리를 위하여 간구하시는 분"이시다(롬 8:34). 하나님이요 인간이신 예수님은 "자기를 힘입어 하나님께 나아가는 자들을 온전히 구원하실 수 있으니 이는 그가 항상 살아 계셔서 그들을 위하여 간구하심이라"(히 7:25)라는 말씀대로 죽음을 정복하고 영화롭게 되신 상태로 우리를 위해 기도하신다. 우리가 하나님의 귀를 소유한 것은 그분의 아들을 소유한 것만큼이나 확실하다.

우리는 앞으로 이어질 내용을 통해 좀 더 구체적인 논의를 전개해 나갈 때나 특정 공동체나 개인의 삶을 통해 좀 더 구체적인 계획을 살펴볼 때 항상 이 점을 기억해야 한다.

우리는 삶의 습관, 즉 은혜의 습관을 기른다. 우리는 규칙적인 시간과 장소를 정한다. 우리는 혼자서, 또는 다른 사람들과 함께 기도한다. 우리는 '골방에서' 기도하고, 일상에서 기도한다.

기도는 일정에 따라, 또는 즉흥적으로 이루어진다. 우리는 자동차 안에서, 식탁에서, 침상에서, 약속 시간 중간에 기도한다. 우리는 성경을 읽으며 기도하고, 그분의 말씀에 직접 반응한다. 우리는 찬양하고, 고백하고, 감사하고, 간구한다.

우리는 혼자서 기도하거나 다른 사람들과 함께 기도함으로써 기도하는 법을 배우고, 특히 "다른 사람들과 함께 규칙적으로 기도하는

것이 신앙생활을 가장 풍요롭게 만드는 경험 가운데 하나"임을 발견한다.[4]

하나님의 귀가 우리를 향해 열려 있다. 우리는 이를 최대한 활용해야 한다.

8장. 개인적으로 은밀하게 기도하라

 이제 각자의 기도 생활을 돌아볼 시간이다. 앞으로 고쳐 나가야 할 한두 가지 문제점이 발견될 것이다. 성장할 수 있는 가장 좋은 방법은 대개 전면적인 개혁이 아니라 한두 가지의 작은 변화를 주는 것이다. 그렇게 하면 시간이 지나면서 차츰 좋은 결과가 나타날 수 있다.

 또한 기도 생활을 거의 하지 않는 사람들도 있을 것이다(요즘에도 이전처럼 그리스도인을 자처하는 사람들 가운데 기도 생활을 하지 않는 이들이 적지 않다). 그들은 처음부터 새롭게 시작해야 한다. 아마도 그들에게는 프랜시스 챈의 경고가 실감 나게 와 닿을 것이다. 그는 "이 세대를 향한 나의 가장 큰 우려는 요즘 사람들이 특히 기도에 집중할 능력이 없다는 것이다."라고 말했다.[1] 이것이 스스로에게 꼭 맞는 말이라면 변화를 시도해 볼 필요가 있다.

약간의 자기 점검이 필요한 경우든 처음부터 새롭게 시작해야 하는 경우든 상관없이, 나는 이 자리를 빌려 개인 기도에 관한 몇 가지 지침을 제시하고 싶다. 그러면 먼저 개인 기도, 즉 '골방 기도'가 그토록 중요한 이유가 무엇인지부터 살펴보기로 하자.

골방 기도

'골방 기도'라는 말은 마태복음 5-8장에 기록된 예수님의 산상설교에서 유래했다. 이 말은 "사람에게 보이려고 그들 앞에서 너희 의를 행하지 않도록 주의하라"(마 6:1)는 가르침으로 시작되는 문맥에서 발견된다.

> "또 너희는 기도할 때에 외식하는 자와 같이 하지 말라 그들은 사람에게 보이려고 회당과 큰 거리 어귀에 서서 기도하기를 좋아하느니라 내가 진실로 너희에게 이르노니 그들은 자기 상을 이미 받았느니라 너는 기도할 때에 네 골방에 들어가 문을 닫고 은밀한 중에 계신 네 아버지께 기도하라 은밀한 중에 보시는 네 아버지께서 갚으시리라"(마 6:5-6).

다른 사람들 앞에서 들으란 듯이 기도하는 것이 1세기 유대교 내에서 그 자체로 이미 보상을 받은 기도였다면, 그것은 21세기 교회

내에서도 마찬가지다.

교회에서나 소그룹에서, 친구들과 가족들과 식사를 하는 자리에서 드리는 기도는 다른 사람들에게 좋은 인상을 심어 주려는 동기로 이루어지기가 쉽다. 그런 경우에는 듣는 사람들에게 영향을 미칠 요량으로 기도의 길이, 목소리, 주제, 용어 등을 신중하게 선택할 때가 많다. 그런 유혹을 피하기는 매우 어렵다. 왜냐하면 교회나 가정을 비롯해 공적인 자리에서 다른 사람들과 함께 기도를 드릴 때는 듣는 사람들을 고려해야 하기 때문이다. 그런 기도를 드릴 때는 하나님을 도외시한 채 우리 자신을 좋게 보이게 하는 데만 관심을 기울일 위험성이 높다.

그러나 골방 기도는 공적인 자리에서 드리는 기도의 진정성을 결정짓는 시험대가 되기에 충분하다. 팀 켈러는 마태복음 6장 5-6절을 이렇게 설명했다.

예수님은 사적인 기도 생활을 영적인 진실성을 시험할 수 있는 확실한 기준으로 제시하셨다. 어려운 상황으로 인한 불안감이나 문화적이거나 사회적인 기대에 이끌려 기도하는 사람들이 많다. 그러나 성부 하나님과 참된 관계를 맺고 살아가는 사람들은 진실한 기도를 드리고 싶어 하기 때문에 외부적인 요인의 영향이 없더라도 스스로 기도하기를 즐겨 한다. 그들은 사회적이거나 경험적인 이득이 없을 때나 영적으로 메말라 있는 상태에서도 기꺼이 기도한다.[2]

개인 기도는 우리의 진정성을 판가름하는 중요한 잣대다. 주님을 진정으로 귀하게 여기고 있는가, 아니면 기도를 우리의 경건함을 자랑하고 다른 사람들에게 우리를 과시하는 수단으로 삼고 있는가? 우리의 기도를 들으시고 은혜 베풀기를 좋아하시는 하나님을 향해 기도하고 있는가, 아니면 기도를 다른 사람들로부터 우리가 원하는 것을 얻어 내기 위한 수단으로 이용하고 있는가?

개인 기도는 모든 어둠과 혼란을 걷어 내고 하나님과 우리의 관계가 진실한지 아닌지를 분명하게 보여 준다.

우리의 부족함을 채워 주는 수단

개인 기도는 우리의 진정성을 판가름하는 기준일 뿐 아니라 우리의 부족함을 채워 주고, 하나님을 사모하지 않는 마음을 새롭게 회복시켜 주는 수단이다.

존 파이퍼는 기도란 "우리의 마음을 가늠하는 척도로서 우리가 진정으로 바라는 것이 무엇인지를 보여 줄 뿐 아니라 우리가 온당한 방법으로 하나님을 사모하지 않을 때 우리의 마음을 회복시켜 주는 긴요한 수단이다."라고 말했다.[3]

개인 기도는 우리의 영적 상태를 있는 그대로 보여 줄 뿐 아니라 우리의 상한 곳을 치유하고, 우리의 부족함과 궁핍함과 불순종을 해결해 주는 수단이다.

관계를 위한 수단

팀 켈러가 말한 대로, 기도는 "성부 하나님과 참된 관계를 맺고 살아가기 위한" 필수 요소다.[4] 이것이 곧 기도의 핵심이다.

기도는 하나님에게서 필요한 것을 얻어 내는 수단이 아니라 그분과 관계를 맺는 수단이다. 기도는 우리에게 말씀하시는 하나님께 대한 반응이다. 기도는 하나님을 우리의 소원을 이루기 위한 수단이 아닌 목적으로 여겨 그분을 기뻐하는 것이 무슨 의미인지를 경험할 수 있게 해준다.

우리는 기도를 통해 하나님의 귀라는 은혜의 수단을 활용한다. 우리는 종이 아닌 하나님의 친구다(요 15:15). 우리는 하나님의 말씀을 들을 뿐 아니라 그분의 마음을 소유한 그분의 자녀들이다(롬 8:15-16, 갈 4:6-7). 하나님은 우리의 말을 듣고 싶어 하신다. 이것이 곧 기도의 능력이자 특권이다.

예수님은 골방에 들어가 기도하라는 가르침을 몸소 실천하셨다. 그분은 부족한 것이나 진정성을 의심할 만한 근거가 전혀 없으셨지만 성부 하나님과의 교제를 간절히 원하셨다. 그분은 종종 혼자서 기도하셨다.

> "무리를 보내신 후에 기도하러 따로 산에 올라가시니라 저물매 거기 혼자 계시더니"(마 14:23, 막 6:46).

예수님은 단지 한 번이 아니라 습관적으로 "한적한 곳에서 기도" 하셨다(눅 5:16).

"새벽 아직도 밝기 전에 예수께서 일어나 나가 한적한 곳으로 가사 거기서 기도하시더니"(막 1:35).

예수님은 열두 제자를 선택하기 전에 "기도하시러 산으로 가사 밤이 새도록 하나님께 기도"하셨다(눅 6:12). 그분은 심지어 겟세마네 동산에서도 세 차례나 혼자 기도하셨다(마 26:36, 42, 44, 막 14:32-42). 예수님은 처음 사역을 시작할 때부터 십자가에 못 박히기까지 늘 기도하며 하나님과 교제를 나누셨다.

개인 기도의 중요성은 아무리 강조해도 지나치지 않다. 개인 기도는 우리의 영적 상태를 가늠하는 척도다. 제임스 패커는 어떻게 기도하느냐는 것은 우리가 항상 직시해야 할 중요한 문제라고 말했다.[5]

은밀한 기도를 위한 5가지 지침

개인 기도가 신앙생활의 중요하고도 본질적인 요소인 것은 분명하다. 그러나 개인 기도를 드리는 방법은 인생의 계절에 따라 매우 다양한 경험과 습관과 유형으로 나타날 수 있다. 각자의 습관과 삶의 방식을 점검하거나 새롭게 조정하기 원한다면, 다음에 제시한 개인 기도의 5가지 지침을 참고하기 바란다.

1. 자신의 골방을 만들라

규칙적으로 개인 기도를 드릴 수 있는 장소를 찾아라. 준비된 장소가 없다면 만들라. 깨끗한 책상이나 무릎을 꿇을 수 있는 곳이면 족하다. 침대에 눕는 것보다는 침대 옆에 무릎을 꿇는 것이 좋다. 앉거나 무릎을 꿇을 공간이 충분하고, 읽거나 쓰기가 가능할 정도의 빛이 드는 골방이나 계단 밑 창고를 이용할 수도 있다. 기도할 장소가 마련되어 있으면 규칙적으로 기도 생활을 하는 데 크게 유익할 것이다.

2. 성경 읽기부터 시작하라

기도는 우리가 먼저 시작한 대화가 아니라 하나님이 우리에게 말씀하신 것에 대한 반응이기 때문에 조지 뮬러처럼 성경에서부터 시작하는 법을 배워야 한다. 조지 뮬러는 10년 동안 뜨거운 열정으로 오랫동안 기도를 드리고 나서 하루의 일과를 시작했고, 나중에는 하나님의 말씀에 근거해 기도를 드릴 때 더욱 풍요롭고 집중적인 기도가 이루어질 수 있다는 점을 깨달았다.

그는 그때부터 간단히 하나님의 도우심을 구하는 기도를 드리고 나서 성경을 읽기 시작했다. 성경을 읽고 '묵상의 훈련' (3장을 참조하라)을 활용해 말씀을 묵상하면서 하나님의 말씀에 귀를 기울인 뒤 개인 기도를 드렸다.[6]

3. 찬양하고, 고백하고, 감사하고, 간구하라

성경을 읽고 말씀을 묵상한 뒤에는 곧장 '자유로운 기도' (마음속에 있는 것을 아무렇게나 쏟아 내는 기도)를 드리지 말고, 일정한 형식을 갖춘 기도를 드리는 것이 좋다. 윌리엄 로는 오전에 가지는 경건의 시간에는 "일정한 형식도 있어야 하고, 형식에 얽매이지 않은 자유로움도 있어야 한다."라고 조언했다.[7]

마르틴 루터는 매일 주기도문의 형식을 따라 기도하는 것이 좋다고 말했다. 오랫동안 효과가 입증되어 온 기도의 형식[ACTS-찬양(Adoration), 고백(Confession), 감사(Thanksgiving), 간구(Suplication)]을 따르는 것이 바람직하다. 성경을 읽고 묵상하면서 그 안에 계시된 진리를 허락하신 하나님을 찬양하는 데서부터 시작하라. 그다음에는 자신의 죄와 잘못과 약점을 고백하고, 은혜와 긍휼을 허락하신 것에 감사하고, 마지막으로 자기 자신과 가족과 교회와 그 밖의 일을 위해 간구하라.

4. 소원을 자유롭게 아뢰고, 하나님을 갈망하라

형식을 갖춰 기도하고 나서는 자유롭게 소원을 아뢰라. 자유로운 기도로 마음에 있는 것을 솔직하게 털어놓고, 하루를 살거나 인생의 계절을 지나면서 짊어져야 할 짐과 염려를 쏟아 놓아라. 개인 기도는 우리 자신과 하나님께 대해 가장 솔직해질 수 있는 시간이다. 자신의 마음을 성부 하나님께 솔직하게 표현하라. 하나님은 이미 우리의 마음을 알고 계시지만 우리의 기도를 듣고 싶어 하신다. 이는 참으로 말로 다할 수 없는 특권이다.

그러나 기도는 단지 우리의 소원을 아뢰는 것에 그치지 않는다. 기도는 하나님을 갈망하는 마음을 불러일으켜야 한다. 이것이 곧 기도의 능력이다. 기도보다 마음을 변화시키는 능력이 더 뛰어난 것은 없다. 특히 시편이나 바울 서신(엡 1:17-21, 3:16-19, 빌 1:9-11, 골 1:9-12)에 기록된 기도를 하나님을 향한 갈망을 독려하고 표현하는 본보기로 삼으면 그런 기도의 능력을 더욱 분명하게 경험할 수 있다.

5. 기도에 새로운 동력을 부여하라

해나 달이나 삶의 상황이 바뀔 때면 마음을 새롭게 하라. 규칙적으로든 이따금 한 번씩이든 정신을 집중해 신중하게 기도를 글로 기록하거나(이는 '신앙 일기 쓰기'라는 영적 훈련의 중요한 측면에 해당한다. 이 점에 대해서는 11장에서 좀 더 자세히 다룰 예정이다), 금식 기도를 통해 마음을 새롭게 하거나(10장을 참조하라), 분주한 삶에서 잠시 물러나 조용히 혼자서 침묵을 즐기는 시간을 가지라(12장을 참조하라).

개인 기도의 특권과 능력만큼 우리의 관심과 시간을 투자할 가치를 지닌 일은 그리 많지 않다.

규칙적인 개인 기도의 습관은 삶의 상황에 따라 변할 수 있다. 매일 여러 가지 기도를 드려야 하는 상황일 때도 있고, 이런저런 기도를 일주일에 한 번 드려야 하는 상황일 때도 있다. 나는 특정한 날에 기도했던 문제들을 상세히 적어 놓고, 응답받은 기도나 바라는 바가 달라진 기도를 점검한다. 기도를 손으로 쓰거나 타이핑하는 것도 도움이 된다(11장을 참조하라).

최근에 나는 경건의 시간을 시작할 때 "아버지여, 오늘 아침에 제가 읽는 말씀이 제 마음을 감화하도록 축복하옵소서"와 같은 짤막한 기도를 드림으로써 매일 마음을 새롭게 하는 것이 매우 유익하다는 것을 알게 되었다. 성경을 읽고 나서는 그중에 일부를 묵상하고, 묵상한 말씀에 근거해 찬양과 고백과 감사와 간구의 순서(ACTS)로 기도를 드린다.

기도로 '찬양'을 드릴 때는 하나님의 지고하신 존재, 그분이 나를 위해 행하신 일, 내가 묵상한 성경 말씀에 언급된 그분의 약속 등을 경배의 표현을 빌려 높이 찬미한다. 나는 말씀 안에 드러난 영광을 말로 표현하는 동안, 예배하는 마음을 갖추기 위해 여러 문장으로 좀 더 길게 찬양을 드리려고 노력한다.

그런 다음에는 '고백'을 시작한다. 묵상한 내용을 바탕으로 깨달은 진리에 입각해 나의 죄와 부족과 실패를 고백한다. 이런 고백은 일반적으로, 또는 구체적으로 이루어진다.

고백을 마친 다음에는 하나님께 '감사' 하는 기도가 이어진다. 나는 하나님의 위대하심과 나의 무가치함, 하나님의 거룩하심과 나의 부패함, 그럼에도 불구하고 예수 그리스도 안에서 나를 구원하시어 자신의 자녀로 삼으신 놀라운 은혜와 긍휼에 감사한다.

마지막으로는 '간구' 하는 기도를 드린다. 묵상한 진리를 나의 생각과 그날의 일정에 적용하는 것으로서 나 자신과 내가 사랑하는 사람들을 위해 구체적으로 간구한다. 최근 나는 기도 목록에 의지하기보다 그날 내 생각과 마음에 떠오르는 문제에 초점을 맞춰 거의 전적으로 묵상에 의존해 기도드리는 습관을 따르고 있다.[8]

9장. 끊임없이 공동체와 함께 기도하라

기도는 신앙생활의 핵심이다. 기도는 하나님의 명령에 대한 복종일 뿐 아니라 우리의 영적 생존과 번영에 필요한 은혜를 받아들이는 중요한 수단이다.

기도, 곧 하나님과의 교제를 통해 주어지는 기쁨이야말로 신앙생활의 가장 본질적인 의미에 속한다. 기도하지 않으면 멀리서 어렴풋이 하나님의 존재를 의식할 수 있을 뿐, 그분과 참된 관계를 맺고 그 안에서 넘치는 기쁨을 누릴 수는 없다.

예수님이 가르치신 대로, 개인 기도(골방 기도)는 신자의 삶 속에서 매우 중요한 역할을 한다. 우리는 각자의 삶의 상황에 맞춰 은밀한 기도의 습관과 형태를 다양하게 발전시킬 수 있다. 우리는 시간과 장소를 정해 "골방에 들어가 문을 닫고 은밀한 중에 계신…아버지께 기도"할 수 있다(마 6:6). 개인 기도는 절대적으로 필요하다(8장을 참조하라). 그러나 좀 더 생각해야 할 것이 있다.

기도로 하루를 살아가라

기도는 은밀히 시작한다. 그러나 하나님은 기도가 골방에만 머물러 있기를 원하지 않으신다. 기도는 삶 전체, 특히 공동체 안에서 이루어지는 삶을 위한 것이다. 성경의 가르침에 의하면, 기도는 개인적인 차원에 국한되지 않는다. 하나님을 의지하고 신뢰하는 태도로 하루를 살아가야 하고, 또 동료 신자들과 더불어 기도하는 시간으로 이어져 나가야 한다.

성경은 골방을 떠난 후에도 항상 기도해야 한다고 가르친다. "쉬지 말고 기도하라"(살전 5:17). "기도에 항상 힘쓰며"(롬 12:12). "기도를 계속하고"(골 4:2). "깨어 구하기를 항상 힘쓰며"(엡 6:18). 예수님은 "항상 기도하고 낙심하지 말아야" 한다고 가르치셨다(눅 18:1).

이런 성경 말씀은 온종일 골방에 머물러 있으라는 의미가 아니라 하루의 일과를 처리하는 동안 항상 기도하는 마음 자세를 유지하라는 뜻이다. 우리는 자동차를 타고 갈 때나 줄을 서서 기다릴 때나 길을 걸어갈 때나, 식사를 하기 전에나 어려운 대화를 나누는 도중에나, 어떤 상황에서든 마음을 하나님께로 향해야 한다.

팀 켈러는 "하나님이 어디에나 계시듯 기도도 마찬가지다. 하나님은 어디에나 계시고, 또 무한히 위대하시기 때문에 우리의 삶 전체가 기도로 이루어져야 한다."라고 말했다.[1]

핵심 원리 : 함께 기도하라

골방 밖, 곧 삶 전체에서 이루어지는 기도의 핵심 원리는 동료 신자들과 더불어 기도하는 것이다. 다른 신자와 함께 하는 기도는 활동하면서 혼자 속으로 드리는 기도보다 좀 더 많은 노력을 필요로 한다. 개인 기도와는 달리 계획을 세우고, 서로 시간을 맞추고, 솔선해야 하는 등 여러 가지 노력이 필요하다. 그러나 그런 노력을 기울일 만한 충분한 가치가 있는 일이다.

건강한 기도 생활을 위해서는 최소한 두 가지 요소가 필요하다. 하나는 활동하면서 개인적으로 은밀히 기도하는 것이고, 다른 하나는 기도를 개인적 차원에 국한시키지 않고 더불어 하는 것이다. 우리는 다른 사람들에게 우리를 위해 기도해 달라고 부탁해야 할 뿐 아니라 그들과 함께 기도해야 한다.

그리스도와 그분의 동료들

다른 사람들과 더불어 기도하지 않아도 훌륭한 삶을 살아갈 수 있는 사람이 있다면 바로 예수님이실 것이다. 그러나 예수님은 혼자서만 기도하지 않으시고 다른 사람들과 함께 기도하셨다.

"예수께서 베드로와 요한과 야고보를 데리고 기도하시러 산에 올라가사"(눅 9:28).

또한 예수님은 "주여…우리에게도 [기도를] 가르쳐 주옵소서"(눅 11:1)라는 제자들의 요구를 기쁘게 여기시고, "아버지여"로 시작하는 공동 기도를 가르쳐 주셨다. 주기도에는 '우리', '우리에게', '우리의'와 같은 용어가 거듭 사용되었다.

"예수께서 따로 기도하실 때에 제자들이 주와 함께 있더니"(눅 9:18)라는 말씀대로 예수님은 기도하실 때 다른 사람들이 옆에 있도록 허락하셨나. 예수님이 기도하기 위해 제자들을 떠나 혼자 계셨던 경우는 그리 많지 않다(마 14:23, 막 1:35, 눅 5:16 참조). 예수님과 제자들은 함께 모여 규칙적으로 기도를 드렸을 것이 분명하다. 본래 배움이 없는 평범한 사람이었던 베드로와 요한이 담대하게 말씀을 전할 수 있었던 이유도 "전에 예수와 함께 있던 줄도 알고"라는 말씀이 암시하는 대로, 예수님과 함께 기도하던 습관 때문으로 보인다(행 4:13).

예수님과 제자들의 공동 기도는 제자들이 이끌었던 초대교회의 공동 기도로 이어졌다. 이 사실이 사도행전 곳곳에서 분명하게 확인된다.

- "마음을 같이하여 오로지 기도에 힘쓰더라"(1:14, 2:42 참조).
- "한마음으로 하나님께 소리를 높여 이르되"(4:24).
- "빌기를 다하매…무리가 다 성령이 충만하여"(4:31).

- 교회가 일곱 집사를 선택했을 때 사도들이 기도하고 그들에게 안수했다(6:6).
- 베드로가 옥에 갇혔을 때 교회는 그를 위하여 간절히 하나님께 기도했다(12:5). 베드로가 기적적으로 옥에서 빠져나와 마리아의 집에 당도했을 때도 여러 사람이 거기에 모여 기도하고 있었다(12:12).
- 안디옥 교회가 바울과 바나바를 선교사로 임명해 1차 선교 여행을 떠나보낼 때 금식하며 기도했다(13:3). 각 교회에서 장로들을 택하여 금식 기도 하며 그들이 믿는 주께 그들을 위탁했다(14:23).
- 바울과 실라는 옥에 갇혀 있으면서도 기도하고 하나님을 찬송했다(16:25).
- 바울은 에베소 장로들과 작별할 때 무릎을 꿇고 그 모든 사람들과 함께 기도했다(20:36, 21:5 참조).

공동 기도를 위한 5가지 조언

오늘날의 교회도 초대교회 못지않게 하나님의 도우심을 필요로 한다. 공동 기도는 우리의 신앙생활과 교회에 하나님의 은혜를 받아들이는 중요한 수단이다.

초대교회가 공동 기도를 드린 것은 분명한 사실이지만 그 방법은 구체적으로 언급되지 않았다. 이 점은 매우 중요한 의미를 지닌다. 둘이든 열이든 수백이든 수천이든, 획일화된 공동 기도의 방법은 존재하지 않는다. 공동 기도의 방법은 가족마다, 교회마다, 공동체마다 각각의 상황과 리더십과 전통에 따라 달라지기 마련이다. 현명한 지도자라면 공동체 안에서 이미 통용되고 있는 습관과 실천 행위를 유심히 살펴 유익한 것은 독려하고, 유익하지 못한 것에 대해서는 다른 대안을 제시할 것이다.

최근에 소그룹의 기도를 인도하면서 깨달은 5가지 교훈을 제시하면 다음과 같다. 이들 교훈 중에 한두 가지는 각자가 이끌거나 참여하는 가족이나 공동체나 교회를 유익하게 할 것이라고 생각한다.

1. 규칙적으로 공동 기도를 드려라

한 주에 한 번이든, 두 주에 한 번이든 규칙적으로 다른 사람들과 함께 기도하라. 마구잡이로 하지 말고, 동료 신자들과 함께 모여 기도할 수 있는 시간과 장소를 계획하라. 영원히 그렇게 하자는 식의 계획보다는 몇 주, 혹은 몇 달을 한정하고 서로 약속하라. 서로 약속한 기한이 다 지난 후에는 다시 시작하거나 재고하라. 기한을 정하지 않고 규칙적으로 기도하자는 약속은 시간이 지나면 흐지부지될 공산이 크다. 그런 경우에는 실망스런 마음 때문에 미래에 다시 계획하고 약속하기가 쉽지 않다.

2. 성경에서 시작하라

기도는 우리를 향한 하나님의 자기 계시에 대한 반응이다. 조지 허버트가 표현한 대로, 기도는 인간 안에 있는 하나님의 숨결이 그 본래의 기원으로 되돌아가는 것이다.[2] 따라서 성경 본문을 읽거나 참조하는 것을 '기도의 부름'으로 삼아 공동 기도를 시작하는 것이 바람직하다. 우리는 성경을 들이마시고, 기도로 그것을 내뿜는다.

3. 서로의 이야기를 나누는 시간을 한정하라

서로의 이야기를 길게 나누다 보면 실제로 기도하는 시간이 부족해질 가능성이 높다. 서로의 이야기를 나누는 시간을 짧게 가지고 나서 성경 본문을 읽고 곧바로 기도를 시작하라. 다른 사람들이 기도에 참여하게 하는 데 필요한 정보를 기도 내용에 포함시켜 서로의 기도 제목을 공유할 수 있도록 독려하라.

4. 간결하게 요점만 기도하도록 독려하라

공동 기도에서 중언부언하는 것은 결코 바람직하지 않다. 기도를 잘하는 경건한 사람조차도 자칫 집중력을 잃고 기도를 장황하게 늘어놓아 본을 끼치지 못하는 경우가 더러 있다. 적절히 짧게 요점만 간단히 기도하도록 독려하고, 경우에 따라서는 한 문장으로 된 찬양이나 감사의 기도를 드리게 함으로써 더 많은 사람이 기도에 참여할 수 있도록 이끌라.

5. 과시하려 들지 말고 다른 사람들을 염두에 두고 기도하라

공동 기도는 다른 사람들에게 스스로를 과시하는 시간이 아니라 함께 모여 찬양과 고백과 감사와 간구를 드리는 시간이라는 점을 명심하라. 어떤 사람들은 특별히 이 점을 규칙적으로 일깨워 주어야 할 필요가 있다. 다른 사람들을 무시하거나 망각한 채 자랑삼아 기도를 늘어놓는 것은 결코 옳지 않다.

공동 기도를 드릴 때는 하나님은 물론, 함께 기도하는 사람들을 염두에 두어야 한다. 이는 예수님처럼 종종 '우리', '우리에게', '우리의'라는 말을 사용해 공동 기도 시간에 적합한 솔직함과 진실함을 갖춰 기도하는 것을 의미한다.

공동 기도의 9가지 유익

우리가 예수님 안에서 하나님께 기도할 수 있다는 것은 실감이 나지 않을 만큼 좋은 일이다. 우리의 이해를 초월하는 지극히 위대하신 하나님이 우리의 말에 귀를 기울이신다는 것은 이루 표현할 수 없는 큰 은혜다.

그러나 기도의 기쁨과 유익은 우리의 개인 생활에만 국한되지 않는다. 기쁨을 함께 나누면 두 배가 되는 법이다. 지금까지 살펴본 대로 하나님은 우리가 골방에서 기도하고, 일상생활을 하는 동안에도 의지하는 마음으로 "쉬지 말고"(살전 5:17) 기도하기를 원하신다. 또한 그분은 우리가 다른 사람들과 더불어 기도하기를 바라신다.

거듭난 사람들이 함께 모여 기도하면 틀림없이 놀라운 일이 일어난다. 물론 그렇다고 해서 우리가 함께 모여 기도할 때 하나님이 어떤 일을 이루고 계시는지를 모두 다 알기는 어렵다. 아무튼 그런 좋은 일들 가운데 몇 가지를 헤아려 우리가 공동 기도라는 수단을 통해 얻을 수 있는 은혜를 갈망하는 마음을 좀 더 강렬하게 독려할 수 있다면 매우 유익할 것이다. 이런 이유로 공동 기도의 기능과 능력을 좀 더 분명하게 깨닫도록 하기 위해 그 유익함을 9가지로 나눠 정리해 보았다.

1. 능력이 배가된다

아마도 마태복음 18장 15-20절은 가장 오해가 많은 신약성경의 본문 가운데 하나일 것이다. 종종 인용되는 "두세 사람이 내 이름으로 모인 곳에는 나도 그들 중에 있느니라"(20절)라는 약속의 말씀은 "네 형제가 죄를 범하거든"(15절)으로 시작되는 교회의 권징에 관한 본문의 마지막에 기록되어 있지만, 예수님은 여기에서 좀 더 깊은 원리, 곧 공동 기도의 유익을 염두에 두셨던 것이 분명해 보인다. 그분은 19절에서 "두 사람이 땅에서 합심하여 무엇이든지 구하면"이라고 말씀하셨다. 동료 신자들과 믿음으로 연합해 서로 마음을 다해 성부 하나님께 기도하면 기도의 능력이 배가된다.

2. 기쁨이 배가된다

앞에서 언급했듯이 기도의 기쁨을 나누면 그 기쁨이 두 배가 된다. 동료 신자들과 함께 규칙적으로 기도하면 혼자서는 누릴 수 없는 기쁨을 누릴 수 있다. 다른 사람들과 더불어 기도하면 우리의 기쁨은 물론, 그들의 기쁨도 두 배가 된다. 우리가 하나님 안에서 다른 사람의 기쁨을 돕는 자가 되면(고후 1:24) 우리의 기쁨도 더 커진다.

3. 하나님이 더 큰 영광을 받으신다

하나님 안에서 우리의 기쁨이 더 커지면 그분도 더 큰 영광을 받으신다. 그 이유는 우리가 하나님 안에서 가장 크게 만족할 때 그분이 우리 안에서 가장 큰 영광을 받으시기 때문이다.[3] 로마서 1장 21절은 하나님께 감사하는 것을 그분을 영화롭게 하는 것과 연결시킨다. 따라서 기도로 하나님께 감사하는 것은 그분께 영광을 돌리는 것과 같다. 고린도후서 1장 11절은 기도에 관해 말하면서 이 진리를 좀 더 분명하게 드러낸다.

"너희도 우리를 위하여 간구함으로 도우라 이는 우리가 많은 사람의 기도로 얻은 은사로 말미암아 많은 사람이 우리를 위하여 감사하게 하려 함이라"(고후 1:11).

공동 기도는 간구의 능력을 배가시킬 뿐 아니라 기도에 응답하시는 하나님을 더욱 영화롭게 한다.

4. 사역과 전도의 열매가 풍성해진다

하나님은 우리가 다양한 사역과 전도(즉 우리에게 주어진 지상 명령)를 위해 서로 합심해서 기도하기를 원하신다. 바울은 교회들에게 자신의 복음 사역을 위해 기도를 부탁함으로써 본을 보였다(롬 15:30-32, 고후 1:11, 엡 6:18-20, 골 4:3-4, 살후 3:1). 그들은 스스로 그런 일을 위해 충분히 기도할 수 있는 능력이 있었고, 또 실제로 기도했지만 다른 사람들이 기도에 동참할 때 더 풍성한 열매가 맺힐 것이라고 확신했다.

5. 신자들이 하나로 연합된다

공동 기도는 교회의 연합을 위해 우리가 할 수 있는 가장 의미 있는 일 가운데 하나다. 그리스도 안에서 동료가 되어 그분 안에서 영적 생명을 공유하는 사람들은 서로 하나가 되어야 한다. 사도행전 1장 14절은 초대교회 신자들이 마음을 같이하여 오로지 기도에 힘썼다고 말한다. 우리는 이미 성령으로 하나가 되었지만, 그 하나 된 것을 지키려고 노력해야 한다(엡 4:3). 이처럼 공동 기도는 우리가 그리스도 안에서 이미 하나 된 것의 결과이자 그 하나 된 것을 더욱 튼튼하게 결속시키는 원인이다. 공동 기도는 신자들이 하나로 연합되어 있다는 증거이자 그 연합을 더욱 촉진시키는 촉매제다.

6. 기도 응답의 효과가 크다

야고보서 5장 14-16절은 공동 기도가 응답받을 가능성이 매우 높다는 것을 잘 보여 준다.

"너희 중에 병든 자가 있느냐 그는 교회의 장로들을 청할 것이요 그들은 주의 이름으로 기름을 바르며 그를 위하여 기도할지니라[4] 믿음의 기도는 병든 자를 구원하리니 주께서 그를 일으키시리라 혹시 죄를 범하였을지라도 사하심을 받으리라 그러므로 너희 죄를 서로 고백하며 병이 낫기를 위하여 서로 기도하라 의인의 간구는 역사하는 힘이 큰이니라"(약 5:14-16).

하나님은 어떤 경우에는 다른 사람들과 함께 기도할 때까지 응답을 미루신다. 우리가 혼자서 개인적인 필요를 구하면 하나님은 기쁘게 응답하신다. 그러나 때로 그분은 교회의 지도자들이나 그리스도 안에서 의롭다 하심을 받은 동료 신자들의 기도를 요구하신다.

7. 기도하는 법을 배우며 성장할 수 있는 기회를 제공한다

간단히 말해 기도하는 법을 배울 수 있는 가장 좋은 방법은 성경에 입각해 기도하는 법을 알고 있는 사람들과 더불어 기도하는 것이다. 기도로 하나님과 친밀한 교제를 나누는 데 익숙한 사람들이 다른 사람들과 더불어 찬양과 간구를 통해 그분과 교통할 때 어떻게 기도하는지 잘 들어 보라. 그들이 어떤 태도로 하나님 앞에 나아가는지, 무엇을 감사하고 무엇을 간구하는지, 공동 기도를 드리는 상황에서 다른 사람들을 어떤 식으로 고려하는지 잘 살펴보라. 다른 사람들과 마음을 합해 기도하면 우리의 존재 깊은 곳에 우리가 생각하는 것보다 더 큰 영향이 미치게 될 것이다.

8. 서로를 알게 된다

동료 신자를 알 수 있는 가장 좋은 방법 가운데 하나는 함께 기도하는 것이다. 하나님의 임재를 의식하며 기도할 때 모두가 솔직해질 가능성이 가장 높다. 기도보다 서로의 속마음을 더 잘 알게 해주는 것은 없다. 함께 기도하면 어떤 것에 마음을 기울이고 있고, 또 무엇을 가장 소중히 여기고 있는지가 여실히 드러난다. 또한 잭 밀러가 말한 대로, 함께 기도하면 "상대방이 하나님과 친밀한 관계를 맺고 있는지 아닌지를 알 수 있다."[5]

9. 예수님을 더 많이 알게 된다

대개 가장 좋은 것은 맨 나중까지 남겨 두는 법이다. 공동 기도의 가장 큰 이점은 예수님을 더 많이 알게 된다는 것이다. 예수님을 사랑하는 사람들과 더불어 그분의 이름으로 기도하면 그분을 더 많이 알 수 있다. 우리의 관점과 생각은 모두 유한하기 때문에 각자가 그리스도에 대해 알고 있는 것도 단편적일 수밖에 없다. 우리의 경험과 성격은 제각기 다르기 때문에 그리스도에 대해 어떤 측면은 다른 사람들보다 더 분명하게 알 수 있지만, 그 밖의 측면에 대해서는 전혀 무지할 수 있다. 이것이 팀 켈러가 "친구들과 더불어 기도하면 자신이 미처 보지 못했던 예수님의 면모를 보고, 또 알 수 있다."라고 말한 이유다.[6]

10장. 금식으로 마음을 날카롭게 하라

오늘날 금식은 크게 환영받지 못한다. 최소한 배가 부를 대로 부른 미국 교회의 경우를 보면 그렇게 말할 수밖에 없다. 나 역시 잘 먹어 배부른 사람 가운데 한 사람인 것은 틀림없다.

이따금 여기저기에서 예외가 발견되기도 한다. 반문화적인 성향을 띤 일부 집단은 금욕주의로 치닫기도 한다. 물론 그런 사람들보다는 그 반대 방향으로 치닫는 사람들이 훨씬 더 많지만, 금욕주의의 위험은 욕망을 무한정 만족시키는 것만큼이나 크다.

문제는 금식을 어떻게 생각하느냐는 것이다. 만일 금욕에 강조점을 두면 금식은 행해야 할 의무가 되고 만다. 만일 그렇다면 우리 가운데 의지력이 가장 강한 사람들만이 자기만족이나 사회적인 장벽을 뛰어넘어 이 영적 훈련을 실행에 옮길 수 있다.

그러나 우리가 금식을 하나님을 갈망하는 마음을 강화하는 은혜의 수단으로 알아 기쁨으로 받아들인다면 예수님을 기뻐하는 삶을 더욱 풍요롭게 해줄 강력한 수단을 확보하는 셈이 된다.

금식이란 무엇인가?

금식은 하나님을 향한 갈망과 타락한 세상에서 느끼는 경건한 고뇌를 표현하기 위한 예외적인 수단이다. 금식은 현상 유지에 만족하지 못하는 사람들, 하나님의 은혜를 더 많이 원하는 사람들, 간절히 하나님을 사모하는 사람들을 위한 것이다.

성경에는 개인이나 공동체 차원에서 이루어지는 금식, 공적이거나 사적인 금식, 회중이나 국가 차원에서 이루어지는 금식, 규칙적이거나 간헐적인 금식, 부분적이거나 완전한 금식 등 다양한 형태의 금식이 나타난다. 우리는 대개 금식을 일정한 기간 동안 영적인 목적을 위해 자원해서 음식 섭취를 중단하는 것으로 이해한다.

음식이나 음료는 물론, 좋은 것을 금하는 것도 금식에 해당할 수 있다. 마틴 로이드존스는 "그 자체로 합법적인 일도 특별한 영적 목적을 위해 중단한다면 금식에 포함된다."라고 말했다.[1] 그러나 정상적인 금식은 이따금 일정한 기간 동안 특별한 영적 목적을 위해 개인적으로 음식을 삼가는 것을 의미한다(이 경우 물은 섭취할 수 있다).

도널드 휘트니는 금식의 영적 목적을 이렇게 설명했다.

- 기도의 힘을 더욱 돋우기 위해(스 8:23, 욜 2:13, 행 13:3).
- 하나님의 인도를 구하기 위해(삿 20:26, 행 14:23).
- 슬픔을 표현하기 위해(삼상 31:13, 삼하 1:11-12).
- 구원이나 보호를 구하기 위해(대하 20:3-4, 스 8:21-23).
- 회개하고 하나님께로 돌이키기 위해(삼하 7:6, 욘 3:5-8).
- 하나님 앞에 겸손히 낮추기 위해(왕상 21:27-29, 시 35:13).
- 하나님의 일을 염려하는 마음을 표현하기 위해(느 1:3-4, 단 9:3).
- 다른 사람들을 돕기 위해(사 58:3-7).
- 유혹을 극복하고 하나님께 헌신하기 위해(마 4:1-11).
- 하나님을 사랑하고 경배하는 마음을 표현하기 위해(눅 2:37).[2]

금식의 목적은 다양하지만, 이 장에서 다루는 금식에 관한 논의에는 맨 마지막 목적이 가장 적합한 듯하다. 이 목적은 다른 모든 목적을 포괄할 뿐 아니라 강력한 은혜의 수단인 금식의 본질에 해당한다. 도널드 휘트니는 이 점에 대해 "금식은 하나님이 주시는 생명 안에서 가장 큰 즐거움과 기쁨을 발견했다는 것을 나타내는 표현이다."[3]라고 말했다. 그는 금식은 "경건한 감정을 더욱 강렬하게 북돋운다."라는 매튜 헨리의 유익한 말을 인용했다.

예수님은 우리가 금식하기를 원하셨다

신약성경은 그리스도인들이 준수해야 할 금식의 때나 횟수를 정확하게 규정하고 있지 않지만 예수님은 우리가 금식하기를 원하셨다. 금식은 선반 위에 먼지가 쌓이도록 방치해 두기에는 매우 강력한 도구다. 금식을 언급하고 있는 성경 본문은 많지만 그 가운데 특히 마태복음에 기록된 두 개의 본문이 중요하다.

첫 번째 본문은 마태복음 6장 16-18절이다. 이 본문은 관대함과 기도에 관한 예수님의 가르침이 주어진 다음에 곧바로 이어진다.

"금식할 때에 너희는 외식하는 자들과 같이 슬픈 기색을 보이지 말라 그들은 금식하는 것을 사람에게 보이려고 얼굴을 흉하게 하느니라 내가 진실로 너희에게 이르노니 그들은 자기 상을 이미 받았으니라 너는 금식할 때에 머리에 기름을 바르고 얼굴을 씻으라 이는 금식하는 자로 사람에게 보이지 않고 오직 은밀한 중에 계신 네 아버지께 보이게 하려 함이라 은밀한 중에 보시는 네 아버지께서 갚으시리라"(마 6:16-18).

금식은 하나님께 구하는 것이나 다른 사람들에게 베푸는 것과 마찬가지로 기독교의 기본 의무에 해당한다. 여기에서 중요한 것은 예수님이 "너희가 금식한다면"이 아니라 "너희가 금식할 때에"라고 말씀하신 것이다.

두 번째 본문은 마태복음 9장 14-15절이다. 이 본문의 의도는 더욱 분명하다. 오늘날에도 금식은 그리스도인들의 의무인가? 예수님의 대답은 "그렇다"이다.

"그때에 요한의 제자들이 예수께 나아와 이르되 우리와 바리새인들은 금식하는데 어찌하여 당신의 제자들은 금식하지 아니하나이까 예수께서 그들에게 이르시되 혼인집 손님들이 신랑과 함께 있을 동안에 슬퍼할 수 있느냐 그러나 신랑을 빼앗길 날이 이르리니 그때에는 금식할 것이니라"(마 9:14-15).

우리의 신랑이신 예수님이 세상에서 제자들과 함께 계시는 동안은 축제의 훈련을 이행하시는 중이었다.[4] 그러나 예수님이 제자들을 떠나신 때에는 그들이 금식할 것이다. 예수님은 "그들이 금식에 관심을 갖는다면 금식할 수도 있다."가 아니라 "그들이 금식할 것이다."라고 말씀하셨다. 이 점은 초대교회 안에서 즉각 이루어진 금식의 관습을 통해 분명하게 입증되었다(행 9:9, 13:2, 14:23).

금식은 마음을 뜨겁게 한다

금식이 선물인 이유는 성령의 도우심을 통해 우리의 마음을 뜨겁게 만들어 기도로 하나님을 향해 그 마음을 표현할 수 있게 해주기 때문이다. 금식은 기도와 밀접한 관계를 맺는다. 존 파이퍼는 금식이 "배고픈 기도의 시녀로서" "드러내고 치유하는 일을 행한다."라고 말했다.

기도의 시녀는 음식이 우리를 지배하고 있다는 사실이나 텔레비전과

컴퓨터를 비롯해 우리가 즐겨 행하는 것이 하나님을 향한 굶주림을 은닉하고 있다는 것을 여실히 드러낸다. 또한 기도의 시녀는 기도를 더욱 간절하게 만들고 마음속의 염원('나는 오직 하나님 안에서만 만족하기 원한다'는 것)을 온몸으로 표현하게 함으로써 치유를 가져다준다.[5]

배 속에서 불길이 거세게 일어나 음식을 더 많이 넣어 달라고 소리치는 순간이 곧 은혜의 수단인 금식을 실천해야 할 때다. 굶주림이라는 고통을 자발적으로 감수해야만 우리가 그동안 우리의 배를 우상으로 삼아 얼마나 극진히 떠받들어 왔는지를 알 수 있다(빌 3:19).

굶주림이라는 불편한 고통 속에서 금식의 동력이 생겨난다. 그 동력은 남아 있는 힘을 독려해 음식을 향한 갈망을 하나님을 향하게 만들고, 예수님을 사모하는 열정을 더욱 거세게 부추긴다. 존 파이퍼는 금식이 "오 하나님, 제가 이만큼 주님을 사모하나이다!"라고 외치는 육체적인 영탄법이라고 말했다.[6]

금식하겠는가?

기독교의 금식에 관한 신학적 진리에 대해서는 논의할 점이 더 많지만 여기서는 금식이 은혜의 수단이라는 점을 밝히는 것으로 족하다. 문제는 이 강력한 은혜의 수단을 사용할 의도가 있느냐는 것이다.

금식도 복음처럼 모든 것을 다 가졌다고 생각하며 스스로 만족하는 사람들에게는 적합하지 않다. 금식은 심령이 가난한 자들과 애통하는 자들과 온유한 자들과 의에 주리고 목마른 자들을 위한 것이다. 한마디로 금식은 참된 그리스도인을 위한 것이다. 금식은 하나님을 간절히 사모하는 사람들이 절박한 때에 행하는 긴급 수단이다.

금식하지 못하는 이유

금식을 거의 해본 적이 없거나 금식할 생각조차 하지 않는 그리스도인들이 허다하다. 그 이유는 우리가 성경을 읽지 않았거나, 충실한 가르침을 듣지 못했거나, 금식의 능력에 무지하거나, 금식을 진정으로 원하지 않기 때문이 아니다. 그 이유는 우리가 금식에 관심이 없기 때문이다.

어쩌면 우리가 도처에 음식이 차고 넘치는 사회에 살고 있기 때문인지도 모른다. 우리는 필요하지 않은 때는 물론이고, 심지어는 먹고 싶은 마음이 전혀 없는데도 음식을 먹는다. 다른 사람들과 식사를 같이 하기 위해서나, 관계를 맺거나 더욱 돈독하게 하기 위해서나, 동료들의 압력에 못 이겨 억지로 음식을 먹을 때가 적지 않다.

물론 금식의 불편함을 회피하고 안락함을 추구하려는 우리의 성향과 식탐도 이유가 될 수 있다.

"너희가 금식할 때에"

금식은 혼전 성행위를 억제하는 것과 마찬가지로 요즘 같은 소비

지상주의 사회에서는 반문화적 행위에 해당한다. 금식이라는 잃어버린 은혜의 수단을 되찾아 그 달콤한 영적 열매를 맛보기 원한다면 주변 사회의 소리가 아닌 성경 말씀에 귀를 기울여야 한다. 우리는 금식을 해야 하느냐 말아야 하느냐가 아니라 언제 금식해야 하느냐에 관심을 기울여야 한다. 앞에서 살펴본 대로, 예수님은 제자들이 금식하기를 원하셨다. 그분은 금식이 이루어질 것이라고 예고하셨다. 그분은 "너희가 금식한다면"이 아니라 "너희가 금식할 때에"라고 말씀하셨다(마 6:16). 그분은 제자들이 "금식할지도 모른다."가 아니라 "금식할 것이다."라고 말씀하셨다(마 9:15).

우리가 이 세상에서 금식하는 이유는 장차 다가올 세상을 믿기 때문이다. 우리가 지금 당장 모든 것을 누리지 못하는 이유는 장차 다가올 세상에서 모든 것을 누리게 될 것이라는 약속이 주어졌기 때문이다. 우리가 보는 것과 맛보는 것을 삼가고 금식하는 이유는 보이지 않으시는 하나님의 선하심을 이미 보고 맛본 덕분에 그분을 더 많이 보고 맛보기를 갈망하기 때문이다.

일시적인 긴급 수단

금식은 이 세상에 있는 동안 하는 것이다. 금식은 우리의 마음을 새롭게 함으로써 고통과 어려움을 이겨 내려는 수단이다. 금식은 우리 안에 있는 죄와 약점에 관한 우리의 불만과 그리스도를 더 많이 알고 싶은 갈망의 표현이다.

예수님이 재림하시면 금식은 더 이상 필요 없다. 금식은 이 세상에서 사는 동안 예수님을 기뻐하며 내세에서 주님을 직접 대면할 준비를 갖추기 위한 일시적인 수단이다. 예수님은 재림하신 후에는 금식을 요구하지 않으시고, 만찬을 베푸실 것이다. 그때가 되면 경건한 삶을 위한 절제의 훈련은 모두 그 영광스런 목적을 달성할 것이고, 모두가 그런 훈련이 참으로 놀라운 은혜요 선물이었다는 것을 깨닫게 될 것이다. 그러나 그때가 오기까지 우리는 금식해야 한다.

금식을 시작하는 법

금식은 어렵다. 금식은 말보다는 실천하기가 훨씬 더 어렵다. 우리는 식사를 거르면 배가 고파 어쩔 줄 모른다. 처음 금식을 시도한 사람들은 대부분 음식 섭취를 중단했다가 끝나고 나면 주린 배를 채우기 위해 마구 음식을 먹는 경향이 있다.

금식은 언뜻 간단해 보이지만, 세상과 육신과 마귀는 온갖 수단을 동원해 금식하지 못하게 방해한다. 금식을 잘하려면 다음 6가지 조언을 기억해야 한다. 이들 조언은 다소 현학적으로 들릴지도 모른다. 그러나 나는 이런 기본적인 조언이 금식을 처음 해보거나 진지하게 시도해 본 적이 없는 사람들에게 많은 도움을 줄 수 있기를 바란다.

1. 작게 시작하라

금식을 한 번도 해보지 않았다가 갑자기 일주일씩 금식하는 것은 바람직하지 않다. 한 끼 식사부터 시작하라. 몇 주 동안 하루에 한 끼씩 금식해도 좋다. 그러고 나서는 두 끼를 금식하고, 그다음에는 하루를 금식하고, 나중에는 이틀 동안 '주스 금식'을 시도해 보라. 주스 금식이란 주스나 물을 제외한 모든 음료와 음식을 삼가는 것을 의미한다. 주스를 마시면 음식 섭취를 중단하는 동안에도 육체가 정상적으로 기능하게 하는 영양소를 얻을 수 있다. (길게 금식하면서 물조차 마시지 않는 것은 좋지 않다.)

2. 음식을 먹는 것 외에 다른 활동을 계획하라

금식은 단지 음식 섭취를 중단하는 것이 아니라 하나님의 은혜를 더 많이 구하기 위한 영적 훈련이다. 따라서 음식을 먹는 시간에 할 수 있는 긍정적인 활동을 계획해야 한다. 우리가 하루를 살면서 식사에 할애하는 시간은 상당히 길다. 기도와 성경 묵상은 금식의 중요한 부분을 차지하는 활동이다.

무작정 금식을 시작하지 말고, 먼저 금식을 하는 목적에 맞춰 간단하게 계획을 세워라. 금식을 할 때마다 구체적인 영적 목적이 있어야 한다. 목적을 분명히 하고, 식사 시간을 대체할 만한 활동을 계획하라. 목적과 계획이 없는 금식은 금식이 아니라 단순히 굶는 것에 지나지 않다.

3. 금식이 다른 사람들에게 미칠지도 모르는 영향을 생각하라

금식이 불친절한 이유가 되어서는 안 된다. 하나님과 집중적으로 교제하는 시간을 갖는다는 이유로 다른 사람들을 돌아보지 않는 것은 잘못이다. 하나님 사랑과 이웃 사랑은 항상 짝을 이룬다. 수평적인 관심과 수직적인 관심이 조화를 잘 이루어야만 올바른 금식이 성립할 수 있다. 오히려 금식하는 동안에 다른 사람들이 더 많은 사랑과 친절을 느낄 수 있어야 한다.

따라서 금식을 계획할 때는 다른 사람들에게 미칠지도 모르는 영향을 고려해야 한다. 만일 항상 가족이나 동료나 룸메이트와 함께 점심이나 저녁을 먹었다면 금식이 그들에게 어떤 영향을 미칠 것인지에 대해 신중히 생각하라. 느닷없이 음식 섭취를 중단해 그들을 어리둥절하게 만들지 말고 미리 고지하라.

아울러 예기치 않은 상황을 금식의 기회로 활용하는 것도 한 가지 방법이 될 수 있다. 특정 그룹이나 친구들과 가족들과 매일, 혹은 일주일에 한 번씩 식사를 같이 하는 습관을 유지하고 있다면, 누군가가 여행이나 휴가를 떠나거나 갑작스런 일이 생겨 식사를 같이 하지 못하는 상황이 발생할 수도 있다. 그런 경우에는 혼자서 식사를 하기보다 금식의 기회로 활용하는 것이 좋다.

4. 다양한 형태의 금식을 시도하라

금식은 대개 개인의 차원에서 사적으로 이루어지는 것이 보통이지만, 성경을 읽어 보면 개인이나 공동체 차원에서 이루어지는 금식, 공적이거나 사적인 금식, 회중이나 국가 차원에서 이루어지는 금식, 규칙적이거나 간헐적인 금식, 부분적이거나 완전한 금식 등 다양한 형태를 발견할 수 있다.

특히 가족들이나 소그룹 구성원들이나 교회와 더불어 하는 금식을 생각해 보라. 특별한 하나님의 지혜와 인도하심이 필요하다고 느끼는가? 교회나 사회에 특별한 어려움이 있어 하나님의 도우심이 필요한가? 그리스도의 재림을 갈망하는 마음이 필요한가? 만일 그렇다면 동료 신자들과 함께 금식하며 진지한 태도로 하나님의 도우심을 간구하라.

5. 음식 외에 다른 것을 삼가는 금식을 시도하라

모든 신자가 반드시 음식 섭취를 삼갈 필요는 없다. 가장 경건한 신자들 가운데도 건강상의 이유 때문에 전통적인 금식을 실천하지 못하는 사람들이 있다. 금식은 음식 섭취를 중단하는 것에만 국한되지 않는다. 마틴 로이드존스는 "그 자체로 합법적인 일도 특별한 영적 목적을 위해 중단한다면 금식에 포함된다."라고 말했다.[7]

건강이 허락하지 않아 음식 섭취를 중단할 수 없거든 텔레비전, 컴퓨터, 소셜 미디어를 비롯해 평소에 즐겨 하는 일을 중단하고 마음을 예수님께로 향해 그분을 더욱 기뻐하는 것이 바람직하다. 바울은 결혼한 부부에게 "기도할 틈을 얻기 위하여 합의상 얼마 동안은" 성행위를 중단하라고 조언했다(고전 7:5).

6. 쓸데없는 것에 관심을 기울이지 말라

허기진 배 속에서 '음식을 먹여 줘!' 라는 신호음이 들려오더라도 한동안 음식을 먹지 않았다는 사실에 관심을 기울이지 말라. 철석같은 의지로 그 신호음을 묵살하고 관심을 다른 곳으로 돌리지 않으면 올바른 금식이 이루어질 수 없다.

금식은 예수님과 그분의 대의에 관심의 초점을 맞추는 것을 의미한다. 올바른 금식은 죄와 싸울 때든, 누군가의 구원이나 다음 세대의 행복을 위해 간구할 때든, 예수님을 더 많이 알고 싶은 갈망을 느낄 때든 항상 배고픔의 고통을 영원한 찬미로 전환시킨다.

11장. 신앙 일기를 쓰라

아마도 신앙 일기를 쓰는 것을 은혜의 수단으로 생각해 본 적은 거의 없을 것이다. 그런 일은 사춘기 소녀나 자아도취에 빠진 내성적인 성격의 소유자에게나 적합할 뿐, 다 자란 성인에게는 전혀 어울리지 않는 것처럼 보인다.

"뭐라고? 일기를 써? 오늘과 내일을 살아가기도 바쁜데 어제의 일을 생각할 여유가 어디 있담."

물론 나름대로 그럴듯한 이유가 될 수도 있다. 일기 쓰기는 진지하게 생각하기에는 너무 진중한 일이고, 현실적인 삶에 비춰 생각하기에는 너무 하찮은 일처럼 느껴질 수 있다.

그러나 다른 관점에서 생각해 보면 어떨까? 신앙 일기가 과거를 기록하는 것이 아니라 미래를 준비하기 위한 것이라고 생각해 보라. 신앙 일기 쓰기가 과거에 주어진 하나님의 은혜와 미래를 위한 그분의 약속 때문에 현재의 기쁨을 더욱 배가시킨다고 생각해 보라. 아마도 신앙 일기 쓰기만큼 우리의 영적 생명을 더욱 풍요롭게 해주는 습관도 없을 것이다.

의무는 아니다

좋은 일기란 생각하기 나름이다. 컴퓨터 문서로 쓸 수도 있고, 공책에 쓸 수도 있다. 격식을 갖춰 쓸 수도 격식 없이 쓸 수도 있고, 길게 쓸 수도 짧게 쓸 수도 있으며, 매일 쓸 수도 이따금 한 번씩 쓸 수도 있다. 또한 하나님의 섭리나, 마음속에 있는 생각이나, 기도나, 성경을 묵상한 내용이나, 미래의 꿈을 기록할 수도 있다.

일기를 쓰는 목적은 우리의 놀라운 업적이나 기발한 생각을 기록으로 남겨 다음 세대가 읽고 탄복하게 만들기 위해서가 아니다. 일기를 쓸 때는 그런 생각을 모두 버려야 한다. 일기를 쓰는 목적은 우리 자신의 영광이 아니라 그리스도의 영광을 드높이고, 그분의 형상을 닮아 가는 동안 더욱 풍성한 기쁨을 누리기 위해서다.

시편에는 하나님의 영감을 받아 기록한 신앙 일기가 많지만, 신앙 일기 쓰기를 의무로 규정한 말씀은 성경 어디에도 나타나지 않는다. 예수님도 다른 영적 훈련들과는 다르게 신앙 일기 쓰기의 본을 보여 주지 않으셨다. 그분은 신앙 일기를 쓰지 않으셨다.

신앙 일기 쓰기는 신앙생활의 필수 원칙이 아니다. 그러나 신앙 일기 쓰기는 오늘날처럼 기술 문명이 발달된 상황에서는 특별히 강력한 기회를 제공한다.

교회의 역사나 주변 세상을 돌아보면 신앙 일기 쓰기를 은혜의 수단으로 활용한 사람들이 많다는 것을 알 수 있다.

신앙 일기를 쓰는 것이 왜 좋은가?

신앙생활은 큰 모험이다. 신앙 일기는 모험의 길을 걸어가는 동안 우리의 기쁨을 더욱 풍성하게 해주는 유익한 수단이다. 우리의 안팎에는 항상 깊이 생각해야 할 일들이 있기 마련이다. 신앙 일기 쓰기는 잠시 삶의 행보를 늦추고 하나님의 영광과 우리의 성장과 발전을 위해 삶의 중요한 핵심을 짚어 냄으로써 세밀한 성찰을 통해 주어지는 기쁨을 누릴 수 있도록 도와준다.

신앙 일기 쓰기는 우리의 삶에 하나님의 생각을 적용하는 기회를 제공한다. 기도와 성경 묵상이 곁들여진 신앙 일기 쓰기는 성경을 통해 말씀하시는 하나님의 음성에 귀를 기울이고, 우리의 필요를 그분께 아뢸 수 있는 강력한 수단이 될 수 있다.

신앙 일기 쓰기를 성경 읽기와 연구 및 기도와 병행할 수 있는 영적 훈련으로 받아들여라. 연필을 들고 성경 말씀에 입각해 기도하면서 생각나는 것을 글로 옮겨라.

과거의 일을 기록하는 수단

좋은 신앙 일기는 단순히 과거의 일을 기록하는 것에 국한되지 않지만, 지난 일을 기록하는 것은 신앙 일기 쓰기의 가장 기본적인 특성 가운데 하나다. 그리스도인인 우리는 과거의 일을 하나님의 섭리로 인정한다. 우리 자신이나 우리 주위에서 중요한 사건이 발생하거나, 하나님의 섭리가 주어진 흔적 안에서 뜻밖의 발견이 이루어졌을 때, 그것을 신앙 일기에 기록해 미래의 지침으로 삼는 것이 좋다.

그런 일을 글로 기록하면 당시는 물론이고, 나중에도 기록한 것을 읽어 보면서 하나님께 감사와 찬양을 돌릴 수 있다. 하나님의 선한 섭리나 기도 응답을 간단하게나마 기록해 두지 않으면 과거의 축복이나 시련을 쉽게 잊고, 존 뉴턴의 유명한 찬송가 가사처럼 "이제껏 내가 산 것도 주님의 은혜라."(새찬송가 305장)라는 것을 구체적으로 살펴볼 수 있는 기회를 놓치게 될 것이다. 아울러 신앙 일기는 과거의 일을 상기시켜 줄 뿐 아니라 우리가 당시의 일을 어떻게 생각하고 느꼈는지를 기억나게 해준다.

그러나 좋은 신앙 일기는 단순히 과거에 관한 기록에 그치지 않고 미래의 성장을 독려한다.

더 나은 미래를 건설하는 수단

어떤 것을 순간적으로 생각하는 것과 그것을 기록으로 남기는 것은 천양지차다. 하나님과 성경과 우리 자신과 세상에 관한 신중한 생각을 글로 남기게 되면, 그 생각이 우리의 영혼에 더욱 깊이 각인되어 단기적으로나 장기적으로 더 많은 변화가 일어날 수 있다.

신앙 일기는 내일의 성장을 위한 기회를 제공한다. 구체적으로 말해, 변화가 필요한 부분을 찾아내 목표를 세우고, 우선순위를 결정하고, 그 성장 과정을 점검할 수 있을 뿐 아니라 다른 은혜의 수단들을 어떻게 활용하고 있는지를 확인할 수 있다.

아울러 신앙 일기를 규칙적으로 써 나가면 의사 전달과 글쓰기 능력, 곧 생각을 말이나 글로 옮기는 능력이 배양된다. 이런 점에서 신앙 일기 쓰기는 문학적인 안목과 표현력을 시험해 볼 수 있는 '샌드박스'(Sandbox, 사용자 마음대로 무엇이든 할 수 있는 시스템-역주)라고 할 수 있다. 비유하면, 타자가 경기 중에 타석에 들어서기 전에 안전한 곳에서 연습 배팅을 하는 것과 같다.

현재를 풍요롭게 하는 수단

신앙 일기 쓰기는 어제나 내일뿐 아니라 오늘, 곧 현재의 기쁨을 누리게 한다. 신앙 일기 쓰기는 크게 3가지 유익을 통해 현재를 풍요롭게 한다.

1. 반성하게 한다

소크라테스는 반성하지 않는 삶은 살 가치가 없다고 말했다. 자기 성찰과 반성은 신앙생활에서 중요한 비중을 차지한다. 신앙 일기 쓰기는 그리스도인이 "마땅히 생각할 그 이상의 생각을 품지 말고…지혜롭게 생각"할 수 있는 기회를 제공한다(롬 12:3). 우리는 우리 자신을 시험해야 한다(고후 13:5). 신앙 일기는 자기반성에서부터 시작해 복음 안에서 새로운 희망의 빛을 발견할 수 있도록 도와준다.

좋은 신앙 일기의 중요한 특성 하나는 자기반성에 그치지 않고 우리 자신의 밖으로 나가 위대한 것, 특히 위대하신 주님께 매료된다는 것이다. 슬픔이나 분노나 불안을 느낄 때는 자신의 마음 상태를 살피는 데서부터 신앙 일기 쓰기를 시작하라. 사실대로 정직하게 쓰고, 아무리 암울하더라도 그 상황을 극복할 수 있는 은혜를 구하고, 하나님 안에서 희망을 발견하는 데로 나아가라. 고통에서 시작해 희망으로 끝맺는 것이 시편의 전형적인 구조다. 신앙 일기 쓰기는 아무 생각이나 반성 없이 형식적인 진리만을 받아들이는 태도를 버리고, 우리 자신의 참된 실상에서부터 시작해 우리에게 복음을 새롭게 적용할 수 있는 기회를 제공한다.

2. 묵상하게 한다

신앙 일기 쓰기를 영적 훈련(묵상)의 보조 수단으로 간주하라. 기도하면서 신앙 일기를 쓰게 되면 은혜의 수단을 사용할 때 가장 큰 유익을 얻을 수 있다. 성경을 읽으면서 은혜로운 복음을 발견하거나 이해하기 어려운 구절에 부딪혔을 때는 신앙 일기를 배움의 산실로 이용할 수 있다. 어려운 질문을 제기하고, 성경적인 답변을 찾아보면서 그것을 자신의 마음과 삶에 적용하라.

3. 생각을 명료하게 하고, 감정을 뜨겁게 하며, 새로운 각오를 다지게 한다

글쓰기 훈련은 신중한 사고를 촉진하고, 깊은 감정을 자극하며, 의도적인 행위를 독려한다. 복잡하고 혼란스런 생각과 감정을 글로 옮기면 깊은 만족과 기쁨을 얻을 수 있다. 우리의 머리와 가슴속에는 글로 표현해야만 비로소 말끔하게 정리될 수 있는 혼란스런 생각이 많다. 찬양이 단순히 기쁨의 표현이 아니라 기쁨의 극치에 해당하는 것처럼, 글쓰기도 영혼에 동일한 효력을 가져다준다. 글쓰기는 단순히 이미 우리 안에 있는 생각을 포착하는 데 그치지 않는다. 글을 써 내려가는 동안 생각과 감정이 다음 단계로 나아갈 수 있는 상태로 갈무리된다. 글쓰기는 생각과 감정을 촉진하는 효과를 일으킨다. 좋은 글쓰기는 단순히 우리가 이미 경험한 것을 표현하는 것이 아니라 그 경험을 더욱 깊이 있게 해준다.

하나님이 문자를 사용하는 세상을 만드셨다는 것은 참으로 놀라운 사실이다. 인간은 본성상 글을 쓰고 읽도록 창조되었다. 하나님은 인간이 짧은 기억력만 가지고 살아가게 하지 않으시고, 글을 통해 생각을 더욱 발전시키고, 더욱 상세하게 표현할 수 있도록 배려하셨다. 글을 쓰면 생각이 명료해지고, 감정이 뜨거워지며, 새로운 각오가 생겨날 뿐 아니라 생각과 감정과 의도가 더욱 깊어진다.

따라서 신앙 일기 쓰기는 단지 반성의 도구가 아니라 기쁨을 가져다주는 강력한 수단이다.

신앙 일기를 잘 쓸 수 있는 5가지 방법

신앙 일기를 쓰는 습관은 매우 큰 영적 가치를 지닌다. 그렇다면 신앙 일기는 어떻게 써야 하는 것일까?

사실 신앙 일기는 어떻게 쓰든 상관없다. 신앙 일기 쓰기에 정해진 규칙은 없다. 자신의 상황에 맞게 신앙 일기를 쓰면 된다. 어떻게 하면 편안하게 신앙 일기를 쓸 수 있을지 생각해 보라. 신앙 일기를 쓰는 다양한 방법 가운데 자신이 좋아하는 방법들을 적절하게 혼합하라. 한 가지 방법만을 고수하거나 다른 사람의 방법을 답습하려고 하지 말라.

하나님의 영광과 다른 사람들의 유익과 우리 자신의 기쁨을 위해 신앙 일기를 쓰려면 다음의 5가지 조언을 참고하기 바란다.

1. 단순하게 유지하라

신앙 일기 쓰기는 장기적인 일이다. 한두 번 잘 썼다고 해서 능사가 아니다. 따라서 신앙 일기를 쓸 때는 가능한 한 단순하게 유지시켜 계속하는 것이 중요하다.

신앙 일기 쓰기의 횟수와 길이를 적당하게 정하라. 기대하는 것이 너무 크거나 복잡하면 신앙 일기를 계속 쓰기가 어렵다. 예를 들어, 신앙 일기를 쓰는 시간을 30분이나 45분으로 정한다면 5분으로 정하는 것보다 그 습관을 발전시키기가 훨씬 더 어려울 것이다. 신앙 일기를 처음 쓰거나 그 습관을 회복하려고 한다면 너무 성급하게 의욕을 앞세우지 말고 천천히 조금씩 시작하라. 신앙 일기를 쓰는 습관을 들이려면 경건의 시간에 한 문장 정도 짤막하게 글을 써 보는 것이 좋다.

매일 한 문장씩 써 내려가면 신앙 일기를 한 차례 쓰고 오랜 시간이 지난 후에야 다시 쓰게 되는 폐단을 줄일 수 있다.

2. 완벽하려고 하지 말라

우리 가운데 스스로를 완벽주의자로 생각하지 않는 사람들조차도 신앙 일기를 쓰다 보면 완벽해지려는 경향을 드러낼 수 있다. 우리는 살면서 느끼는 감정과 생각 및 사건들을 모두 다 신앙 일기에 써야 한다는 생각에 사로잡히기 쉽다. 그러나 그럴 필요 없다. 신앙 일기 쓰기는 우리의 삶을 위한 도구일 뿐이다. 주객이 전도되어서는 곤란하다.

의미 있는 일을 모조리 다 기록해야만 훌륭한 신앙 일기가 되는 것은 아니다. 그런 점에서 훌륭한 신앙 일기는 오히려 '불완전한' 법이다. 신앙 일기를 쓰는 사람들이 모든 것을 다 기록해야 한다고 생각했다면 이미 오래전에 다 포기하고 말았을 것이다. 우리의 삶을 모두 다 기록할 필요는 없고, 그렇게 해서도 안 되고, 그렇게 할 수도 없다.

3. 하나님을 진지하게 생각하라

신앙 일기를 쓰는 목적은 영적 활력을 얻기 위해서다. 그러기 위해서는 반드시 성경 말씀과 기도에 근거해야 한다. 성경의 구체적인 본문에 근거해 하나님을 생각하며 신중하게 작성한 기도를 기록해야 한다. 신앙 일기와 개인 기도는 예수님과 그분의 섭리 및 그분과 우리의 관계를 우리가 어떻게 생각하고 있는지를 보여 주는 척도다.

그러나 우리 자신을 너무 진지하게 생각할 필요는 없다. 삶에 대한 우리의 기록과 반성이 어느 날 모든 그리스도인들에게 공개될 것이라고 기대하지 말라. 우리의 신앙 일기를 읽을 사람은 아무도 없을 것이다. 심지어는 우리가 죽은 후에 자녀들조차도 읽지 않을 가능성이 높다. 다른 사람들이 읽지 않을 테니까 오히려 더 좋다.

신앙 일기는 우리 자신과 하나님만을 위한 것이다. 따라서 다른 사람들이 내 신앙 일기를 읽고 어떻게 생각할까를 염려할 필요 없다. 그러니 이 점을 잊지 말고 자신의 영혼의 유익을 위해 신앙 일기를 써라. 나중에 누군가가 읽을 것을 염두에 두고 신앙 일기를 쓰려고 애쓰지 말라.

또한 우리 자신을 너무 진지하게 생각할 필요가 없다는 말은 하나님의 섭리에 대한 우리 자신의 해석이나 직관을 지나치게 신뢰해서는 안 된다는 뜻이다. 성경은 진지하게 생각해야 옳지만, 우리가 '하나님의 음성을 들었다'고 생각하는 것이나 '다양한 사건과 상황을 통해 하나님의 뜻을 발견했다'고 생각하는 것은 신중하게 받아들여야 한다.

신앙 일기를 쓰다가 갑자기 깨달은 것을 시간을 두고 곰곰이 생각하거나 공동체 안에서 시험해 보지도 않고 무작정 중요한 삶의 결정을 내리는 지침으로 삼지 않도록 주의하라.

4. 복음을 적용하라

신앙 일기를 잘 쓰는 사람들은 기도와 성경 묵상에 그치지 않고, 스스로가 느끼는 두려움과 절망, 기쁨과 슬픔, 성공과 실패에 복음을 구체적으로 적용한다.

고통스런 마음으로 신앙 일기를 써 내려갈 때는 시편 기자들처럼 희망으로 끝맺으려고 노력하라. 빈 공간에 신앙 일기를 채워 나갈 때는 고린도후서 4장 6, 9절 말씀을 기억하라. 고통당할 때는 낙심하지 않은 것을 기뻐하고, 답답할 때는 절망하지 않으려고 애쓰며, 박해를 당할 때는 버림받지 않은 것을 기억하고, 쓰러졌을 때는 결코 멸망하지 않을 것이라고 확신하라.

신앙 일기 쓰기는 말씀을 묵상하지 않고 그저 형식적인 진리를 앵무새처럼 되뇌는 우리의 성향을 떨쳐내고, 구체적인 상황 속에서 우리 자신에게 복음을 새롭게 적용할 수 있는 수단이다. 스스로가 진정으로 느끼는 것을 자신의 말로 표현하고, 자신의 필요를 채워 줄 하나님의 말씀을 찾아내 오늘의 삶에 적절하게 적용하라.

5. 끝까지 인내하라

신앙 일기를 쓸 때는 "단순하게 유지하라", "완벽하려고 하지 말라"라는 조언을 따르는 것 외에도 오랜 인내가 필요하다. 새로운 것은 낡아지기 마련이듯 신앙 일기를 쓰는 열정도 식기 마련이다. 그럴 때는 무엇이든 유익한 습관을 새로 익히려면 어려움이 뒤따를 수 있다는 것을 기억하고, "하나님이 공급하시는 힘"(벧전 4:11)과 "내 속에서 능력으로 역사하시는 이의 역사"(골 1:29)를 간구함으로써 난관을 극복하려고 노력하라.

가장 어려운 부분은 마음속의 녹슨 수문을 움직여 말씀의 강물을 흐르게 만드는 것이다. 그러나 일단 수문이 열리면 말씀이 봇물처럼 터져 나올 것이다.

12장. 분주한 삶을 잠시 멈추고 침묵하라

　침묵이 얼마나 큰 소리를 내는지는 진정 놀랍기 그지없다. 침묵에 익숙하지 않은 경우에는 특히 더 그렇다.
　나는 매년 겨울이면 내 시야에서 사람이 만든 유일한 구조물인 망루에 앉아 그런 경험을 한다. 나는 숲 속에 혼자 있다. 살을 에는 듯한 미네소타의 바람 소리 외에는 주위가 온통 고요하다. 내 영혼은 몇 달 동안 줄곧 정글 같은 도시에서 살다가 비로소 모든 긴장감을 내려놓는다. 몸과 영혼이 대도시에서는 얻기 어려운 신선한 공기에 마음껏 취한다.
　다른 사람들에게도 그런 경험을 권하고 싶다. 이따금 침묵 속에서 자신만의 고독을 즐기는 것이 좋다. 우리에게는 소음과 군중을 떠나 잠시 분주한 삶을 멈추는 것, 곧 침묵과 고독이라는 영적 훈련이 필요하다.

침묵과 고독

우리는 기계가 아닌 인간이다. 인간은 본성상 침묵과 소음, 공동생활과 고독의 리듬을 필요로 한다. 항상 사람들과 어울리면서 분주하게 살아가는 것은 바람직하지 않다. 하나님은 우리를 계절의 순환과 일상의 리듬에 적합하게 창조하셨다.

역사가 시작된 이래로 인간은 항상 휴식을 필요로 해왔다. 심지어 하나님이요 인간이신 예수님조차 "성령에게 이끌리어…광야로" 가셨고(마 4:10), "한적한 곳으로" 가셨으며(막 1:35, 눅 4:42), "기도하러 따로 산에" 올라가셨다(마 14:23).

인간은 항상 때때로 휴식을 필요로 해왔지만, 오늘날에는 더욱더 절실히 필요하다. 도시 생활을 하는 사람들의 경우에는 특히 더 그렇다. 오늘날의 상황은 이전에 비해 더욱 소란하고 분주해졌다.

도널드 휘트니는 "기술의 발전에 뒤따르는 대가 가운데 하나는 조용한 것을 멀리하려는 유혹이 더 강해진 것이다."라고 말했다. 따라서 우리는 "우리 자신이 소음에 중독된 상태라는 것을 깨달을 필요가 있다."[1]

나는 자동차를 운전할 때면 아무 생각 없이 라디오를 켜는 습관이 있다. 그러다가 이따금 라디오를 끄고 하나님을 생각하며 기도를 드린다. 분주한 한 주간의 삶 속에서 침묵이 얼마나 낯설고, 또한 놀랍게 느껴지는지 모른다.

현대의 삶은 온갖 결함을 안고 있고, 또 지나치게 과도한 면이 많다. 이 사실은 침묵과 고독이라는 영적 훈련의 가치를 더욱 실감 나게 만든다. 혼자서 조용한 시간을 보내는 것이 이전보다 더 많이 필요해졌다.

침묵과 고독이 왜 필요한가?

그러나 혼자서 조용한 시간을 보내는 것만으로는 충분하지 않다. 콘크리트 정글에서 벗어나 마음을 이완시키고, 자연을 즐기며, 영혼에 신선한 공기를 공급하는 것만으로도 상당한 유익이 있지만 기독교의 침묵과 고독은 그런 것이 아니다. 그리스도 안에 있는 신자들은 단지 휴식을 취하는 데 그치지 않고, 좀 더 많이 사랑하고 희생할 수 있는 준비를 갖춰야 한다. 생각을 명료하게 하고, 각오를 새롭게 다지고, 솔선하는 마음을 길러 다시 세상에 돌아가서는 가족과 친구들과 직장 동료들과 그리스도의 몸을 위해 우리에게 주어진 소명을 믿음으로 더욱 열심히 이행해 나가겠다고 결심해야 한다.

침묵의 유익 가운데 하나는 분주한 삶 속에서 무엇을 간과했는지를 물으며 영혼을 깊이 성찰하는 것이다. 바쁘다는 이유로 소홀히 했거나 무시한 것은 무엇인가? 내게 주어진 다양한 역할을 어떻게 소화했는가? 어디에 다시 관심을 기울여야 하는가?

침묵 속에서 들어야 할 소리

우리의 내면에서 들려오는 소리, 곧 소음과 군중 사이에서 쉽게 잠식되는 영혼의 속삭임을 듣는 것도 홀로 조용한 시간을 가져야 하는 이유 가운데 하나가 될 수 있다. 그러나 침묵 속에서 들어야 할 가장 중요한 소리는 바로 하나님의 음성이다. 침묵이라는 영적 훈련을 실천하는 주된 이유는 귀로 들을 수 있는 하나님의 음성을 듣기 위해서가 아니라 말씀을 통해 말씀하시는 하나님의 음성을 정신을 집중해 좀 더 명확하게 듣기 위해서다.

홀로 한적한 곳에서 조용한 시간을 보내는 것은 그 자체로는 특별한 은혜가 아니다. 그렇게 하는 목적은 말씀을 통해 말씀하시는 하나님의 음성을 듣고, 기도로 그분께 응답하는 것을 더욱 집중력 있게 할 수 있는 환경을 조성하는 데 있다. 침묵과 고독은 그 자체로는 은혜의 수단이 아니다. 침묵과 고독은 삶의 윤활 작용을 하는 카페인, 수면, 운동, 노래와 같이 말씀과 기도로 하나님과 좀 더 깊은 교제를 나누도록 돕는 보조 수단이다.

위험을 경계하라

하지만 침묵과 고독에는 위험이 뒤따른다. 그것은 영적인 집중력과 풍요로움을 위해 하나님이 주신 좋은 선물(곧 우리가 지으심을 받은 목적)을 잠시 보류한다는 점에서 금식과 비슷하다. 침묵과 고독은 금식의 한 형태로서, 일상적인 삶을 잠시 중단하고 휴식을 취하는 것일 뿐 삶을 대신할 수는 없다.

침묵과 고독은 이상적인 상태가 아니라 우리를 좀 더 견실하게 만들어 사람들과 소음이 있는 곳으로 돌아가게 하는 삶의 리듬이다. 이 훈련이 유익한 이유는 이 세상에 사는 동안 우리가 짊어져야 할 약점 때문이다. 새 창조가 이루어진 후에는 고요함 속에서의 경배는 있을지 몰라도(계 8:1) 고독은 더 이상 필요하지 않다. 요한계시록이 모든 점에서 가장 탁월한 곳으로 묘사하고 있는 하늘은 큰 소리가 울려 나고 많은 무리가 모여 있는 장소다.

고독은 다른 사람들로부터 잠시 물러났다가 더 나은 모습으로 그들에게 돌아간다는 점에서 교제의 한 측면에 해당한다. 또한 침묵은 소음과 대화를 잠시 중단하고 듣고 말하는 능력을 좀 더 향상시키기 위한 노력의 일환이다. 그러나 하나님은 우리가 음식, 교제, 소음, 대화를 오랫동안 멀리하기를 원하지 않으신다. 하나님이 그분의 말씀과 기도를 영원히 멀리하라고 말씀하셨다고 생각하게 만드는 내용은 성경 어디에도 없다. 침묵과 고독의 목적은 하나님의 말씀과 기도에 좀 더 많은 관심을 기울이게 만드는 것이다.

매일 홀로 조용히 보내는 시간을 만들라

침묵과 고독을 영적 훈련으로 다루는 말이나 논의는 대부분 일반적인 삶을 중단하고 특별히 시간을 내 조용한 한때를 보내는 것에 중점을 두는 것으로 보인다. 그러나 매일 조금이라도 조용한 시간을 보내는 것이 중요하다. 잠깐 동안 혼자서 조용히 시간을 보내면서 말씀을 통해 말씀하시는 하나님의 음성을 듣고 기도로 그분께 응답하는 것은 푹 자고 나서 정신이 맑아진 아침, 곧 분주한 하루의 일상에 심신이 아직 지치지 않은 때가 가장 좋다.

어떤 그리스도인들은 이 시간을 '침묵'에 강조점을 두어 '조용한 시간'(quiet time)이라고 부른다. 또 어떤 그리스도인들은 '고독'에 강조점을 두어 '하나님과 홀로 있는 시간'이라고 부른다. 명칭은 어떻든 상관없다. 매일 잠깐 동안 말씀과 기도로 하나님과 교제를 나누는 것은 분주한 현대의 삶에서도 얼마든지 가능할 뿐 아니라 시끄럽고 복잡한 세상에서 우리의 생각과 마음을 보호하는 데 말로 다할 수 없는 유익을 가져다준다.

특별한 침묵과 고독의 시간을 마련하라

특별한 침묵과 고독의 시간을 마련하는 것도 큰 도움이 된다. 현재 젊은 부모로 살아가고 있는 나로서는 일 년에 한 번 망루에서 주말을 보내는 것이 현실적이지만, 가능하다면 일 년에 두 번이나 분기당 한 번 그런 시간을 갖는 것이 좋다. 집 안에서든 집 밖에서든 사람들로부터 온전히 멀어져 혼자 지낼 수도 있고, 같은 장소에서 다른 사람들과 더불어 공동체적으로 고독의 시간을 가질 수도 있다. 형태나 내용은 제각기 다를 수 있지만, 우리의 영혼을 위해 그것을 습관화하는 것이 중요하다. 그러기 위해서는 미리 계획을 철저하게 세워 두어야 한다.

특별한 침묵과 고독의 시간을 보내는 방법을 몇 가지 소개했으니 가능한 시간을 달력에 표기하고 장소를 물색해 실천에 옮길 때 참고하기 바란다.

- 하나님의 축복을 구하라. 삶 속에서 어떤 것에 새롭게 관심을 기울여야 할지 깨우쳐 달라고 기도하라. 성령의 감화를 통해 스스로의 영혼을 정직하게 돌아볼 수 있게 해달라고 간구하라. 자신의 내면에서 들려오는 소리를 하나님의 음성으로 착각하지 않도록 주의하라. 그것은 자신의 음성에 지나지 않는다. 하나님의 음성을 들으려면 성경을 펼쳐 들고, 자신의 생각을 하나님이 성경에 계시하신 말씀에 일치시켜야 한다. 그렇게 깨달은 말씀은 하나님이 주시는 선물로 알고 마음속 깊이 간직하라.
- 매일 잠깐 동안 홀로 조용한 시간을 가질 때 규칙적으로 읽어 나가는 말씀이든, 특별한 침묵과 고독의 시간에 읽기 위해 골라 둔 말씀이든 말씀을 읽고 묵상하는 일은 항상 필요하다. 하나님이 말씀 안에서 우리를 찾아오시고, 또 말씀으로(즉 내적인 감동만이 아니라 그분의 섭리에 의해 성경에 객관적으로 제시된 말씀을 통해) 우리의 시간을 이끌어 주실 것이라고 믿어라.
- 분주한 도시에서 숨 가쁜 일정을 소화해야 하는 경우라면 몇 분 동안이라도 고요함 가운데 가만히 귀 기울이면서 영혼을 '이완시키

는' 시간을 가져라.

- 컴퓨터나 연필과 종이를 준비하라. 어느 정도 긴장이 풀어진 뒤에는 생각 속에 떠오르는 말을 적어 보라(침묵과 고독을 위한 특별한 시간은 11장에서 논의한 신앙 일기 쓰기라는 영적 훈련을 실천하기에 좋은 환경을 제공한다).

- 집에 돌아가면 실천하겠다고 생각한 일을 구체적으로 결정하고 싶은 충동을 잠시 억제하고, 처음에는 자신의 소명과 삶을 큰 관점에서 생각하려고 노력하라. 그러면서 정해진 시간이 거의 끝나 갈 즈음이 되면 좀 더 구체적으로 생각하고, 침묵과 고독의 시간을 가진 것이 가치가 있었음을 입증해 줄 결과물을 가지고 일상생활에 복귀할 준비를 갖춰라.

- 침묵과 고독의 일정 가운데는 성경에 입각해 진지하게 기도를 드리는 시간이 포함되어야 한다(주기도의 구조를 따르는 것도 한 방법이다). 하나님을 생각하며 찬양과 고백과 감사와 간구를 드릴 때 떠오르는 생각을 계속해서 기록해 두라.

- 집에 돌아와서는 일주일, 혹은 며칠 동안 침묵과 고독의 시간을 보내면서 기록해 둔 글이나 일기를 읽으면서 그때의 일을 되돌아보는 시간을 갖는 것이 좋다.

침묵과 고독의 가치를 깨닫고 나면 비로소 그 시간이 얼마나 절실히 필요했는지 알게 될 것이다.

교제는 잡다한 화제를 거론하며 사이좋게 한담을 즐기는 것이 아니라 무서운 박해와 커다란 악의 현실 앞에서 서로 합심해서 생사의 모험을 감행하는 것, 곧 모든 운명이 걸린 문제였다. 참된 교제는 친구들과 함께 모여 '슈퍼볼'을 관람하는 것보다는 경기장에서 뛰는 선수들이 다음번 터치다운을 위해 동료들과 후위에서 무리를 지어 땀과 피와 눈물을 공유하는 것과 더 흡사하고, 승전의 날에 즐거워하며 길거리를 흥청망청 돌아다니는 것보다는 전우들과 더불어 노르망디 해안을 침공하는 것과 더 비슷하다.

3부

교제의 습관

: 하나님의 몸에 속하기

13장. 교제를 통해 배워라

 일각에서 '교제'라는 말이 수난을 겪고 있고, 가볍고 사소한 의미로 취급되고 있는 현상은 참으로 유감스럽다. 신약성경에서 교제는 가슴 설레는 현실, 곧 기독교 신앙의 필수 요소이자 중요한 은혜의 수단 가운데 하나였다.

 초기 그리스도인들이 나눈 '코이노이아'('공동, 협력, 교제'를 뜻하는 헬라어)는 교인들끼리 모여 피자를 나눠 먹고, 음악을 들으면서 즐거운 저녁 한때를 보내는 것과는 거리가 멀었다. 당시 교제의 본질은 임박한 박해로 인해 삶과 죽음의 기로에 선 상황에서 그리스도를 섬기는 공통된 믿음을 지키는 것이었다.

 톨킨이 9명의 전사를 '반지 원정대'(the Fellowship of the Ring)로 일컬

은 것은 매우 지당했다. 교제는 잡다한 화제를 거론하며 사이좋게 한담을 즐기는 것이 아니라 무서운 박해와 커다란 악의 현실 앞에서 서로 합심해서 생사의 모험을 감행하는 것, 곧 모든 운명이 걸린 문제였다. 참된 교제는 친구들과 함께 모여 '슈퍼볼'을 관람하는 것보다는 경기장에서 뛰는 선수들이 다음번 터치다운을 위해 동료들과 후위에서 무리를 지어 땀과 피와 눈물을 공유하는 것과 더 흡사하고, 승전의 날에 즐거워하며 길거리를 흥청망청 돌아다니는 것보다는 전우들과 더불어 노르망디 해안을 침공하는 것과 더 비슷하다.

복음을 위한 동반 관계

초대교회 신자들은 말씀(사도들의 가르침)과 기도만이 아니라 교제에 헌신했다(행 1:14, 2:42). 무엇보다도 그들은 그리스도와 성령 안에서 교제했다(고전 1:9, 고후 13:13 참조). 그들은 "그리스도 예수 안에서 함께" 하나님의 기업을 잇는 "상속자"가 되었고(롬 8:17, 엡 3:6), "모든 물건을 서로 통용"했으며(행 2:44, 4:32), 심지어는 유대인과 이방인이 함께 "동일한 시민"이 되었다(엡 2:19). 복음은 위에서부터 아래까지 철저하게 새로워진 공동체를 창조했다.

그들의 교제는 서로를 추켜세우기만 하는 정체되거나 고립된 공동생활체가 아니었다. 그것은 복음에 참여하고, 복음 전파의 진전을 위해 모든 것을 바치고, 믿음의 진보를 위해 함께 협력하는 교제였다(빌 1:5, 12, 25). 바울은 이런 교제를 염두에 두고 "나의 매임과 복음을 변명함과 확정함에 너희가 다 나와 함께 은혜에 참여한 자가 됨이라"(빌 1:7)라고 말했다.

이런 교제가 이루어지면 잃어버린 자를 외면하거나 복음 전파를 등한시할 가능성은 거의 없다. 참된 교제는 정확히 그와 정반대되는 효력을 발휘한다. 우리를 하나로 연합하신 그리스도께서 또한 우리에게 사명을 주신다. 우리의 관계는 구원의 메시지를 전하는 수단이다. "너희가 서로 사랑하면 이로써 모든 사람이 너희가 내 제자인 줄 알리라"(요 13:35)라는 말씀대로, 참된 교제가 이루어져 서로에 대한 사랑이 깊어지면 그 사랑은 그리스도인들만의 독점물이 아니라 세상을 향한 궁극적인 변증으로 작용한다.

'교제'를 언급한 2가지 성경 본문

참된 교제는 잃어버린 자를 구원하는 데 이바지할 뿐 아니라 동료 신자들이 믿음을 굳게 지킬 수 있도록 돕는 역할을 한다. 성경에서 특별히 교제의 참된 의미를 언급하고 있는 본문이 히브리서에서 발견된다. '그리스도인의 교제'를 언급한 히브리서 본문 두 곳에는 히브리서의 핵심 진리가 담겨 있다. 이들 본문은 우리가 고립된 개인으로 제각기 따로 은혜를 구하지 않도록 도와준다. 아마도 둘 중에 좀 더 잘 알려진 본문은 히브리서 10장 24-25절일 것이다.

"서로 돌아보아 사랑과 선행을 격려하며 모이기를 폐하는 어떤 사람들의 습관과 같이 하지 말고 오직 권하여 그날이 가까움을 볼수록 더욱 그리하자"(히 10:24-25).

말씀의 요점은 모이기를 계속하라는 것보다는 모일 때 다른 사람들의 필요에 관심을 기울이라는 것이다. 본문은 "서로 돌아보아 사랑과 선행을 격려하라"고 명령한다. 이는 서로를 알고 친밀하게 지내라는 뜻이다. 우리는 동료 신자들을 생각하며 그들과 교제를 나누고, 그 교제에 합당한 사랑과 선행을 격려하며 고무해야 한다.[1]

여기서 우리는 은혜의 수단인 교제가 얼마나 강력한 능력과 인격적인 특성을 지니고 있는지를 분명히 알 수 있다. 하나님의 말씀과 기도로 동역자 관계를 맺은 사람들은 서로를 일반적인 인간이 아닌 한 사람의 독특한 개인으로 받아들여 사랑 안에서 참된 것을 행할 뿐 아니라(엡 4:15), "덕을 세우는 데 소용되는 대로 선한 말을 하여 듣는 자들에게 은혜를 끼치게 하라"(엡 4:29)라는 말씀대로 덕스러운 말을 주고받는다. 이는 더할 나위 없이 큰 은혜가 아닐 수 없다.

형제를 위한 수단이 되라

두 번째 본문은 히브리서 3장 12-13절이다.

"형제들아 너희는 삼가 혹 너희 중에 누가 믿지 아니하는 악한 마음을 품고 살아 계신 하나님에게서 떨어질까 조심할 것이요 오직 오늘이라 일컫는 동안에 매일 피차 권면하여 너희 중에 누구든지 죄의 유혹으로 완고하게 되지 않도록 하라"(히 3:12-13).

본문은 믿음을 저버린 신자에게 올바른 길로 돌이키라고 명령하기보다는 믿음의 공동체 안에 있는 다른 신자들을 염두에 두고 그들과 정기적으로 친밀한 관계를 맺음으로써 그들이 어떤 죄나 문제로 고민하고 있는지를 파악하라고 명령한다.

그런 상황에서 교제라는 은혜의 수단은 기독교적인 삶 속에서 독특한 기능을 발휘한다.

본문은 영적으로 연약한 자들에게 더욱 힘을 내어 교제의 훈련에 충실하라고 말하기보다는 믿음의 공동체가 방황하는 동료 신자들을 위해 열심히 교제의 훈련을 이행해야 한다고 촉구한다. 믿음의 공동체는 믿음이 흔들리는 자들이 성령의 역사로 생명을 되찾을 수 있도록 그들에게 진리와 은혜의 말씀을 들려주는 은혜의 매개체가 되어야 한다.

은혜의 영광스런 보조 수단

교제는 은혜의 수단들 가운데서 마치 맏이와 막내 사이에 끼어 관심을 크게 받지 못하는 자녀와도 같다. 그러나 교제는 영혼에 어두운 밤이 찾아올 때 우리의 생명을 구원하는 놀라운 능력을 발휘한다. 우리가 사망의 음침한 골짜기를 지나는 동안 목자이신 주님은 지팡이로 우리를 안위하신다. 그럴 때면 우리는 주님이 자기 백성을 구원의 지팡이로 사용하신다는 것을 깨닫게 된다.

하나님의 음성(그분의 말씀)을 듣고자 하는 열망이 메마르고, 그분께 아뢰고자 하는(기도) 영적 활력이 사라질 때면 하나님은 자신의 몸인 믿음의 공동체를 통해 구원의 손길을 내미신다. 방황하는 자가 우리 안으로 되돌아오는 것은 그 자신의 노력 때문이 아니라 형제들의 도움 덕분이다(약 5:19-20). 교제는 지극히 뛰어나고 보배로운 은혜의 보조 수단이다.

성육하신 은혜인 주님을 함께 섬기는 사람들 가운데서 이루어지는 참된 교제는 말씀과 기도와 마찬가지로 은혜를 가져다 나르는 귀한 수단이다(딛 2:11).

하나님의 은혜는 개인에게만 국한되지 않는다. 건강한 신자라면 성격이 내향적이든 외향적이든 어떤 상황에서나 그리스도 안에서 동료 신자들과 맺은 관계를 경시하기보다 더욱 강화하려고 노력해야 한다.

하나님이 교회 안에서 다른 동료들을 우리에게 허락하신 이유는 친구나 동지 같은 관계를 맺는 데 그치거나 홀로 외롭고 무기력하게 지내지 않고, 서로가 서로에게 은혜를 가져다주는 필수불가결한 수단이 되게 하시기 위해서다. 이런 점에서 우리는 서로를 위해 하나님이 끝까지 이루겠다고 약속하신 선한 일을 이루는 데 꼭 필요한 역할을 담당하고 있는 셈이다.

참된 교제란 바로 이런 것이다.

언약 공동체 안에서의 교제

교제에 관해 다루는 제3부의 첫 번째 장을 마무리하면서 한 가지 분명히 해두고 싶은 것이 있다. 그것은 가장 지속력이 강하고 깊이 있는 교제는 언약적 특성을 띤다는 점이다.

언약이란 두 사람이 서로에게 헌신하겠다는 공식적인 약속을 가리킨다. 이런 관계는 비단 결혼한 부부만이 아니라 교회 안에서도 똑같이 가능하다.

우리는 교회 안에서 '지체', 또는 동역자'로서 맹세와 약속에 근거해 언약을 맺음으로써 교회의 참된 생명을 방해하기보다 오히려 교회의 성장과 번영을 위해 가장 적합한 환경을 조성할 수 있다.

우리의 교제가 느슨한 관계로 얽혀 있는 체계가 아니라 하나님 나라의 전진 기지 안에서 서로에게 헌신하는 '언약의 공동체'에 뿌리를 둔다면, 초대교회 신자들이 경험했던 일을 겪을 가능성이 높아진다. 초대교회 당시에는 사람들이 표류하듯 교회에 흘러들어 왔다가 흘러 나가는 현상이 전혀 없었다. 그때는 교회 안에 속하든지 교회 밖에 속하든지 둘 중에 하나였다. 교회 안에 속한 사람들은 모두 형편이 좋을 때나 좋지 않을 때나 서로를 위해 참된 교회가 되기로 굳게 서약했다.

언약의 공동체는 서로 관계를 맺은 이들의 삶이 잘되도록 힘써 보호하고, 육성하고, 독려하겠다고 충성과 헌신을 맹세한다는 점에서 기독교의 결혼과 비슷한 점이 많다.[2]

잘 듣기 위한 6가지 지침

이 장을 마무리하기 전에 잘 듣는 것이 왜 중요한지, 또 그것이 어떻게 교회의 삶 속에서 우리 자신과 다른 사람들 모두에게 은혜의 수단이 될 수 있는지에 대해 잠시 생각해 보기로 하자(잘 듣는 것은 교제를 위한 필수 요건임에도 불구하고 종종 경시되곤 한다).

듣는 것은 우리가 할 수 있는 가장 쉬우면서도 가장 어려운 일 가운데 하나다. 어떤 점에서 듣는 것은 쉽다. 아무 생각 없이 듣고만 있는 것은 그리 어렵지 않다. 듣는 것은 말하는 것에 비해 노력이나 힘이 덜 든다. 이것이 성경이 "믿음은 들음에서 나며 들음은 그리스도의 말씀으로 말미암았느니라"(롬 10:17)라고 말하는 이유다. 이 말씀의 요점은 듣는 것이 쉽고, 믿음이 우리의 행위가 아닌 다른 사람의 행위를 통해 주어진다는 것이다. '믿음으로 듣는 것'은 그리스도께서 완성하신 사역을 부각시킬 뿐 아니라(갈 3:2, 5), 신앙생활의 시작과 유지를 가능하게 하는 은혜의 통로로 기능한다.

그러나 듣는 것이 이처럼 쉬운데도 우리는 듣기를 어려워할 때가 많다. 우리는 본성이 부패한 탓에 다른 사람보다 우리 자신을 신뢰하고, 다른 사람의 의를 받아들이기보다 우리의 의를 쌓아 올리고, 다른 사람의 말을 듣기보다 우리 자신의 생각을 말하기를 좋아한다. 적극적인 관심을 기울여 다른 사람의 말을 듣는 것은 우리 자신과 우리가 교제를 나누는 사람들 모두에게 더없이 귀한 은혜의 수단이다.

듣기에 관한 기독교의 헌장과도 같은 말씀이 있다면 "사람마다 들기는 속히 하고 말하기는 더디 하며 성내기도 더디 하라"라는 야고보서 1장 19절일 것이다. 원리는 간단하지만 실천하기는 너무나도 어렵다. 우리는 듣기는 더디 하고, 말하기는 빨리 하며, 성내기도 빨리 한다. 듣는 법을 배우는 일은 하루아침에 이루어지지 않는다. 이는 많은 훈련과 노력과 의도와 시간을 요하는 일이다. 단 한 번의 대화로 듣기를 잘하는 사람이 되겠노라 아무리 다짐한들 뜻대로 되지 않을 것이 분명하다. 듣기를 잘하려면 조금씩 마음을 가다듬으면서 사람들과 대화를 나눌 때마다 상대방의 말에 유심히 귀 기울이는 습관을 발전시켜 나가야 한다.

나는 이것이 내 삶 속에서 성장을 이끄는 힘이라는 것을 새롭게 깨달았다. 다른 사람들도 그렇게 되기를 바라는 마음으로 잘 듣기 위한 지침 6가지를 제시했다. (성경 이외에 듣는 것에 관한 가장 중요한 교훈을 담고 있는 3가지의 본문이 디트리히 본회퍼의 책과 재닛 던의 책에서 발견된다.)[3]

1. 잘 들으려면 인내가 필요하다

디트리히 본회퍼는 우리가 해서는 안 될 일에 관해 이렇게 말했다.

> 상대방이 무슨 말을 할지 이미 다 알고 있다는 듯이 건성으로 듣는 것은 옳지 않다. …그것은 단지 서둘러 말할 기회만 찾으려는…조급하고 무관심한 태도에 지나지 않는다.

우리는 상대방이 무슨 말을 할지 이미 알고 있다고 생각하고 머릿

속으로 대꾸할 말을 생각한다. 우리는 상대방이 말을 하기 시작하는데도 뭔가 다른 일을 하고 있거나, 해야 할 또 다른 일을 생각하며 상대방의 말이 얼른 끝나기만을 바란다.

우리가 다른 사람의 말을 건성으로 듣는 이유는 주변 상황이나 마음속으로 우리 자신의 일만 생각하기 때문이다. 재닛 던은 이렇게 말했다.

안타깝게도 우리는 다른 사람이 말을 할 때 우리 자신만을 생각하는 경향이 있다. 우리는 상대방의 말에 관심을 기울이기보다 대꾸할 말을 생각하거나 다른 사람의 관점을 논박하기에 급급하다.

듣기를 잘하려면 집중력이 필요하다. 양쪽 귀를 다 동원해서 상대방의 말이 끝날 때까지 집중해서 들어야 한다. 말하는 사람이 처음부터 가장 중요하고 심오한 말을 꺼내는 법은 거의 없다. 열차가 출발하기 전에 맨 앞 칸부터 맨 뒤 칸까지 철저히 점검해야 하는 것처럼, 말의 서두부터 말미까지 유심히 귀를 기울여야 한다.

듣기를 잘하려면 휴대전화를 진동으로 해놓고, 중간에 말을 가로막지 말고 인내하며 관심을 집중해야 한다. 겉으로는 느긋한 자세를 취할지라도 사고는 활발하게 움직여야 한다.

정신을 산만하게 하는 요인이나 의식 속에 떠오르는 잡다한 생각을 차단하거나 상대방의 말을 끊는 양해의 말을 남발하지 않으려면 많은 노력이 필요하다. 우리는 말하기를 빨리 하는 성향을 지니고 있기 때문에 듣기를 속히 하고 계속 들으려면 성령께서 주시는 인내력이 필요하다.

2. 잘 듣는 것은 사랑의 행위에 해당한다

본회퍼는 건성으로 듣는 것은 "형제를 멸시하는 것이고, 단지 말할 틈을 노리거나 상대방을 무시하는 태도에 지나지 않는다."라고 말했다. 듣기를 잘 못하는 것은 상대방을 거부하는 것이고, 듣기를 잘하는 것은 상대방을 포용하는 것이다. 전자는 다른 사람을 멸시하는 것이고, 후자는 다른 사람을 중요하게 여겨 존중하는 것이다.

본회퍼는 "하나님께 대한 사랑이 그분의 말씀을 듣는 것에서 시작되는 것처럼 형제애도 그들의 말을 듣는 법을 배우는 데서 시작한다."라고 말했다.

듣기를 잘하는 것은 그리스도의 마음과 일맥상통한다(빌 2:5). 다른 사람을 우리 자신보다 중요하게 여기는 것은 겸손한 마음에서 비롯한다(빌 2:3). 그것은 우리 자신의 일만이 아니라 다른 사람의 일에 관심을 기울이는 것을 의미한다(빌 2:4). 잘 듣는 것은 인내와 친절의 행위다(고전 13:4).

3. 잘 들으려면 적절한 질문을 던져야 한다

이 지침은 잠언에 특히 많이 기록되어 나타난다. "미련한 자는 명철을 기뻐하지 아니하고 자기의 의사를 드러내기만 기뻐하"고(잠 18:2), "사연을 듣기 전에 대답"한다(잠 18:13). 또한 잠언 20장 5절은

"사람의 마음에 있는 모략은 깊은 물 같으니라 그럴지라도 명철한 사람은 그것을 길어 내느니라"라고 말한다.

잘 들으려면 적절하면서도 곰곰이 생각하게 만들 수 있는 질문, 곧 "예"와 "아니오"로 간단하게 답할 수 있는 질문이 아니라 양파를 벗겨 내듯 겉으로 드러나지 않은 심층을 파헤치게 만드는 질문을 던져야 한다.

또한 상대방이 밝히기를 꺼려 하는 세부적인 내용을 굳이 알려고 하지 말고, 비언어적 의사 전달 표현을 유심히 살피는 것이 좋다. 신중하면서도 정곡을 찌르는 적절한 질문을 던지면 상대방이 새로운 관점으로 자신의 문제를 바라보고 스스로 자연스레 자세한 내용을 들려주게 될 것이다.

4. 잘 듣는 것은 섬김의 사역에 해당한다

본회퍼에 따르면 "듣는 것이 말하는 것보다 더 큰 섬김을 실천하는 경우가 많다." 하나님은 우리가 단순히 잘 들어 주는 정도에 그치는 것을 원하지 않으신다. 상처받은 사람의 말을 들을 때는 팔짱을 끼지 말고, 자세를 똑바로 한 상태에서 상체를 앞으로 약간 기울여 눈을 바라보며 그가 말하는 고통스런 이야기를 한마디도 빼놓지 말고 잘 들어 주어야 한다. 재닛 던은 이렇게 말했다.

잘 듣는 것은 문제를 논의할 때 느끼는 감정을 적절히 쏟아 내도록 유도한다. 때로는 그런 감정을 쏟아 내는 것이 문제를 해결하는 열쇠가

된다. 말하는 사람이 우리가 대답하는 것을 바라거나 기대하지 않는 경우가 있을 수 있다.

재닛 던은 잘 듣는 법을 배우려면 "대답보다는 긍정에 강조점을 두라. …하나님은 우리가 동정심과 이해심을 가지고 다른 사람들의 말을 들어 줌으로써 자신의 긍정적인 사랑을 전달하는 통로가 되어 주기를 원하실 때가 많다."라고 조언했다. 본회퍼도 "사람은 자기의 말을 진지하게 들어 주는 것만으로도 도움을 받을 수 있다."라고 말했다. 때로 우리의 이웃은 관심을 가지고 자신의 말을 들어 주는 사람을 가장 필요로 한다.

5. 잘 들으면 잘 말할 수 있다

조용히 침묵을 지킨 채 상대방의 말을 듣기만 하는 것이 가장 큰 도움이 될 때도 있지만, 대개 상대방의 말을 잘 들으면 그가 필요로 하는 곳에 은혜의 말씀을 전할 수 있는 준비가 갖추어지기 마련이다. 본회퍼는 "하나님의 말씀을 전하려면 그분의 귀로 다른 사람의 말을 들어야 한다."라고 말했다.

미련한 사람은 "사연을 듣기 전에 대답"하지만(잠 18:13), 지혜로운 사람은 방어적인 태도를 버리고 객관적인 태도로 말을 듣고, 모든 이야기를 다 듣고 내용을 충분히 파악하기 전까지는 자신의 견해를 제시하거나 반응을 나타내지 않는다.

6. 잘 듣는 것은 우리와 하나님의 관계를 반영한다

잘 듣지 못하는 것은 우리의 내면이 하나님의 음성을 들을 수 없을 만큼 요란하고 번잡스럽다는 징후다. 본회퍼는 이렇게 말했다.

형제의 말을 더 이상 듣지 못하는 사람은 하나님의 말씀도 더 이상 듣지 못하게 될 것이다. 그런 사람은 하나님 앞에서도 쓸데없는 말을 재잘거릴 뿐이다. 이것은 영적 생명이 죽어 가는 첫 단계다. …자신의 시간이 매우 귀중해 조용히 침묵을 지키기가 어렵다고 생각하는 사람에게는 결국 하나님과 자신의 형제를 위한 시간은 없고, 오로지 자기 자신과 자신의 어리석음을 드러내는 시간만 있을 뿐이다.

잘 듣는 것은 참된 교제를 이끄는 매우 중요한 은혜의 수단이다. 교제는 하나님이 우리의 삶에 계속해서 은혜를 공급하시는 통로일 뿐 아니라 다른 사람들의 삶 속에서 우리를 은혜의 수단으로 사용하시는 방식이기도 하다. 잘 듣는 습관을 기르는 것은 우리가 배워야 할 가장 어려운 일 가운데 하나이지만, 은혜에 힘입어 많은 노력을 기울일 가치가 충분하다.

14장. 공적인 예배로 불을 지펴라

개인 예배가 다는 아니다. 한적한 곳에서 홀로 자신이 읽고 싶은 성경을 읽고, 자신이 원하는 기도를 드리고, 자신이 좋아하는 찬송가를 부르고, 자신이 고른 성경 구절을 암송하고, 편리한 때에 금식을 하는 것은 참 좋은 일이고, 정기적으로 개인 예배를 드리면서 개인적인 훈련을 쌓는 것은 정말 중요한 일이지만 그것이 신앙생활의 정점은 아니다.

우리는 함께 예수님을 예배하도록 지으심을 받았다. 우리는 구원 받은 수많은 무리와 더불어 예배를 드린다. 하나님은 고독한 개인으로서가 아니라 수많은 가족들 가운데 속해 있는 행복한 지체로서 예배를 드리도록 우리를 창조하셨다.

일상생활의 안개가 걷히고 하늘의 축복이 어렴풋이 드러날 무렵, 우리는 서재나 한적한 곳에서 골방 기도를 드리거나 위대한 그랜드 캐년 앞이나 하나님의 장엄하심을 드러내는 산봉우리에 홀로 서 있지 않고 각 나라와 족속과 방언에서 나온 큰 무리와 더불어 그리스도의 보좌 앞에서 즐겁게 예배를 드린다.

우리는 공적인 예배를 위해 지으심을 받았다.

큰 무리에 속한 기쁨

하늘은 우리가 생각하는 것보다 더 영광스럽다. 그리고 새 하늘과 새 땅은 그보다 훨씬 더 영광스러울 것이다. 아마도 우리가 이 세상에서 미리 맛볼 수 있는 가장 좋은 것은 교회에서 함께 모여 예수님을 예배하는 일일 것이다. 이는 교회의 예배가 영원히 계속될 것이라는 뜻이 아니라 우리가 수많은 동료 신자들과 더불어 기쁨이 넘치는 예배자가 될 것이라는 의미다.

우리는 천국에서 "생물들과 장로들을 둘러선 많은 천사"들과 더불어 찬양하며(계 5:11), "천만 천사"와 함께 예수님을 예배할 것이다(히 12:22). 또한 우리는 구원받은 수많은 신자들과 더불어 예배를 드릴 것이다.

"각 나라와 족속과 백성과 방언에서 아무도 능히 셀 수 없는 큰 무리가 나와 흰옷을 입고 손에 종려 가지를 들고 보좌 앞과 어린양 앞에서서 큰 소리로 외쳐 이르되 구원하심이 보좌에 앉으신 우리 하나님과 어린양에게 있도다 하니"(계 7:9-10).

'보편 교회'가 공동체적으로 예수님을 예배하는 것은 장차 우리가 누릴 영원한 삶의 본질적인 요소 가운데 하나이고, '지교회'에서 공적으로 예수님을 예배하는 것은 우리를 영원한 삶으로 인도하기 위해 중요한 은혜의 수단 가운데 하나다.

가장 중요한 은혜의 수단

공적인 예배는 가장 중요한 은혜의 수단이자 기쁨을 쟁취하는 데 필요한 가장 막강한 무기다. 그 이유는 공적인 예배가 다른 은혜의 수단들과는 달리 말씀, 기도, 교제라는 세 가지 은혜의 원리를 모두 포괄하기 때문이다. 설교와 성례와 찬양과 고백과 간구와 감사로 이루어지는 공적인 예배는 하나님의 음성, 하나님의 귀, 하나님의 몸이라는 선물을 한꺼번에 가져다준다. 도널드 휘트니는 이렇게 말했다.

> 기독교와 예배의 요소 가운데는 개인 예배나 예배를 지켜보는 것만으로는 경험할 수 없는 요소가 있다. 하나님이 '다른 신자들과 함께 모일 때만' 베푸시는 은혜와 축복이 있다.[1]

우리는 때로 마르틴 루터가 말한 공적인 예배라는 은혜의 수단을 경험하곤 한다. 그는 "내 집에 있을 때는 아무런 열정이나 활력이 느껴지지 않지만 많은 사람이 함께 모여 있는 교회에서는 내 마음에 불이 지펴져 활활 타오른다."라고 말했다.[2]

예배는 수단이 아니다

그러나 예배를 은혜의 수단이라고 말하는 것은 매우 조심스럽다. 왜냐하면 존 파이퍼가 지적한 대로 참된 예배는 다른 것을 위한 수단이 아니기 때문이다.

> 예배는 그 자체로 목적이다. 우리는 다른 것을 위한 수단으로 예배의 축제를 즐기지 않는다. 하나님 안에서 행복을 누리는 것(예배의 핵심)은 우리가 구하는 모든 것의 목적이다. 그 이상 추구해야 할 더 높은 목적은 없다. …참된 예배는 다른 경험을 위한 수단으로 이용될 수 없다.[3]

그렇다면 공적인 예배를 본질적인 은혜의 수단으로 일컫는 것은 어떤 의미일까? 공적인 예배가 과연 은혜의 수단이 될 수 있을까?

기쁨의 비밀 : 나를 잊어버림

하나님 안에서 누리는 기쁨이라는 예배의 본질과 함께 모여서 드리는 공적인 예배는 한 가지 중요한 차이를 드러낸다. 예배의 가장 큰 표현은 함께 모여서 예수님을 찬양하는 것이지만, 예배는 단지 교회가 함께 모이는 것 이상의 의미를 지닌다. 즉 예배는 주일 오전만이 아니라 일상의 삶을 위한 것이다(롬 12:1).

우리가 공적인 예배를 생각하는 방식(예배의 다양한 동기와 그로 인한 여러 가지 유익)과 공적인 예배를 경험하는 방식의 차이가 이 문제와 관련되어 있다.

"하나님이 '다른 신자들과 함께 모였을 때만' 베푸시는 은혜와 축복이 있다."라는 말은 설명이 좀 더 필요하다. 이 말은 예배에 충실하게 참여할 것을 독려하는 한편, 신앙의 성장과 건강을 위한 공적인 예배의 역할을 다른 것으로는 대체할 수 없다는 사실을 일깨워 준다. 그러나 우리가 가장 먼저 물어야 할 질문은 "하나님이 주시는 은혜를 경험하기 위해 공적인 예배를 드릴 때 모두의 마음과 생각을 어디로 향하게 해야 하느냐?"라는 것이다.

이 질문에 대한 답은 우리가 어떻게 힘을 얻고 있고, 또 우리가 어떤 은혜를 받느냐에만 관심을 기울여서는 안 된다는 것이다. 오히려 우리는 십자가에 못 박히셨다가 부활하신 그리스도와 그분의 지극히 탁월한 인격과 사역에 초점을 맞춰야 한다(그리스도의 인격과 사역은 공적인 예배를 비롯한 모든 은혜의 수단과 다양한 영적 훈련에 의미를 부여하며, 이 책의 부제를 "예수님을 기뻐하기"로 정한 이유를 설명해 준다).

우리가 행하는 것에 초점을 맞추지 않고 예배의 비밀, 즉 나를 잊어버리는 기쁨을 느끼며 예수님과 그분의 완전하심에 온전히 몰두해야만 비로소 공적인 예배가 은혜의 수단이 될 수 있다.

존 파이퍼는 공적인 예배와 관련해 다음과 같은 의미심장한 말을 남겼다.

> 참된 감정은 무엇이든 그 자체로 목적이다. 다른 것을 위한 수단으로 삼기 위해 그런 감정을 의식적인 노력을 기울여 일으킬 수는 없다. 물론 이 말은 어떤 감정을 가지려고 노력해서는 안 되고, 노력할 수도 없다는 뜻이 아니다. 우리는 그렇게 해야 하고, 또 할 수 있다. 우리는 감정이 쉽게 뜨거워질 수 있는 (공적인 예배와 같은) 상황에 참여할 수 있다. …그러나 참된 감정이 일어나는 순간에는 타산적인 생각이 모두 사라진다. 그런 때는 (비록 순간이라고 하더라도) 이것저것을 따지는 사고의 틀에서 벗어나 논리적이거나 실용적인 효과와는 전혀 무관한 순수한 감정을 경험한다.[4]

이런 점에서 공적인 예배는 다른 것을 위한 수단이 아니지만 그와 동시에 신앙생활을 위한 가장 강력한 은혜의 수단이기도 하다.

우리는 많은 축복을 받으려고 공적인 예배에 참여한다. 그러나 복되신 주님께 온전히 매료되는 순간, 타산적인 생각이 말끔히 사라진다. 삶이 지루하게 느껴질 때는 그런 경험이 얼마나 좋을지 생각하며 예배에 참석해 보라. 그리고 예배가 시작되면 열심히 하나님의 선하심을 구하고, 나는 잊어버리고 그분의 독생자에게만 모든 관심을 집중하라.

공적인 예배의 5가지 유익

공적인 예배를 통해 주어지는 '축복과 은혜'를 좀 더 확실하게 밝히고 싶다. 많은 은혜와 축복이 있을 수 있겠지만, 그 가운데 공적인 예배를 통해 특별히 주어지는 5가지 유익을 열거하면 다음과 같다.

1. 각성

우리는 영적인 안개에 휩싸인 채 예배에 참석할 때가 많다. 타락한 세상에서 한 주간 힘들고 고된 삶을 살다 보면 심신이 지쳐 궁극적인 현실과 진정으로 중요한 것을 간과하기 쉽다. 우리는 머리를 맑게 하고, 정신을 새롭게 하고, 지친 마음에 활력을 불어넣을 필요가 있다. 앞에서 언급한 대로 마르틴 루터는 공적인 예배가 영적 불길을 되살리는 강력한 수단이 된다고 말했다. 성령의 영감을 받은 시편 기자는 마르틴 루터보다 더 뛰어난 경험을 했다. 그는 시편 73편에서 악인이 형통하는 것을 보고 절망감을 토로했지만(2-15절), 하나님 앞에 나아가는 순간 의심의 안개가 말끔히 걷히는 것을 경험했다.

> "내가 어쩌면 이를 알까 하여 생각한즉 그것이 내게 심한 고통이 되었더니 하나님의 성소에 들어갈 때에야 그들의 종말을 내가 깨달았나이다"(시 73:16-17).

영적으로 무기력해졌을 때는 예배를 멀리하기보다는 오히려 예배를 통한 각성이 더욱더 필요하다. 심령이 둔해졌을 때는 "하나님께 가까이함이 내게 복이라"(시 73:28)라는 진리를 새롭게 의식하는 것이 무엇보다 중요하다.

2. 확신

예배를 통해 얻을 수 있는 두 번째 유익은 소속감이나 사명을 공유하는 것(교제)만이 아니다. 예배는 확신을 독려한다. 우리는 아타나시우스와 마르틴 루터처럼 혼자서 '세상을 상대했던'(contra mundum) 인물들을 존경하는 경향이 있지만, 사람이 혼자 사는 것이 좋지 않다는 하나님의 말씀을 기억해야 한다(창 2:18). 그런 영웅들은 암울한 시대의 산물이었고, 그들에 관한 이야기는 오랜 세월이 흐르면서 점차 퇴색되기 마련이다. 사실 아타나시우스나 마르틴 루터는 혼자가 아니었다. 그들은 충실한 신앙 공동체의 일원이었고, 그 안에서 힘을 얻고 믿음이 성장했다.

우리도 마찬가지다. 우리는 동료들 없이 혼자 살도록 창조되지 않았다. 심지어 엘리야 시대처럼 어려운 때에도 하나님은 진리를 저버리지 않은 7,000명을 남겨 두셨다(왕상 19:18). 하나님은 우리를 공동체 안에서 살도록 창조하셨고, 그 공동체를 '교회'라고 일컬으셨다. 보편 교회와 지교회에 속하는 것은 우리가 믿는 자를 우리가 알게 하고(딤후 1:12), 또 우리의 신앙고백이 진실한 척 스스로를 속이지 않도록 도와준다.

지교회의 예배는 보편 교회의 예배를 상기시켜 줄 뿐 아니라 예수님이 많은 민족 가운데서 온 백성을 거느리고 계시고, 언젠가는 모든 민족을 다스리실 것이라는 사실을 깨우쳐 준다(계 7:9).

3. 성장

예배는 우리의 성화(예수님의 형상을 차츰 닮아 가는 것)와 관련해 없어서는 안 될 역할을 한다(롬 8:29). 예배는 "덕을 세우며 권면하며 위로하는"(고전 14:3) 역할을 할 뿐 아니라 함께 예수님을 바라봄으로써 "그와 같은 형상으로 변화하여 영광에서 영광에 이르"도록 도와준다(고후 3:18).

믿음의 성장은 설교를 듣고 한 주간의 삶에 적용하는 것만을 의미하지 않는다. 팀 켈러의 말대로 성화는 예배에 참석해 복음 설교를 듣는 "그 순간에 즉시" 일어날 수 있다. 성경을 읽고, 기도를 드리고, 찬양을 부르고, 말씀을 전하고, 진리를 우리에게 적용할 때 성령의 역사가 일어난다. 예배는 신앙생활에 필요한 정보를 제공하는 것이 아니라 우리를 치유하고 변화시키는 역사를 일으킨다.

우리가 예배에 참석할 때 하나님은 우리의 생각과 마음을 온전히 변화시키신다.

4. 다른 사람의 인도를 따르기

공적인 예배와 개인적으로 성경을 읽고 기도하는 개인 예배는 예배의 주체가 서로 다르다는 차이가 있다. 공적인 예배는 우리의 믿음이 능동적이지 않고 수동적인 성향을 띤다는 것을 깨우쳐 준다. 개인 예배를 드릴 때는 우리가 스스로를 인도하지만 공적인 예배를 드릴 때는 다른 사람들의 인도를 따라야 한다.

개인 예배를 드릴 때는 우리가 운전석에 앉아 있는 셈이다. 어떤 성경 본문을 읽고, 언제 어떤 기도를 드리고, 성경 읽기와 묵상을 얼마나 오랫동안 지속하고, 어떤 찬양을 듣거나 부르고, 우리 자신에게 어떤 복음의 말씀을 전하고, 말씀을 어떻게 적용해야 할지를 모두 스스로가 결정한다. 그러나 공적인 예배를 드릴 때는 다른 사람들의 인도에 따르고 거기에 반응해야 한다. 다른 사람들이 설교를 전하고, 기도를 드리고, 찬양을 선택할 뿐 아니라 그런 요소들을 얼마나 오랫동안 지속할 것인지를 결정한다. 우리의 입장은 수동적이다.

우리 스스로 선택할 수 있다는 것은 개인 예배의 큰 장점이지만 다른 사람들의 인도를 따르는 것도 하나님과 관계를 맺는 데 매우 유익하다. 공적인 예배는 우리 스스로 하나님을 추구하는 데 그치지 않고 다른 사람들의 인도에 따르는 훈련을 쌓도록 도와준다. 공적인 예배는 항상 인도하기만 하지 않고 인도받는 법을 배울 수 있는 기회를 제공해 준다.

5. 더욱 큰 기쁨

공적인 예배는 예배의 경험을 가일층 강화시키는 효과를 나타낸다. 다른 사람들과 더불어 예수님을 예배하면 경외심이 더 커지고, 찬미의 열정이 더 뜨거워지고, 기쁨이 배가된다.

"기쁨을 나누면 두 배가 된다."라는 스웨덴 속담이 있다. 우리가 공적인 예배를 통해 누릴 수 있는 유익은 각성, 확신, 성장, 다른 사람들의 인도를 따르는 것만이 아니라 더욱 깊고 풍성한 기쁨과 경외심과 찬미의 열정이다. 그리스도 안에서 우리가 누리는 기쁨은 다른 사람들과 더불어 그분을 높이 찬양할 때 더욱 커진다.

공적인 예배를 통한 기쁨의 비밀은 '나를 잊어버리는 것'(긍정적으로 말하면 예수님과 그분의 영광에 몰입하는 것)만이 아니라 우리가 혼자서만 예수님 안에서 영혼의 만족을 누리는 것이 아니라는 행복한 깨달음에 있다.

15장. 강단에서 전하는 말씀에 귀를 기울이라

충실한 설교를 주의 깊게 듣는 것보다 우리의 신앙생활에 더 큰 영향을 끼치고, 더 큰 활력을 제공하는 것은 그다지 많지 않다.

공적인 예배는 매우 중요한 은혜의 수단임에 틀림없지만, 예배를 통해 얻는 가장 큰 은혜는 성경을 토대로 한 복음 설교에서 비롯한다. 설교 시간은 하나님이 홀로 가장 분명하고 온전하게 말씀하시는 순간이다. 예배의 다른 요소들은 하나님으로부터 받고 다시 그분께 드리는 과정을 따르지만, 설교는 20-30분 동안 오로지 받아들이기만 해야 한다.

우리는 하나님을 우리의 친구로 여겨 사귐을 갖고, 한 가족으로서 그분의 식탁에 함께 참여할 뿐 아니라 그분의 사자가 전하는 말씀에 복종해야 한다.

설교가 주일 예배에서 차지하는 위치는 그 일이 얼마나 중요한지를 분명하게 일깨워 준다. 질문하고 답하고, 대화를 나누며 의견을 교환하는 시간은 다른 곳에서도 충분히 가질 수 있지만 설교를 듣는 시간, 곧 구원받은 신자들이 모두 조용히 입을 다문 채 마음과 귀를 활짝 열고 주님의 말씀(비록 불완전하지만 그분이 세우신 대변자의 입을 통해 전해지는 말씀)만을 듣는 시간은 일주일에 단 30분뿐이다.

말씀을 듣는 훈련

우리는 매주 약 112시간을 깨어 있는 상태로 일과 논의와 대화와 논쟁 등 다양한 활동을 하며 살아가지만, 30분 동안 설교에 집중하기가 그렇게 쉽지만은 않다.

우리는 평등의 개념을 좋아하고, 우리의 입장에서 말을 듣는 데 익숙해 있다. 우리는 대화를 귀하고 중요하게 생각한다. 대화는 제자훈련의 본질적인 요소 가운데 하나다.

신랑이신 주님과 서로 대화를 나눠야 할 때가 있다. 기도와 찬양으로 우리의 말을 길게 아뢰어야 할 때도 있고, 조용히 앉아서 귀 기울여 들어야 할 때도 있다.

하나님의 말씀을 듣는 것은 인생에서 가장 중요한 순간 가운데 하나다. 그 순간에 우리는 즉시 대꾸하고 싶은 욕구를 억제한 채 입을 굳게 다물고 오로지 믿음으로 듣는 일에만 관심과 노력을 집중한다.

강단에서 전하는 하나님의 사랑

설교란 복음을 생생하게 묘사하는 것이다. 설교자가 성경을 펼쳐 들고, 신자들에게 예수님을 새롭게 전하는 순간 우리 주님의 모습이 생생하게 드러난다.

설교 시간은 서로 무엇을 주고받거나 상호 간의 일을 둘러싸고 노력을 공유하는 시간이 아니라 연약하고 절박한 심정으로 조용히 귀를 기울이는 시간이다. 우리가 필요로 하는 것은 난관을 극복하기 위한 믿을 만한 동료의 도움 정도가 아니라 전적으로 무기력한 자들에게 베푸시는 주님의 구원이다.

이것이 하나님이 자신의 독생자를 혈육의 형상으로 우리 가운데 보내시어 말씀을 전하게 하신 이유다. 말씀을 전하는 것이 그토록 중요한 이유는 하나님의 위대하심과 우리가 지은 죄의 심각성 때문이다. 말씀을 듣는 시간은 없고 끊임없이 대화만 나누는 현상은 우리의 상황이 왜 그토록 비참하고, 또 하나님의 긍휼이 왜 그토록 위대한지를 여실히 드러낸다.

예수님이 세상에 와서 죽으신 목적은 속죄를 위해서만이 아니라 말씀을 전하시기 위해서다(눅 4:43). 아울러 성경은 우리가 전해야 할 분이 바로 예수님이라고 말한다. 예수님은 제자들을 보내 말씀을 전하게 하셨다(막 3:14). 예수님은 완전한 설교자이셨다. 예수님이 승천하신 후에도 말씀 전파는 사라지지 않았다. 사도행전을 읽어 보면 말씀 전파가 항상 계속되었던 것을 알 수 있다. 신랑이신 주님의 말씀

전파가 교회의 삶 속에서 여전히 지속되고 있다.

설교의 초점은 예수님이시다

예수님은 세상에 계시는 동안 설교의 중요성을 분명하게 보여 주셨다. 또한 그분은 교회에서 이루어지는 모든 충실한 설교의 초점이시다. 예배의 초점이 십자가에 못 박혀 죽으셨다가 다시 살아나신 그리스도와 지극히 탁월한 그분의 인격과 사역인 것처럼 설교의 초점도 예수님이시다.

가장 훌륭한 설교는 예배자 자신과 설교자 모두를 잊게 만드는 설교다. 설교자 자신에게 초점을 맞추는 설교나 청중의 삶에 이런저런 교훈을 적용하는 법을 강조하는 설교는 설교의 진정한 능력(곧 예수님께 초점을 맞추는 것)을 간과할 수밖에 없다. 참된 설교는 청중이나 설교자에게 관심을 기울이게 만들지 않고 예수님과 그분의 완전한 성품에 초점을 맞춘다.

물론 설교자가 자신에 관한 일을 말하고 실천적인 적용을 강조해야 할 때가 있지만 그렇다고 해서 설교의 핵심이자 정점에 해당하는 예수님과 그분의 복음을 경시해서는 곤란하다. 좋은 설교라는 강물은 항상 그리스도라는 샘물로부터 흘러나온다. 설교는 그리스도께서 어떤 분이시고, 또 그분이 우리를 어떻게 사랑하시는지를 보여 주는 데 초점을 맞춰야 한다.

예수님은 자신의 교회에 임하신다

설교는 단지 예수님을 전하는 것으로 그치지 않는다. 예수님은 설교를 통해 자신의 교회에 친히 임하신다. 좋은 설교는 교회가 성령을 통해 신랑이신 예수님과 관계를 맺도록 인도한다. "성경이 가르치는 말씀 사역은 청지기의 태도로 하나님의 말씀을 전함으로써 사람들이 말씀을 통해 하나님을 만날 수 있게 이끄는 역할을 수행한다."[1] 우리는 충실한 설교를 통해 예수님에 관한 말씀을 들을 뿐 아니라 그분을 만난다.

설교는 하나님에 관한 진리를 전할 뿐 아니라 "하나님의 임재를 알리는" 역할을 한다. 설교의 가치는 성경 해석의 통찰력을 전달하는 것에 그치지 않고 "하나님이 말씀하시고 그리스도께서 임재하시는 수단으로 기능하는 역할에 있다."[2] 설교는 (세례나 성찬과는 달리) '성례'나 '의식'으로 일컬어지지는 않지만 성례전적인 능력을 발휘한다(세례와 성찬에 대해서는 이후 좀 더 자세히 살펴볼 예정이다). 설교는 하나님이 정하신 은혜의 수단으로, 우리의 믿음이라는 통로를 통해 교회에 은혜를 전달하는 역할을 담당한다. 설교의 가장 중요한 유익은 예수님을 만나게 하는 것이다.

기쁨을 경험하라

존 칼빈은 설교는 "그리스도를 제시하고 나타내며, 그분 안에서 귀한 하늘의 은혜를 전달하는 기능을 한다."라고 말했다.[3] 마커스 피터 존슨도 설교가 전달될 때 "하나님이 우리를 축복하고 양육하기 위해 성령의 능력으로 자신의 아들을 통해 친히 임하시어 우리에게 말씀하신다."라고 말했다.[4]

성례나 다른 여러 가지 은혜의 습관은 물론이고 설교의 목적도 '예수님을 알고 기뻐하는 것' 이다. 한자리에 모여 예배를 드리면서 설교에 유심히 귀를 기울여야 하는 이유는 예수님을 알기 위해서다(빌 3:10). 우리는 매주 30분씩 설교의 가장 중요한 목적(유일하신 참하나님과 그분이 보내신 예수 그리스도를 아는 것, 요 17:3)을 통해 영생을 맛본다.

충실한 설교가 주는 5가지 은혜

다음 주일부터 기대감을 가지고 예배에 참석해 하나님의 말씀을 충실하게 전하는 설교에 믿음으로 귀를 기울이도록 하기 위해 설교가 주는 여러 가지 은혜 가운데 중요한 5가지를 제시하면 다음과 같다. 이 중에 몇 가지는 이미 이 장에서 구체적으로 밝혔고, 몇 가지는 새로운 것이다.

1. 충실한 설교는 우리 자신을 잊어버리게 만든다

좋은 설교가 주는 가장 큰 유익 가운데 하나는 자기 자신을 잊어버림으로써 생명을 발견하도록 돕는 것이다. 충실한 설교는 우리의 죄를 드러내고 변화를 독려한다. 설교는 자기 자신에게서 눈을 돌려 구세주를 바라보도록 이끈다. 우리의 영혼이 비록 잠시나마 설교를 들으면서 그리스도께 매료됨으로써 자아로부터 자유로워질 수 있다는 것은 진정 놀라운 은혜가 아닐 수 없다.

2. 충실한 설교는 우리의 믿음을 충만하게 한다

충실한 설교는 우리의 믿음을 다시 충만하게 채워 준다. 격려의 뜻으로 건네는 말만으로는 새로운 변화와 믿음을 굳세게 해주는 능력을 얻을 수 없다. 그런 은혜는 정기적으로 복음 설교를 들어야만 가능하다. 우리는 우리 자신의 믿음을 스스로 유지할 수 없다. "믿음은 들음에서 나며 들음은 그리스도의 말씀으로 말미암았느니라"(롬 10:17)라는 말씀대로 우리의 믿음은 외적인 말씀을 필요로 한다.

우리의 영혼은 복음 설교를 통해 힘을 얻는다. 바울은 로마서 마지막 부분에서 "나의 복음과 예수 그리스도를 전파함은…너희를 능히 견고하게"(롬 16:25-26) 할 것이라고 말했다. 십자가의 복음은 멸망하는 자들에게는 미련한 것이지만 믿는 자들에게는 하나님의 능력이다 (고전 1:18-24).

복음은 신앙생활의 능력을 제공한다. 고린도전서 15장 1-2절에 따르면, 복음은 우리가 그리스도인이 되기 위해 과거에 받아들인 것으로 끝나지 않는다. 우리가 계속해서 복음을 받아들이고 굳게 붙잡으면 그것을 통해 현재에는 우리를 굳세게 하는 은혜를 누리고, 미래에는 궁극적인 구원을 얻을 수 있다. 믿음의 생명을 계속 유지해 나가려면 복음을 계속 전하는 것이 필요하다.

3. 충실한 설교는 은혜 안에서 성장하도록 돕는다

복음을 충실하게 전하는 설교에 유심히 귀를 기울이면 우리 자신을 잊어버리고 믿음이 충만해질 뿐 아니라 진정한 변화가 일어난다. 우리가 전하는 복음은 사망에서 사망에 이르는 냄새가 되기도 하고, 생명에서 생명에 이르는 냄새가 되기도 한다(고후 2:15-16). 성장하거나 퇴보하거나, 심령이 뜨거워지거나 차가워지거나, 마음이 부드러워지거나 단단해지거나 둘 중에 하나다. 설교를 통해 복음이 전파될 때 중립적인 상태는 존재하지 않는다.

팀 켈러는 설교를 듣는 순간 즉시 성화가 일어난다고 말했다. 설교는 한두 가지 적용이나 한 주간 해야 할 몇 가지 일을 제시하는 것으로 우리를 변화시키지 않는다. 믿음으로 설교를 듣고 영혼으로 그리스도의 영광을 바라보는 순간 우리는 즉시 "그와 같은 형상으로 변화하여 영광에서 영광에" 이른다(고후 3:18).

이것이 설교의 초점이 설교자나 청중이 아니라 예수님께 있는 이유다. 예수님을 의식해야만 참된 변화의 능력이 나타난다. 우리의 믿음은 오직 예수님과 그분의 복음을 통해 강해지고 새롭게 된다. 예수님을 알고 기뻐해야만 우리의 영혼이 참된 만족을 얻을 수 있다.

4. 충실한 설교는 교회의 덕을 세운다

덕을 세우는 것이 가장 주된 요점은 아니지만, 충실한 설교의 큰 유익 가운데 하나임에는 틀림없다. 하나님이 어떤 사람을 목사와 교사로 삼으신 이유는 "성도를 온전하게 하여 봉사의 일을 하게 하며 그리스도의 몸을 세우려 하심"이다(엡 4:11-12). 교회의 덕을 세우는 것은 예배의 중요한 측면 가운데 하나다.

"교회의 덕을 세우기 위하여 그것이 풍성하기를 구하라"(고전 14:12).
"모든 것을 덕을 세우기 위하여 하라"(고전 14:26).

훌륭한 설교는 성경에 충실하고, 성경은 교회의 덕을 세우고 성도를 온전하게 하는 가장 중요한 원천이다. 따라서 좋은 설교는 성도가 사역을 준비하도록 도와준다. 이것은 설교의 본질이 아니라 효과에 해낭한다.

5. 훌륭한 설교는 예수님을 만나게 한다

충실한 설교의 가장 중요한 유익은 말씀을 듣고 받아들임으로써 예수님과 만나 그분을 기뻐하게 하는 것이다. 마르틴 루터는 "복음을 전하는 것은 곧 그리스도께서 우리를 찾아오시거나 우리를 그분께로 인도하는 것을 의미한다."라고 말했다.[5]

훌륭한 설교는 우리 자신을 잊어버리도록 도울 뿐 아니라 하나님이요 사람이신 주님을 바라보도록 이끈다. 우리의 영혼을 만족시키실 수 있는 분은 오직 주님밖에 없다. 우리는 충실한 설교를 통해 예수님을 만난다. 그분의 임재가 말씀을 통해 우리에게 이루어진다. 설교의 가장 큰 은혜는 그리스도를 만나는 것, 곧 그분을 알고 기뻐하며, 그분을 가장 귀한 보배로 여겨 찬미하는 것이다.

이 점을 기억하면 설교에 대한 관점과 경험이 획기적으로 바뀌게 될 것이다. 설교자의 말을 듣기 위해서가 아니라 예수님을 만날 것을 기대하는 마음으로 예배에 참석한다면 어떻게 될지 생각해 보라.

16장. 물로 씻어라

'보이는 말씀'(visible words). 이는 종교개혁 이후에 탄생한 개신교가 '세례와 성찬'을 일컫는 용어다. 이 두 가지 성례는 말로 전하는 복음 설교를 보완함으로써 하나님의 은혜를 생생하게 드러낸다. 보이는 말씀은 하나님이 허락하신 상징적인 행위(씻고 먹고 마시는 행위)를 통해 믿음의 핵심이 무엇인지를 분명하게 보여 준다. 단지 귀만이 아니라 청각, 시각, 촉각, 후각, 미각 등 오감이 모두 동원된다. 보이는 말씀은 설교와 더불어 우리가 고백하고 실천하기 원하는 복음의 핵심을 반복해서 나타낸다. 이것은 그 배후에 있는 현실을 가리키는 '상징'이다.

또한 성례는 단지 상징에 그치지 않고 '보증'으로 작용한다. 성례는 하나님이 인류의 구원을 위해 행하신 일은 물론, 그 구원의 은혜가 개개인에게 구체적으로 임하는 것을 확증하는 역할을 한다. 성경을 믿고 복음을 귀하게 여기는 교회는 개개의 신자들이 지닌 믿음을 진지하게 받아들여 그들에게 보증의 표를 제공한다. 개개의 신자는 그것을 근거로 구원받은 그리스도의 백성 가운데 속했다는 확신을 얻는다.

세례와 성찬은 교회인 우리를 믿지 않는 세상과 구별할 뿐 아니라 새 언약이 참된 언약임을 나타내는 증표가 된다. 아울러 세례와 성찬은 우리가 믿음의 공동체에 속해 교제를 계속 나눈다는 것과 처음 믿음을 가진 이후로 계속해서 새롭게 변화되어 나간다는 것을 보여 주는 증거가 된다.

은혜의 수단, 성례

신학자 존 프레임이 말한 대로 성례는 단지 상징과 보증의 역할만 하는 것이 아니라 설교와 마찬가지로 하나님이 자신의 백성 가운데 임하시게 하는 기능을 발휘한다.[1] 바울은 고린도전서 10장 16절에서 떡과 잔을 나누는 것을 그리스도의 몸과 피에 '참여하는 것'으로 말했다. 성례는 믿음으로 부활하신 그리스도와 연합했다는 우리의 확신을 강화하고 새롭게 해준다.

다른 은혜의 수단과 마찬가지로 떡과 잔도 저절로 효력을 발휘하지 않고, 믿음으로 성령의 능력을 통해 작용한다. 믿음으로 성찬에 참여하는 사람들은 하나님의 말씀을 전하는 설교를 들을 때처럼 은혜 안에서 성장하지만, 믿음이 없이 참여하는 사람은 심판을 초래한다(고전 11:27-30).[2]

종교개혁 이후로 여러 사람이 가르친 대로, 성례는 단순한 상징도 아니고, 믿음과 동떨어져 역사하지도 않는다. 주요 교단들은 모두 그렇게 주장해 왔다. 성례는 하나님의 은혜의 수단이다. 그리스도께서 하나님의 능력이 전달되는 통로를 만드셨는데, 교회에서 신자들이 함께 모인 자리에서 믿음으로 성례에 참여하는 신자는 성령을 통해 그 능력을 경험한다. 많은 신자들이 성찬을 더욱 분명하고 지속적인 은혜의 수단으로 받아들인다(성찬에 대해서는 다음 장에서 자세히 살펴볼 예정이다). 세례도 성례에 해당하기는 마찬가지다.

물을 통한 은혜

세례는 새 언약을 받아들였다는 증표다. 신자는 신뢰할 만한 믿음을 고백함으로써 교회를 통해 일평생 한 번의 세례를 받고, 보이는 교회와 온전한 교제를 나누기 시작한다. 복음을 처음 받아들여 회심의 은혜를 경험하고 신앙생활을 시작한 사람은 세례를 통해 그것이 상징하는 복음의 진리를 극적으로 경험한다.

세례는 믿음과 회개를 통해 죄를 씻어 죄 사함을 받았고, 새로운 탄생을 통해 새로운 삶을 시작했으며, 무엇보다도 그리스도와 연합했다는 것을 상징한다(롬 6:3-5).

세례는 그리스도의 명령에 대한 복종이자 모든 증인 앞에서 예수님을 믿는 믿음을 고백하는 증거요, 세례 받은 자가 기쁨을 얻는 수단이다. 세례는 보이는 교회 앞에서 우리가 거듭났다는 것을 확증하는 증표다.

신자는 이 한 번의 독특한 의식, 곧 물세례를 통해 극적으로 표현된 복음의 은혜를 경험한다. 세례는 우리가 그리스도의 죽으심과 합하여 장사되었다가 다시 살아나 새 생명 가운데서 행한다는 것을 상징한다(롬 6:4).

세례를 잘 활용하라

세례는 일생에 한 번으로 끝나는 것이 아니라 모든 신자가 믿음으로 계속 활용해야 하는 은혜의 수단이다. 이 사실은 그리스도인들에게 매우 중요함에도 불구하고 종종 간과되곤 한다. 『웨스트민스터 대요리문답』은 이를 "세례를 잘 활용하는 것"으로 일컫는다(제167문). 그 답변 내용은 천천히 음미해 볼 가치가 충분하다.

세례를 잘 활용하는 것은 반드시 필요한 의무인데도 매우 소홀히 여겨질 때가 많다. 우리 모두는 평생 동안, 특히 시험을 당할 때나 다른 사람들이 세례를 받을 때 이 의무를 행해야 한다. 우리는 세례의 본질, 그리스도께서 세례를 제정하신 목적, 세례가 제공하고 보증하는 특권과 유익, 세례를 받을 때의 서약을 진지하고 감사하게 생각해야 하고, 죄로 인한 부패와 세례의 은혜를 받기에 합당하지 못한 우리의 부족함과 우리의 서약에 충실하지 못한 것을 기억하고 늘 겸손해야 하며, 죄의 용서를 비롯해 세례를 통해 우리에게 보증된 다른 모든 축복을 굳게 확신하는 단계로 성장해 나가고, 우리가 세례를 통해 연합된 그리스도의 죽으심과 부활을 통해 힘을 얻어 죄를 죽이고 은혜를 되살리며, 믿음으로 살려고 노력하고, 그리스도께 헌신하는 자들로서 거룩하고 의롭게 행동하며, 한 성령으로 세례를 받아 한 몸이 된 자들로서 형제의 사랑을 베풀어야 한다.

길고 복잡한 문장이지만 핵심을 정리하면, 세례는 기억에 남을 만한 순간, 곧 처음 신자가 되어 물로 세례를 받을 때에만 누리는 축복으로 끝나지 않는다는 것이다. 세례는 지켜보는 사람들에게 복음의 진리를 나타낼 뿐 아니라 신앙생활 전반에 걸쳐 활용되어야 할 은혜의 수단이다.

우리는 믿음으로 다른 사람들의 세례를 지켜봄으로써 우리가 세례를 통해 얻은 그리스도 안에서의 정체성을 다시금 새롭게 깨닫는다 (롬 6:3-4, 갈 3:27, 골 2:12). 웨인 그루뎀은 이렇게 말했다.

> 세례를 받는 자가 진실한 믿음을 내보일 때 그것을 지켜보는 교회의 믿음이 그 의식을 통해 새롭게 고무되고 격려된다. 성령께서는 세례를 통해 역사하신다. 세례는 성령께서 세례를 받는 자는 물론이고 온 교회를 축복하시는 '은혜의 수단' 이다.[31]

믿음으로 바라보고 영혼을 정화하라

교회에서 세례를 베풀 때는 의식이 끝나기만을 바라면서 불편해하지 말라. 이미 세례를 받은 사람은 그런 은혜를 경험하기 위해 세례의 의미를 마음 속에 다시 새길 필요가 있다.

믿음의 눈으로 물세례가 나타내는 복음의 진리에 관심을 기울이라. 그리스도의 희생이 세례식을 통해 생생하게 묘사되는 광경을 지켜보라. 신자가 예수님 안에서 죽었다가 다시 살아나는 모습을 지켜보면서 새 생명의 기쁨을 만끽하라. 물과 증인들을 바라보고 믿음으로 지켜보면서 예수님과의 연합이라는 복된 소식으로 다시금 자신의 영혼을 정화하라.

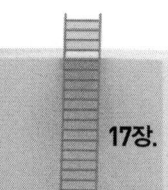

17장. 성찬의 은혜 안에서 성장하라

성찬은 특별한 만찬이다. 언뜻 생각하면 평범한 떡과 포도주일 뿐이고, 교회에 주어진 평범한 은혜의 수단처럼 보이지만 떡과 잔을 먹고 마시는 것은 참으로 놀랍고 강력한 경험이 아닐 수 없다.

성찬은 세례와 더불어 예수님이 새 언약의 백성을 보증하고 굳세게 하기 위해 특별히 제정하신 성례이다. 원한다면 이를 '예식'으로 일컬어도 상관없다. 중요한 것은 용어가 아니라 의미다. 이 두 가지 은혜의 수단을 예수님이 의도하신 대로 받아들여 활용함으로써 신랑이신 주님과의 새로운 언약을 통해 교회의 삶을 구축해 나가는 것이 중요하다.

지금까지 거듭 말한 대로 은혜의 수단이란 하나님이 교회에 규칙적으로 영적 능력을 제공하기 위해 정하신 다양한 방법을 일컫는다. 은혜의 수단의 핵심 원리는 하나님의 음성(말씀)과 그분의 귀(기도)와 그분의 몸(교회)이다. 다양한 훈련과 실천 행위, 즉 은혜의 습관은 하나님의 말씀을 듣고, 기도로 그분께 반응하고, 그분의 백성인 교회에 참여하는 것에 근거한다.

이 원리들에 근거한 수많은 실천 행위가 새 언약 공동체 안에서 다양하게 이루어진다. 그러나 공적인 예배를 통해 하나님의 말씀을 전하고 성례에 참여하는 것보다 이 세 가지 은혜의 원리를 하나로 통합하는 실천 행위를 찾아보기란 쉽지 않다.

은혜의 수단인 성찬의 4가지 측면을 설명하면 다음과 같다.

축복이냐 심판이냐

먼저 기억해야 할 것은 성찬을 가볍게 생각해서는 안 된다는 것이다. 바울은 고린도 교회 신자들에게 "합당하지 않게" 성찬에 참여한 탓에 "너희 중에 약한 자와 병든 자가 많고 잠자는 자도 적지" 않다고 말했다(고전 11:27-30).

교회가 성찬을 위해 모이는 것은 매우 중대한 일이다. 그것은 축복과 심판이 엇갈리는 순간이다. 설교 및 다른 은혜의 수단과 마찬가지로 성찬에 중립은 없다. 우리의 복음은 "구원받는 자들에게나 망하는 자들에게나 하나님 앞에서 그리스도의 향기니 이 사람에게는 사망으로부터 사망에 이르는 냄새요 저 사람에게는 생명으로부터 생명에 이르는 냄새"다(고후 2:15-16). 성찬이라는 '보이는 말씀'은 생명에서 생명에 이르게 하기도 하고, 죽음에서 죽음에 이르게 하기도 한다. 성찬은 우리에게 어떤 식으로든 영향을 미친다. 구원자이신 주님께 더 가까이 나아갈 수도 있고, 그분을 향해 마음이 더욱 완악해질 수도 있다. 이 사실은 두 번째 측면과 자연스레 연관된다.

과거 : 복음의 재현

예수님은 성찬을 제정하시면서 제자들에게 "너희가 이를 행하여 나를 기념하라"(눅 22:19)라고 말씀하셨다. 바울은 고린도 교회를 가르치면서 "나를 기념하라"라는 예수님의 말씀을 거듭 사용했다(고전 11:24-25).

성찬은 그리스도의 희생을 통해 갈보리에서 맺어진 언약을 되돌아보게 만드는 기념 만찬이다. 성찬은 교회의 삶 속에서 세례, 결혼식, 장례식과 더불어 가장 중요한 진리(우리를 위한 그리스도의 구원 사역, 고전 15:3)를 새롭게 기념하고 재현한다. 성찬은 구원받은 신자들에게 복음의 중심적 위치를 깨우치는 역할을 한다.[1]

성찬도 세례와 마찬가지로 신성한 권위를 지니고 있고, 복음을 극적으로 나타낸다. 그리스도인들은 물리적인 맛과 모양과 냄새와 촉감을 통해 죄인들을 위해 흘리신 예수님의 피와 그분의 상하신 몸을 상기한다. 성찬은 새 언약을 새롭게 기억하는 예식으로, 복음을 믿는 믿음과 교제가 계속되고 있다는 것을 보여 준다. 성찬은 말씀을 굳게 지키고(고전 15:2), "믿음에 거하고 터 위에 굳게 서서…복음의 소망에서 흔들리지" 않도록 도와준다(골 1:23).

현재 : 그리스도의 죽음을 전하는 것

따라서 성찬은 기념 이상의 의미를 지닌다. 예수님의 희생을 기념하며 믿음으로 성찬의 요소를 받아들이는 것은 그분의 죽으심과 그 의미를 전하는 효력을 나타낸다.

"너희가 이 떡을 먹으며 이 잔을 마실 때마다 주의 죽으심을 그가 오실 때까지 전하는 것이니라"(고전 11:26).

이 보이는 말씀은 귀로 들을 수 있는 설교와 마찬가지로 지켜보며 믿음으로 참여하는 자들에게 은혜의 수단이 되어 복음으로 우리를 "능히 견고하게" 한다(롬 16:26). 믿음이 없이 참여하는 자들은 주의 몸과 피에 대하여 죄를 짓고(고전 11:27), 자기의 죄를 먹고 마심으로써 심판을 자초하지만, "물리적으로가 아니라 영적으로 그리스도의 몸과 피에 합당한 태도로 성찬에 참여하는 사람들은 그분의 죽으심을 통해 주어지는 은혜로 충만해져 은혜 안에서 성장한다."[2]

이처럼 성찬은 신앙생활에 깊이와 능력을 더해 주는 강력한 수단이다. 웨인 그루뎀은 이렇게 말했다.

성찬에 참여하는 것은 성령께서 교회 위에 축복을 베푸시는 은혜의 수단임이 분명하다. …우리는 성경의 명령에 복종해 믿음으로 성찬에 참여할 때 주님이 영적 축복을 베푸실 것이라고 기대해야 한다. 성찬은 성령께서 우리에게 축복을 베푸시는 은혜의 수단이다. …성찬은 주님과 신자들 사이의 영적 유대를 강화하고 견고하게 한다. 성찬을 가볍게 여겨서는 안 된다.[3]

미래 : 궁극적인 만찬을 기다리는 것

『웨스트민스터 신앙고백』은 성찬을 믿음으로 받아들이는 것이 우리를 영적으로 성장하게 만드는 영적 양식에 해당한다고 말한다.[4] 성찬은 우리와 예수님의 유대를 강화할 뿐 아니라 그리스도 안에서 동료 신자들과 맺은 관계를 견고하게 한다. 우리가 함께 모여 영적으로 그리스도의 살과 피를 먹을 때(요 6:53-58), 주님이 우리를 자신과 자신의 몸에 속한 다른 지체들에게로 더 가까이 이끌어 주신다(고전 10:17).

우리는 성찬에 참여할 때 예수님의 음성을 듣고, 그분께 기도하고, 그분과 동료 신자들과 교제를 나눈다. 우리는 복음을 새롭게 받아들이고, 믿음으로 반응하며, 우리가 공유하는 떡과 잔을 통해 마음을 연합한다.

우리는 과거를 돌아보며 주님이 행하신 일을 기념하고, 현재를 바라보며 그분과의 유대를 더욱 돈독히 할 뿐 아니라 미래의 온전한 만찬, 곧 주님의 큰 혼인 잔치를 고대한다(계 19:9).

"너희가 이 떡을 먹으며 이 잔을 마실 때마다 주의 죽으심을 그가 오실 때까지 전하는 것이니라"(고전 11:26).

존 프레임은 이렇게 말했다.

우리는 단지 작은 떡 조각과 약간의 포도주를 마신다. 왜냐하면 이 세상에서 그리스도와 나누는 교제는 그분 안에서 우리를 기다리는 미래의 영광과 비교조차 되지 않는다는 것을 알고 있기 때문이다.[5]

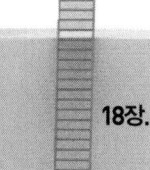

18장. 책망을 달게 받으라

　우리가 교회에서 서로를 위해 할 수 있는 가장 큰 사랑의 행위 가운데 하나는 잘못을 저질렀을 때 책망하고, 바르게 하고, 경책하는 것이다. 바울은 디모데후서 3장 16절부터 4장 2절에서 이 세 가지 용어를 모두 사용했다.

　책망은 기독교 신앙의 중요한 요소이자 우리 영혼을 위한 귀한 선물이다. 책망은 위대한 사랑의 행위다. 성경이 권고하는 책망은 멸망의 길을 걷는 것을 막으려는 의도에서 비롯한다.

　책망이라는 은혜의 수단이 성립하려면 최소한 두 사람의 참여자가 필요하다. 한 사람은 책망하는 자이고, 다른 한 사람은 책망을 받아들이는 자다. 이 장에서는 먼저 형제의 책망을 하나님이 주시는 은혜로 받아들이는 것에 초점을 맞추고, 겸손과 사랑으로 책망하는 것이 은혜의 수단이 된다는 의미가 무엇인지 살펴볼 생각이다.

지혜의 분수령

책망은 죄에 오염된 인간의 영혼에게는 생사의 갈림길과도 같다. 책망을 저주로 알고 뒤로 물러나는가, 축복으로 알고 달게 받아들이는가? 잠언의 주제 가운데 하나는 책망을 달게 받아들이는 사람은 생명의 길을 걷는 지혜로운 사람이고, 책망을 경시하는 사람은 멸망의 길을 걷는 어리석은 사람이라는 것이다.

잠언은 형제의 책망을 무시하는 것을 엄중히 경고한다. 책망을 거부하는 사람은 그릇된 길로 치우치고(잠 10:17), 짐승과 같으며(12:1), 미련하고(15:5), 자신의 영혼을 경시한다(15:10). 견책을 싫어하는 자는 죽을 것이며(15:10), 훈계를 저버리는 자에게는 궁핍과 수욕이 이를 것이다(13:18).

그러나 책망을 달게 받아들이는 사람에게는 놀라운 축복의 약속이 주어진다. 경계를 받는 자는 존영을 받으며(13:18), 슬기를 얻는다(15:5). 견책을 달게 받는 자는 지식을 얻고(15:32), 지식을 좋아하며(12:1), 지혜로운 자 가운데에 있으며(15:31), 생명 길로 행한다(10:17). 그 이유는 채찍과 꾸지람이 지혜를 주고(29:15), 훈계의 책망은 곧 생명의 길이기 때문이다(6:23).

하나님은 책망을 달게 받는 사람에게는 나의 영을 부어 주겠다고 말씀하시지만(1:23), 책망을 멸시하는 사람에게는 "너희가 재앙을 만날 때에 내가 웃을 것"이라고 말씀하신다(1:26). 책망을 업신여기는 자들은 자기 행위의 열매를 먹으며 자기 꾀에 배부를 것이다(1:31). 그런 사람이 "내가…큰 악에 빠지게 되었노라"라고 말하는 것은 시간 문제다(5:12-14).

책망을 거부하는 자에게는 항거할 수 없는 재앙이 느닷없이 닥칠 것이다. 잠언은 "자주 책망을 받으면서도 목이 곧은 사람은 갑자기 패망을 당하고 피하지 못하리라"(29:1)고 말한다.

책망이 선물을 감사하게 여기라

지혜로운 사람은 책망을 귀한 보물처럼 여긴다(잠 25:12). 책망은 친절과 사랑의 표시다.

"의인이 나를 칠지라도 은혜로 여기며 책망할지라도 머리의 기름같이 여겨서 내 머리가 이를 거절하지 아니할지라"(시 141:5).

대개 다른 사람들은 우리가 사망에 이르는 어리석은 길을 즐겁게 걸어가더라도 아무 말도 해주지 않는다. 책망은 사랑의 행위다. 왜냐하면 다른 사람을 이롭게 하기 위해 어색한 분위기와 참견하지 말라는 식의 반박을 당할 수 있는 상황을 기꺼이 감수하는 일이기 때문이다. 따라서 배우자나 친구, 가족이나 지인이 그런 사랑을 베풀거든 깊이 감사해야 마땅하다.

형제의 말을 통해 하나님의 음성을 들으라

우리가 그리스도 안에서 "지혜와 지식의 모든 보화"(골 2:3)를 가지고 있고, 올바른 생각을 지니고 있다면 권고를 들으며 훈계를 받아 지혜롭게 되려고 노력할 것이 분명하다(잠 19:20).

우리는 형제나 자매가 우리에게 책망의 말을 건네는 것을 마다하지 말고, 오히려 그렇게 해달라고 요청해야 하고, 그들이 그런 말을 건넬 때는 축복으로 알고 달게 받아야 한다. 심지어 책망의 말이 어설프고, 시기나 말하는 음성이 좋지 않으며, 동기가 의심스럽더라도 조금이라도 일리가 있는 내용이 발견되거든 말하기 힘든 말을 해줄 만큼 우리를 사랑하는 사람들을 허락해 주신 하나님께 감사하며 잘못을 뉘우쳐야 한다.

우리가 여호와의 징계를 경히 여기지 않고 그 꾸지람을 싫어하지 않는다면(잠 3:11), "어떻게 해야 하나님의 책망을 자주 들을 수 있을까?"라고 묻지 않을 수 없다.

대답은 간단하다. 형제나 자매가 그리스도 안에서 건네는 책망의 말에 귀를 기울이면 된다. 동료 신자가 예수님 안에서 건네는 책망의 말을 거부하지 않도록 주의하라. 특히 여러 사람이 동시에 건넬 때는 각별히 주의해야 한다. 그 말을 거부한다면 곧 하나님의 책망을 거부할 가능성이 높다는 것을 명심하라.

형제와 자매가 그리스도 안에서 불편을 무릅쓰고 유쾌하지 못한 대화를 통해 책망의 말을 건넬 때는 감사하며 달게 받아야 한다. 잠언은 "대저 여호와께서 그 사랑하시는 자를 징계하시기를…아들을 징계함같이 하시느니라"(잠 3:12)라고 말한다. 책망을 형제가 베푸는 사랑이자 하나님이 우리에게 자신의 사랑을 나타내시는 수단으로 간주하라.

실천하기보다 말하기가 더 쉽다

물론 이 일은 실천하기보다 말하기가 훨씬 더 쉽다. 우리의 내면 깊숙한 곳에는 여전히 죄가 남아 있고, 다양한 형태로 나타나는 참된 은혜에 무감각한 성향이 존재하기에 책망을 달갑게 여기지 않을 때가 너무나도 많다. 우리는 대개 책망의 말에 큰 반발심을 느낀다.

우리는 "모든 성경은 하나님의 감동으로 된 것으로 교훈과 책망과 바르게 함과 의로 교육하기에 유익하니"(딤후 3:16)라는 말씀 가운데서 '책망'과 '바르게 함'을 그다지 반기지 않는다. 우리는 그런 일들은 사생활에 대한 지나친 간섭이자 신경을 자극할 뿐이라고 생각한다.

외부의 영향력도 문제를 더 어렵게 만들 뿐이다. 우리가 살고 있는 사회의 분위기는 책망이나 훈계에 적대적이다. 사람들은 가장 온화하고 사랑스런 책망조차도 받아들이기를 싫어한다. 인간의 본성과 행위는 부패했기 때문에 책망은 더 이상 목숨을 구해 주는 것이 아니라 성가시고 무례한 행위로 간주된다. 그러나 우리가 이기적이고,

교만하며, 말과 행동으로 종종 죄를 짓는 허물 많은 죄인이라는 점을 인정한다면 형제의 책망을 통해 놀라운 은혜를 발견할 수 있을 것이다.

책망의 능력을 여는 열쇠

책망이 아무리 우리의 본성을 거스르고, 또 비록 책망을 들을 때 일순간 복음의 가르침을 저버린다고 해도 우리는 우리를 향한 그리스도의 사랑이 책망의 능력을 여는 열쇠라는 점에서 여전히 큰 희망을 발견할 수 있다. "나를 사랑하사 나를 위하여 자기 자신을 버리신"(갈 2:20) 그리스도를 기억한다면 책망은 더 이상 우리의 자존심과 존재감을 뒤흔드는 말이 아니라 성장과 더 큰 기쁨을 가져다주는 기회가 될 수 있다.

성령을 통해 우리의 마음이 부드러워지면 책망을 은혜를 더 많이 누리는 기회로 받아들일 수 있다. 이것은 복음이 주는 또 하나의 은혜다. 복음은 책망을 달게 받아 그 축복을 한껏 누릴 수 있는 수단을 제공한다. 우리는 오직 예수님 안에서만 우리의 참된 정체성을 발견할 수 있다.

우리는 허물이 많지만, 하나님은 우리가 허물 많은 죄인임에도 불구하고 큰 사랑을 베풀어 주셨다(롬 5:8). 주님이 우리를 견고하게 하시면 책망을 달게 받아들여 그 축복을 마음껏 누릴 수 있다.

책망의 축복을 베풀라

책망의 축복은 이중적이다. 사랑은 복음 안에서 책망을 달게 받게 할 뿐 아니라 다른 사람들에게 그 축복을 나눌 수 있게 해준다. 우리가 다른 사람들을 위해 할 수 있는 가장 큰 사랑의 행위 가운데 하나는 그들이 잘못했을 때 책망의 말을 건네는 것이다.

훈계의 말을 통한 책망의 축복을 달게 받아들이는 것도 어렵지만 어색한 분위기를 감수하고 사랑으로 책망의 말을 건네는 것은 그보다 훨씬 더 어렵다. 카슨은 "책망의 말은 심지어 사적으로 건넨 말일지라도 받아들이기가 어렵다. 그러나 사랑과 겸손으로 책망의 말을 건네는 것은 그보다 훨씬 더 어렵다."라고 말했다.[1]

그러나 우리가 죄인이라는 사실과 죄를 억제하지 않으면 고통과 불행과 영원한 멸망에 이를 수밖에 없다는 것을 믿는다면 사랑으로 책망의 말을 건네지 않을 수 없다. '사랑과 겸손으로' 참되고 기독교적인 책망의 말을 건네려면 다음 7가지 단계에 주목해야 한다.

1. 자신의 마음을 점검하라

예수님의 말씀은 좋은 출발점을 제시한다. 우리가 다른 사람들에게서 죄의 미묘한 징후를 쉽게 발견하는 이유는 우리의 마음속에도 그런 죄가 존재하기 때문이다. 우리가 다른 사람의 교만을 쉽게 알아차리는 이유는 우리 안에 교만이 자리 잡고 있기 때문이고, 다른 사람들의 탐욕을 쉽게 감지하는 이유는 우리 안에 정복되지 않은 탐심이 존재하고 있기 때문이다. 다른 사람이 저지른 말실수에 우리가 즉각 관심을 기울이는 이유도 우리가 말을 곧잘 실수하는 성향이 있기 때문이다.

다른 사람의 잘못을 책망할 때는 먼저 예수님의 가르침을 따라야 한다. 그분은 "먼저 네 눈 속에서 들보를 빼어라 그 후에야 밝히 보고 형제의 눈 속에서 티를 빼리라"(마 7:5)라고 가르치셨다. 형제를 바르게 하고자 할 때는 "너 자신을 살펴보아 너도 시험을 받을까 두려워하라"라는 갈라디아서 6장 1절 말씀을 잊지 말라.

그렇다면 다른 사람의 잘못이 우리 안에서도 똑같이 발견된다면 어떻게 해야 할까? 우리 자신을 먼저 철저히 살피지 못한 탓에 형제를 도울 수 있는 기회가 사라진다면 어떻게 해야 할까? 그런 일이 얼마든지 일어날 수 있지만, 그렇게 되지 않도록 주의해야 한다. 다른 사람의 죄를 책망하기 전에 그와 똑같은 유혹에 이끌리는 성향이 자신에게 있다는 사실을 기꺼이 인정하고 회개해야 한다. 그리고 나서 함께 죄에 맞서 싸우는 동료로서 형제를 이해하는 마음으로 겸손히 책망의 말을 건네야 한다.

2. 상대방을 긍휼히 여기라

스스로 똑같은 죄를 지은 적이 있기 때문에 다른 사람의 죄를 십분 이해할 수 있는 준비가 되어 있든 아니든, "무엇이든지 남에게 대접을 받고자 하는 대로 너희도 남을 대접하라"(마 7:12)라는 '책망의 황금률'을 잊지 말고 늘 긍휼한 마음을 가지려고 노력하라.

형제에게서 바로잡아야 할 일을 발견했을 때는 고개를 돌려 외면하지 말고 사랑으로 그의 생각을 일깨워 주어야 한다. 우리가 변화되어 거룩함을 추구하는 신자라면 마땅히 그런 노력을 기울여야 하지 않겠는가. 이것은 카슨이 말한 대로 '사랑과 겸손'이라는 확실한 태도와 마음가짐으로 행해야 할 일이다.

다른 사람들의 눈을 열어 그들 안에 남아 있는 죄와 관련된 현실을 보도록 이끌 때는 가능한 한 그들의 입장에 서서 그들에게 복음의 근본 진리를 일깨워 줄 방법을 모색해야 한다. 그런 문제를 발견했을 때는 어떤 태도로 접근해야 할지를 생각하고, 비난이 아닌 형제의 사랑으로 그들을 바로잡아 줄 수 있는 말을 찾으려고 노력해야 한다.

"너희가 짐을 서로 지라 그리하여 그리스도의 법을 성취하라"(갈 6:2).

3. 회복을 위해 기도하라

자신의 눈을 점검하고 긍휼한 마음을 가지려고 노력하고 나서는 다른 사람들에게 책망의 말을 건네기 전에 그들을 위해 기도하라. 그들과 마주해 책망의 말을 건넬 때 복음의 진리를 충분히 설명할 수 있게 해달라고 기도하라. 또 그들이 사랑으로 건네는 책망을 달게 받을 수 있게 해달라고 기도하거나, 그 순간에는 받아들이지 않더라도 그들의 마음을 부드럽게 만들어 그 책망이 사실이라는 것을 깨달을 수 있게 해달라고 기도하라. 아울러 온유한 태도로 책망의 말을 건넬 수 있는 사랑과 용기를 구하고, 그들이 날카롭게 반박하거나 그들의 내면에 도사리고 있는 법률가가 즉각 이의를 제기하더라도 쉽게 물러나지 않게 해달라고 기도하라.

단지 잘못을 지적하고, 우리 자신의 재판관적인 감정을 만족시키는 데 그치지 말고 상대방의 회복을 위해 기도하고 말해야 한다. 엄청난 잘못이나 과실을 공식적인 절차를 거쳐 다루는 경우이든(마 18:15-17) 일상 속에서 비공식적으로 권고의 말을 건네는 경우이든 성경적인 책망은 항상 회복을 목표로 삼는다(눅 17:3-4, 살후 3:14-15, 약 5:19-20).

4. 신속히 행하라

상대방의 회복을 위해 기도했으면 너무 오래 지체하지 말라. 히브리서는 '매일'이라는 말로 신속하고 정기적인 행동을 권고한다. 죄가 곪아 터지도록 방치하지 말라. 가능하면 하루를 넘기지 말라.

> "형제들아 너희는 삼가 혹 너희 중에 누가 믿지 아니하는 악한 마음을 품고 살아 계신 하나님에게서 떨어질까 조심할 것이요 오직 오늘이라 일컫는 동안에 매일 피차 권면하여 너희 중에 누구든지 죄의 유혹으로 완고하게 되지 않도록 하라"(히 3:12-13).

노골적으로 잘못되었거나 신성을 모독하는 무례한 말이나 행동을 저질렀을 때만이 아니라 악한 의도나 속이려는 마음을 품었을 때도 사랑과 겸손으로 책망의 말을 건네야 한다. 솔직한 태도로 지체 없이 책망의 말을 건네고, 복음 안에서 성숙한 마음으로 그 말을 달게 받아들이며, 부드럽고 온화한 말로 스스럼없이 훈계하고 책망함으로써 죄가 잡초처럼 자랄 수 있는 여유를 주지 않고, 신속히 그 싹을 잘라 낼 수 있는 공동체 안에서 살아가는 것이 이상적이다.

5. 친절한 태도를 취하라

진정으로 기독교적인 책망의 말을 건네려면 복음의 진리를 분명하게 일깨워 주어야 할 뿐 아니라 음성이나 태도가 주님을 닮아야 한다. 마음이 강퍅한 경우에는 진지하고 엄격한 태도가 필요할 테지만, 신앙 공동체 안에서 책망의 말을 건넬 때는 '주의 종'과 같이 부드러운 태도를 취하는 것이 좋다.

> "주의 종은 마땅히 다투지 아니하고 모든 사람에 대하여 온유하며 가르치기를 잘하며 참으며 거역하는 자를 온유함으로 훈계할지니 혹 하나님이 그들에게 회개함을 주사 진리를 알게 하실까 하며 그들로 깨어 마귀의 올무에서 벗어나 하나님께 사로잡힌 바 되어 그 뜻을 따르게 하실까 함이라"(딤후 2:24-26).

"의인이 나를 칠지라도 은혜로 여기며 책망할지라도 머리의 기름 같이 여겨서 내 머리가 이를 거절하지 아니할지라"(시 141:5)라는 말씀대로 의로운 책망은 무엇이든 은혜에 해당한다. 그러나 그런 은혜를 친절한 태도로 베푼다면 훨씬 더 은혜로울 것이 틀림없다. 거역하는 자도 온유한 태도로 책망해야 한다면(딤후 2:25) 친구의 경우에는 훨씬 더 그래야 마땅하지 않겠는가?

우리 안에 죄가 남아 있는 탓에 우리는 대개 동료 죄인들을 가혹하게 대하려는 경향이 있다. 그러나 성령께서는 복음의 빛 안에서 걸어가는 우리에게 다른 태도를 요구하신다. 갈라디아서 6장 1절은 "형제들아 사람이 만일 무슨 범죄한 일이 드러나거든 신령한 너희는 온유한 심령으로 그러한 자를 바로잡고"라고 말한다.

6. 명확하고 구체적인 말을 건네라

책망의 말이 명확하지 않고 태도만 친절한 경우에는 전하려는 말이 제대로 전달되지 않을 가능성이 높다. 우리의 마음을 살피고, 긍휼한 마음을 가지고, 회복을 위해 기도하고, 신속히 행하고, 친절한 태도로 죄를 꾸짖은 다음에는 변죽만 울리지 말고 문제의 핵심을 정확하고 명확하게 지적하라.

책망의 말을 건네기 전에 먼저 어떤 잘못을 발견했는지, 또 그것이 얼마나 해로운지를 분명하게 파악하라. 주관적인 감정을 앞세우지 않고 말을 객관적으로 전달하려면 종이에 핵심 문구나 문장을 몇 개 적어 보거나 구체적인 예를 몇 가지 생각해 보는 것이 좋다. 명확하게 "진리를 나타내라"라는 바울 사도의 가르침을 기억하라(고후 4:2). 골로새서 4장 4절에 기록된 바울의 기도는 복음을 명확하게 제시하는 것만이 아니라 형제를 책망하는 것에도 똑같이 적용할 수 있다. 그는 "내가 마땅히 할 말로써 이 비밀을 나타내리라"라고 말했다.

7. 사후 점검을 계획하라

상대방이 책망을 달게 받아들였다면 메모지를 건네거나 전화를 하거나 대화를 나눔으로써 그의 삶 속에 나타난 은혜의 증거를 칭찬하라. 책망을 달게 받아들이지 않은 경우에는 더욱더 많은 사랑을 베풀고, 상대방을 유익하게 하는 것 외에 다른 목적이 없다는 사실을 상기시켜 주라. 또한 책망의 말이 순전히 주관적인 판단에 의한 것이었다면 그 점을 기꺼이 인정하고, 상대방이 책망의 말을 진지하게 생각할 때는 그를 위해 기도를 아끼지 말라.

은혜로운 책망의 말을 정기적으로 건네는 것은 공동체의 삶 속에서 그다지 중요한 일처럼 보이지 않을 수도 있다. 사소한 잘못을 못 본 척하며 각자 자신의 일에만 관심을 기울이는 것은 너무나도 쉽다. 그러나 사랑과 겸손으로 베푸는 그런 은혜로운 행위는 장기적인 안목에서 보면 영구적인 가치를 지닌다. 야고보서 5장 19-20절은 이렇게 말한다.

"내 형제들아 너희 중에 미혹되어 진리를 떠난 자를 누가 돌아서게 하면 너희가 알 것은 죄인을 미혹된 길에서 돌아서게 하는 자가 그의 영혼을 사망에서 구원할 것이며 허다한 죄를 덮을 것임이라"(약 5:19-20).

나는 믿음은 있지만 크게 성장하지 못하는 영적 문제를 안고 있는 그리스도인들을 종종 만난다. 성경 공부가 귀찮은 허드렛일처럼 되고, 기도 생활이 메마른 습관으로 바뀌었다. 한때 큰 열정을 가지고 증언하던 회심의 기적이 희미해져 가는 먼 추억이 되어 버렸다. 그들이 하는 일이라곤 단지 교회에 다니는 것뿐이다. 그들은 미온적이고 기계적인 태도로 고립화된 기독교의 고된 길을 힘겹게 걸어가고 있다. 그러나 그런 무기력한 신자들이 영적인 고립 상태에서 벗어나 구도자들을 만나게 되면 놀라운 일이 일어나기 시작한다.

4부

경건한 습관들

: 하나님의 청지기로서 살기

19장. 예수님의 위임 명령을 기억하라

서두에서 은혜의 수단과 그것을 토대로 우리가 만들어 낼 수 있는 좋은 습관을 이 책에서 모두 다루기에는 지면이 부족하다고 밝힌 바 있다. 우리가 일상생활 속에서 실천할 수 있는 수많은 창의적이고 구체적인 습관은 물론이고, 원리와 신학의 차원에서도 할 수 있는 말이 무궁무진하다. 나는 그런 것들을 다른 저자들의 몫으로 남겨 두고 싶다. 더 나아가서는 우리 각자는 물론 우리의 삶과 공동체 안에 존재하는 다른 사람들의 창의력과 시행착오를 통해 더욱 발전되어 나가기를 바란다.

그러나 작별을 고하기 전에 은혜의 수단과 관련해 좀 더 실천적인 성격을 띤 주제 3가지를 간단하게 살펴보는 것이 좋을 듯하다.

복음 전도와 (시간과 재물에 관한) 청지기직을 중요한 영적 훈련으로 간주하는 사람들이 많다. 물론 이 두 가지는 훈련의 요소를 내포하고 있다. 또한 이 두 가지를 은혜의 수단으로 생각하게 만드는 성경적인 원리와 약속들도 아울러 발견된다.

그러나 나는 복음 전도와 시간과 재물을 하나님의 말씀을 듣고, 그분께 아뢰고, 그분의 몸에 속하는 것에서 비롯하는 실천 행위로 받아들이는 것이 더 유익하다고 생각한다. 우리의 영혼 안에 하나님의 은혜를 계속해서 받아들여야만 복음 전도와 청지기직을 수행할 수 있는 능력과 활력과 열정이 생겨난다. 재물(20장을 참조하라)과 시간(21장을 참조하라)을 다룰 때는 그리스도의 지상 명령이라는 틀 안에서 다루는 것이 가장 유익하다.

복음 전도와 영적 성장

예수님과의 관계가 깊어지면 복음을 전하고 싶은 열정이 생겨나기 마련이다. 예수님 안에서의 삶이 건강과 활력을 갖추고 있다면 그분 안에 깊이 뿌리를 내리는 데 그치지 않고, 가지를 길게 뻗어 다른 사람들에게 그분의 선하심을 나타내려는 마음이 생겨날 수밖에 없다.

예수님과의 관계가 깊어지면 다른 사람들에게 복음을 전하게 되고, 또 그 과정을 통해 그분과의 관계가 더욱 깊어진다. 다시 말해 예수님과 함께 모든 민족을 제자로 삼는 일은 우리의 영적 나태함을 일깨우고, 답보 상태에 빠진 성화의 과정을 새롭게 시작하도록 도와준다. 경험 많은 한 목회자는 이렇게 말했다.

나는 믿음은 있지만 크게 성장하지 못하는 영적 문제를 안고 있는 그리스도인들을 종종 만난다. 성경 공부가 귀찮은 허드렛일처럼 되고, 기도 생활이 메마른 습관으로 바뀌었다. 한때 큰 열정을 가지고 증언하던 회심의 기적이 희미해져 가는 먼 추억이 되어 버렸다. 그들이 하는 일이라곤 단지 교회에 다니는 것뿐이다. 그들은 미온적이고 기계적인 태도로 고립화된 기독교의 고된 길을 힘겹게 걸어가고 있다.
그러나 그런 무기력한 신자들이 영적인 고립 상태에서 벗어나 구도자들을 만나게 되면 놀라운 일이 일어나기 시작한다. 그들이 교회에 다니지 않는 사람들과 생사를 가르는 대화를 나누게 되면 마음이 새롭게 혁신되는 징후가 나타나기 시작한다. …오랫동안 무시해 온 부분이 새로운 의미를 지닌 채 되살아난다. …다른 사람들에게 복음을 전하려는 노력이 개인의 성장을 자극하는 촉매가 된다는 것은 얼마나 고무적인 일인지 참으로 믿기 어려울 정도다.[1]

복음 전도는 하나님의 말씀과 기도와 교제를 통해 우리에게 주어지는 은혜의 결과일 뿐 아니라 우리의 신앙생활을 유익하게 하는 은혜의 수단이 되기도 한다.

제자 훈련

제자 훈련이란 성숙한 신자가 일정한 기간 동안 자기보다 믿음이 약한 소수의 신자들의 성장을 도와주는 것을 의미한다. 제자 훈련은 믿음이 약한 신자들을 훈련시켜 다른 사람들을 양육하게 하고, 또 그 사람들이 또 다른 사람들을 양육하는 과정의 반복이다. 제자 훈련은 예수님이 행하신 사역의 핵심에 해당한다. 그분은 열두 제자들에게 "나를 따라오라 내가 너희를 사람을 낚는 어부가 되게 하리라"(마 4:19)라고 말씀하셨다. 그분은 "너희는 가서 모든 민족을 제자로 삼으라"라는 명령과 함께 제자들을 파송하셨나(마 28:19).

우리는 대개 제자 훈련을 일방적인 차원에서 이루어지는 일로 생각하는 경향이 있다. 좀 더 성숙한 '나이 든' 그리스도인이 나이가 어린 신자에게 의도적으로 시간과 노력을 투자한다. 제자 훈련을 담당한 신자는 말씀, 기도, 교제라는 은혜의 수단을 통해 얻은 힘과 은혜를 다른 사람들에게 쏟아붓는다.

그러나 제자 훈련은 교제의 일환이다. 하나님의 성령께서 내주하시는 신자는 누구나 다른 신자를 위한 은혜의 통로가 될 수 있다. 이는 제자 훈련이 일방통행 길이 아닌 양방통행 길과 같다는 것을 의미한다. 제자 훈련을 받은 사람과 제자 훈련을 담당하는 사람 모두 근본적으로는 예수님의 제자에 해당한다. "제자 훈련에 참여하는 것은 제자인 우리의 성장을 위해 우리가 할 수 있는 가장 중요한 일 가운데 하나다."[2] 제자 훈련의 경우도 다른 일과 마찬가지로 "다른 사람들에게 가르칠 때 우리 스스로 더 잘 이해할 수 있다."라는 원리가 적용된다.

제자 훈련은 제자 훈련을 담당한 사람에게 은혜를 전달하는 수단이 될 수 있다. 제자 훈련은 다양한 방식으로 은혜를 전달한다. 그 가운데 4가지만 말하면 다음과 같다.

1. 제자 훈련은 우리의 작음과 하나님의 위대하심을 일깨워 준다

제자 훈련에 적극적으로 참여하면 우리의 삶을 좀 더 정확하게 볼 수 있다. 즉 우리 자신이 중심에 서서 위대한 일을 이루려고 하지 않고, 즐거운 마음으로 주변에 물러서서 하나님의 크고 영광스런 계획의 작은 부분으로서 주어진 일을 성실하게 수행할 수 있다. 예수님은 놀랍게도 '모든 민족'을 언급하셨다. "모든 민족을 제자로 삼으라."라는 것은 참으로 위대한 비전이 아닐 수 없다. 그러나 우리의 역할은 작다.

나는 캠퍼스 아웃리치에서 "크게 생각하고, 작게 시작하고, 깊이 헌신하라."라는 말을 자주 들었다. 크게 생각하라. 전 세계 모든 민족들 가운데서 하나님의 영광을 생각하라. 작게 시작하라. 예수님처럼 몇몇 사람에게 초점을 맞춰라. 깊이 헌신하라. 그 몇몇 사람에게 깊이 헌신하라. 그들이 다른 사람들의 삶 속에서 똑같은 일을 할 수 있도록 준비시켜라.

제자 훈련은 예수님의 지상 명령만큼이나 거대하고, 일상생활만큼이나 단조롭고 사소하다. 신앙생활은 우리의 작은 삶을 온 세상을 향한 하나님의 계획에 연결시키고, 우리에게 주어진 위대한 사명을 우리의 작고 사소한 일상의 행위에 적용하는 것을 의미한다. 제자 훈련은 우리의 작고 지엽적인 삶을 하나님의 크고 우주적인 계획에 연결시키는 가장 주된 방법이다(이것은 그리스도의 지상 명령 안에 제시된 유일한 방법이다).

우리에게는 온 세상의 변화를 지향하는 원대하고 영웅적인 비전이 주어졌다. 그러나 그런 비전은 일상생활이라는 단조롭고 평범한 삶을 통해 구체적으로 실현된다. "크게 생각하고, 작게 시작하고, 깊이 헌신하라." 크고 많고 우주적인 비전을 품고, 작고 적고 지역적인 행위를 실천하라. 로버트 콜먼은 "세상에 있는 개인들이 변화되지 않으면 세상을 변화시킬 수 없다."라고 말했다.[3]

2. 제자 훈련은 전인적인 그리스도인이 되도록 독려한다

다른 신자들이 영적 성장이 균형 있게 골고루 잘 이루어지도록 이끌 때는 우리 자신도 건강하고 전인적인 믿음을 가져야 한다는 사실을 잊지 말고, 그렇게 되도록 노력해야 한다.

좋은 제자 훈련이 이루어지려면 확실한 의도와 관계라는 두 가지 요소가 필요하다. 이 말은 전략적이어야 하는 동시에 충실한 교제가 이루어져야 한다는 뜻이다. 우리는 대부분 한쪽으로 치우친다. 우리는 관계적인 측면은 강하지만 의도적인 측면은 약하고, 의도적인 측면은 강하지만 관계적인 측면은 약한 경향이 있다. 그런 이유로 제자 훈련의 과정을 시작했을 때 한쪽으로 치우칠 때가 많다.

그러나 어느 한쪽으로 치우치면 진정한 제자 훈련이 요구하는 온전한 요건을 갖추기가 어렵다. 제자 훈련은 친구와 친구, 또는 교사와 학생의 관계에 국한되지 않는다. 제자 훈련은 두 가지 모두를 요구한다. 일상의 삶을 공유하고(관계), 가르칠 수 있는 순간을 최대한 활용하는 것(의도)이 필요하다. 이를테면 갈릴리 지역을 함께 걷기도 해야 하고, 산상설교를 가르치기도 해야 한다. 제자 훈련은 유기적이고 전략적이며, 관계적이고 의도적이며, 양적인 시간과 질적인 시간 속에서 삶과 교훈을 공유하는 과정이 되어야 한다.

3. 제자 훈련은 우리의 죄를 더욱 자각하게 만든다

제자 훈련은 단지 진리를 가르치는 것에 국한되지 않는다. 제자 훈련은 삶을 공유하는 것이다. 바울은 데살로니가 교회의 신자들에게 "우리가…하나님의 복음뿐 아니라 우리의 목숨까지도 너희에게 주기를 기뻐함은"(살전 2:8)이라고 말했다. '복음뿐 아니라'라는 바울의 말에 주목해야 한다. 이것은 매우 중요하다.

우리의 삶을 다른 사람과 공유한다는 것은 단지 정보만 공유하는 것이 아니라 친밀한 관계를 맺고 삶을 나누는 것을 의미한다. 죄인들이 서로 가까워지면 가까워질수록 죄가 더욱 분명하게 드러난다(결혼 생활이 두 사람의 죄인이 시간이 지날수록 더욱 친밀해지면서 성화를 이룰 수 있는 환경을 제공하는 이유가 여기에 있다).

예수님은 회개하실 필요가 전혀 없었지만, 우리는 그렇지 못하다. 우리는 제자 훈련을 통해 우리가 가르치는 사람들에게 회개의 본을 보여 주어야 한다. 우리는 우리의 삶을 바라보고 우리의 믿음을 본받기를 원하는 사람들에게 정직하고 솔직하게 죄를 뉘우치는 모습을 보여 줄 필요가 있다. 우리는 그들에게 죄를 고백하고, 잘못을 뉘우치며, 진정으로 변화를 추구하는 모습을 보여 주어야 한다.

좀 더 구체적으로 말해 제자 훈련은 이기심을 버리는 것을 의미한다. 우리의 시간과 공간을 아낌없이 내주어야 한다. 이보다 좀 더 구체적으로 말하면, 우리가 소중히 여기는 사생활을 상당 부분 포기할 각오를 해야 한다. 우리는 제자 훈련을 이끌면서 "어떻게 신앙생활을 함께 해나갈 수 있을까? 과연 내가 가르치는 신자에게 일주일에 한 번 겉으로만 믿음이 좋은 처하지 않고, 나의 삶을 솔직하게 보여 줄 수 있을까?"라는 질문을 깊이 생각해야 한다.

제자 훈련을 이끌려면 우리의 개인적인 자유를 많이 포기해야 한다. 우리는 우리 자신이 성화의 과정을 거치면서 온갖 연약함에 시달리며 성장하는 모습을 우리가 가르치는 사람들에게 솔직하게 보여 주고, 또 그들이 온갖 연약함에 시달리며 조금씩 성장해 가는 과정에 동참해야 한다. 우리는 우리가 가르치는 사람들과 함께하면서 예수님이 제자들에게 영향을 끼치신 것처럼 그들에게 영향을 끼쳐야 한다(막 3:14 참조).

"그들이 베드로와 요한이 담대하게 말함을 보고 그들을 본래 학문 없는 범인으로 알았다가 이상이 여기며 또 전에 예수와 함께 있던 줄도 알고"(행 4:13).

이런 식의 제자 훈련이 이루어지면 우리 안에서 새로운 죄가 드러날 것이고, 그로써 우리 자신에게 하나님의 은혜가 더욱 절실히 필요하다는 것을 깨닫게 될 것이다.

4. 제자 훈련은 예수님을 더욱 의지하도록 이끈다

제자 훈련은 힘들고 어려울 때가 많다. 우리 자신의 약점과 실패와 부족함을 이전보다 더 분명하게 깨닫게 되면 예수님을 더욱 의지하지 않을 수가 없다. 제자를 훈련하는 사람은 성령을 의지함으로써 실패를 잘 극복할 수 있는 법을 배워야 한다. 기독교적인 방법으로 실패를 잘 극복하려면 그것을 십자가 앞으로 가져가야 한다.

제자 훈련은 언뜻 간단해 보이지만, 사실은 그렇지가 않다. 스스로에게 솔직하다면 많은 실패를 인정하지 않을 수 없을 것이다. 우리는 제자 훈련의 과정에서 사랑을 나타내는 일이나, 솔선수범하는 일이나, 담대하고 명확하게 복음을 전하는 일이나, 사후 관리나, 쉬지 말고 기도하는 일이나, 인내하며 노력을 지속하는 일이나, 충분히 준비하는 일 따위를 잘 못할 때가 많고, 또 이기심 때문에 우리 자신의 삶을 선뜻 공유하지 못할 때도 적지 않다.

제자 훈련은 우리의 실패를 드러낼 뿐 아니라 우리 스스로를 적절히 제어하고, 우리 자신이 아닌 예수님과 복음으로부터 매일을 살아가는 힘을 얻는 법을 가르친다. 이것이 제자 훈련의 핵심이다. 복음은 다른 사람에게 넘겨주어야 할 배턴이다. "네게 부탁한 것"(딤전 6:20, 딤후 1:14), 곧 복음이 제자 훈련의 내용이다. 이 복음은 한 세대에서 다음 세대로 건네져야 한다. 이것이 바로 우리가 다른 사람들의 질그릇에 옮겨 담으려고 애쓰는 보물이다(고후 4:7 참조).

제자 훈련의 목적은 우리 자신을 복제하는 것, 곧 우리의 특성과 언행을 빼닮은 사람을 양육하는 데 있지 않다. 우리가 제자를 양육하는 목적은 복음을 전하기 위해서다. 우리 자신이 아닌 예수님이 중심이 되셔야 한다. 그분은 제자 훈련의 가장 완전한 본보기요 그 내용이시다. 우리는 우리의 이름이 아닌 예수님의 이름으로 세례를 베푼다. 우리가 다른 사람들을 가르치는 목적은 개인적인 생각을 주지시키기 위해서가 아니라 예수님이 명령하신 모든 것을 지키게 하기 위해서다.

예수님과 복음은 제자 훈련의 주된 내용이다. 더욱이 예수님은 불완전하고 부족한 제자 훈련 교사의 큰 위로가 되어 주신다. 그분은 완전한 제자 훈련 교사가 되어야 한다는 압박감에서 우리를 자유롭게 하신다. 완전한 제자 훈련 교사는 과거에 이미 존재했다. 그분은 갈릴리 해변에서부터 갈보리 십자가에 이르기까지 우리의 죄와 실패를 모두 짊어지시고 완전한 삶을 사셨다. 우리는 제자 훈련의 과정에서 그분의 완전하심을 굳이 모방하려고 할 필요가 없다. 사실 우리는 그렇게 할 수도 없다.

우리의 실패는 주님 안에서 얼마든지 용서받을 수 있다. 또 자신의 교회를 세우시고 우리와 항상 함께하겠다고 약속하신 주권자께서는 우리가 그분의 지상 명령을 수행하려고 애쓸 때마다 우리의 불완전하고 부족한 제자 훈련을 축복해 주신다. 뿐만 아니라 그분은 제자 훈련의 모든 과정을 떠받치는 능력이 제자 훈련 교사가 아닌 자기 자신에게서 비롯한다는 것을 보여 주심으로써 그 선하심을 나타내기를 기뻐하신다. 우리는 이 사실에서 크나큰 위로를 발견할 수 있다.

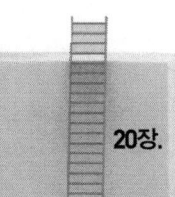

20장. 재물을 선용하라

단순히 재물을 바치는 것이 아니라 어떤 태도로 재물을 바치느냐가 중요하다. 하나님은 즐겨 내는 자를 사랑하신다(고후 9:7). 그리스도인이 재물을 즐겁게 바쳐야 하는 이유는 우리의 구원자요 주님이요 가장 귀한 보물이신 그리스도께서 우리를 값 주고 사기 위해 무한히 관대한 은혜를 베푸셨기 때문이다.

"우리 주 예수 그리스도의 은혜를 너희가 알거니와 부요하신 이로서 너희를 위하여 가난하게 되심은 그의 가난함으로 말미암아 너희를 부요하게 하려 하심이라"(고후 8:9).

예수님이 우리 안에 거하신다면, 우리도 시간이 흐를수록 더욱더 관대해져야 마땅하다. 복음이 우리의 삶 속에 뿌리를 깊이 내릴 때 나타나는 현상 가운데 하나는 재물에 대한 욕심이 줄어드는 것이다. 관대함은 참된 믿음의 증표다. 예수님은 탐욕의 위험성을 매우 엄격한 태도로 자주 경고하셨다. 그분은 "주는 것이 받는 것보다 복이 있다"(행 20:35)라는 말씀으로 즐겨 베풀라고 가르치셨다.

다른 사람들을 사랑하고 우리의 사명을 이루는 일에 재물을 사용하려면 다음 5가지 사실을 기억해야 한다.

1. 재물은 수단이다

재물 자체는 악이 아니다. 부 자체가 아니라 "부하려"(딤전 6:9) 하는 욕망이 죄다. "일만 악의 뿌리"(딤전 6:10)는 재물 자체가 아니라 재물을 사랑하는 마음이다. 재물을 사랑해서는 안 된다(히 13:5). 우리의 부패한 마음에서 비롯하는 이 욕망은 매우 위험하다(딤전 6:10).

성경은 재물에 대한 우리의 태도를 강력하게 경고한다(예를 들어, 야고보서 5장 1-6절은 사치스럽고 자기만족적인 삶을 단죄한다). 그러나 우리는 재물이 아니라 우리의 마음이 문제라는 사실을 종종 망각한다. 재정, 월급, 예산 등은 주님이 창조하신 세상의 중요한 일부다. 그것은 공간과 시간의 한계 및 유한성과 마찬가지로 피조 세계의 엄연한 현실에 속한다.

예수님의 원수들이 가이사에게 바치는 세금에 관해 질문했을 때 예수님은 재물이 악하다고 말씀하시지 않고, 그것을 상대화시켜 하나님과의 관계와 비교하셨다(마 22:21). 예수님은 성전세를 내라는 요구에 직면하셨을 때도 기적을 베풀어 자신과 베드로의 성전세를 지불하셨다(마 17:27). 그분은 심지어 가룟 유다의 불평에도 불구하고 마리아가 값비싼 향유로 자기 발을 씻겨 준 사랑의 행위를 높이 칭찬하셨다. 그분은 또한 "불의의 재물로 친구를 사귀라 그리하면 그 재물이 없어질 때에 그들이 너희를 영주할 처소로 영접하리라"(눅 16:9)라고 가르치셨다. 한마디로 재물은 근시안적이고 이기적인 목적을 위해서가 아니라 원대하고도 경건한 목적을 위해 사용해야 하는 수단이다.

수단은 사용하기 위해 만들어진 것이다. 재물을 꼭 끌어안고 있으면 우리의 영혼이나 다른 사람들을 유익하게 할 수 없다.

2. 재물을 사용하는 방법이 마음의 상태를 드러낸다

마태복음 6장 21절은 중요한 사실을 상기시킨다. 예수님은 "네 보물 있는 그곳에는 네 마음도 있느니라"라고 말씀하셨다. 재물을 쌓는다는 것은 미래의 어떤 시점에 쓸 것이 충분하지 않을까 봐 두려워하는 마음을 드러내고, 인색한 태도는 하늘에 계신 성부께서 모든 것을 공급하신다는 것을 믿지 못하고, "하나님이 그리스도 예수 안에서 영광 가운데 그 풍성한 대로 너희 모든 쓸 것을 채우시리라"(빌 4:19)라는 약속을 신뢰하지 못하는 마음을 드러낸다.

재물을 베푸는 것도 마음의 상태를 드러내기는 마찬가지다. 재물을 베푸는 것은 우리의 마음속에 존재하는 믿음과 사랑을 보여 주고 강화하는 역할을 한다. 재물을 베푸는 것은 가장 크고 첫째가는 계명과 둘째가는 계명을 기쁘게 실천할 수 있고, 그리스도의 마음을 닮을 수 있는 기회를 제공한다. 각각 자기 일을 돌볼뿐더러 또한 각각 다른 사람들의 일을 돌보아야 한다(빌 2:4). 바울은 '돈을 사랑하는 것'과 '자기를 사랑하는 것'을 동시에 언급했다(딤후 3:2).

물론 재물에 대한 우리의 태도를 측정하는 가장 중요한 기준은 재물을 기꺼이 베푸는 것이 아니라 누구에게, 또 무엇을 위해 재물을 사용하느냐에 달려 있다. 관대하다는 것은 재물을 이기적인 목적에 사용함으로써 사사로운 기쁨을 얻으려고 하지 않고, 다른 사람들을 위해 사용함으로써 더 만족스런 기쁨을 얻으려는 태도를 의미한다. 따라서 선한 양심을 지닌 사람은 어떤 것을 위해 재물을 사용하려고 할 때 "이 지출이 내 마음 상태를 어떻게 드러내는가? 나는 지금 어떤 욕망을 만족시키려고 하는가? 개인적인 즐거움을 위해서인가, 복음의 진전을 위해서인가, 친구나 가족에게 사랑을 표현하기 위해서인가?"라고 묻는다.

3. 재물을 베푸는 기준은 사람마다 다르다

그러나 재물을 쌓거나 베푸는 것만이 전부는 아니다. 대다수 사람들은 재물의 대부분을 자기 자신과 가족들의 필요를 위해 사용한다. 그런 소비는 필요하고도 불가피하다. 그것은 좋은 일이다. 하나님은 그런 목적을 위해 우리에게 금전적인 수입을 허락하신다. 더욱이 하나님은 우리 가운데 많은 사람들에게 필요를 채우고도 남을 만한 수입을 허락하심으로써 자기처럼 다른 사람들에게 베푸는 기쁨을 누리게 하신다.

여기서 "우리의 필요를 채우는 데 어느 정도면 충분한가?"라는 문제가 제기된다. 단지 의식주를 해결하기에는 불충분한가? 우리 자신을 위한 의로운 소비와 불의한 소비를 가늠하는 기준은 무엇인가? 얼마를 남기고, 얼마를 다른 사람들에게 베풀어야 하는지를 판단하도록 도와주는 기준이 있는가?

아우구스티누스는 '삶의 필요'를 위한 기준을 제시했다. 레베카 드 영은 그가 제시한 기준을 이렇게 요약했다.

단지 생존에 필요한 것만이 아니라 인간에게 '합당하거나' 적절한 삶을 사는 데 필요한 것을 의미한다. 다시 말해 허름한 집에서 누더기를 걸치고 빵 부스러기를 먹으며 사는 것이 아니라 재물에 속박되지 않은 상태로 온전한 인간의 삶을 영위하는 것을 의미한다. 우리는 재물을 숭배하고 탐하며 살아가기보다 재물을 우리의 필요를 채우고 인간의 존엄성을 유지하는 데 사용해야 한다.[1]

물론 '재물에 속박되지 않은 상태로 온전한 인간의 삶을 영위하는 것'에 해당하는 것과 해당하지 않는 것을 구분하는 기준은 장소나 사람에 따라 제각각 다르다.

"각각 그 마음에 정한 대로 할 것이요 인색함으로나 억지로 하지 말지니 하나님은 즐겨 내는 자를 사랑하시느니라"(고후 9:7).

재물과 관련된 문제를 다룰 때, 다른 사람들보다는 우리 자신을 비판하는 것이 바람직하다. 우리는 다른 사람들에게는 엄격하고 우리 자신에게는 너그러운 경향이 있다는 것을 기억해야 한다.

이 문제를 구체적으로 말하기는 어려울 뿐 아니라 현명하지도 않은 일일 것이다. 그러나 몇 가지 유익한 원칙을 정하고, '재물에 속박되는 것'과 같이 우리가 피해야 할 잘못을 생각하는 것은 얼마든지 가능하다.

'온전한 인간의 삶'은 한 가지로 고정된 삶을 가리키지 않는다. 하나님은 만찬과 금식, 소음과 침묵, 군중과 고독이라는 삶의 리듬을 허락하셨다. 지나치게 호사스런 삶과 지나치게 금욕적인 삶을 구분하는 것은 여러모로 유익하다. 만찬을 즐길 때도 있고, 금식해야 할 때도 있다. 우리는 '번영 신학'을 경계해야 할 뿐 아니라 청지기직을 가장한 인색함에 속아서도 안 된다. 또한 우리의 경제적인 능력을 넘어서는 지출로 인해 빚을 지지 않도록 주의해야 한다.

각 개인에 따라 너무 많거나 너무 적은 것을 구분하는 것은 그다지 쉬운 문제가 아니지만 존 파이퍼는 "밤과 낮의 경계를 정확하게 구분하는 것이 불가능하다고 해서 그것이 곧 언제가 자정인지조차 알 수 없다는 의미는 아니다."라는 지혜로운 조언을 아끼지 않았다.[2]

기준과 관련해 마지막으로 살펴봐야 할 문제는 희생을 감수하는 태도다. 다른 사람들을 돕기 위해 '삶의 필요'라고 생각하는 것을 포기해 본 적이 있는가? 희생만큼 우리의 마음 상태를 더 잘 보여 주는 것은 없다. 남는 것을 기꺼이 베풀 뿐 아니라 개인적인 손실이나 불이익을 감수하고 다른 사람들에게 너그럽게 베푼다면, 그것은 곧 우리가 우리 자신과 우리를 위한 위로를 기꺼이 포기할 만큼 큰 사랑을 지녔다는 확실한 증표다.

4. 관대함은 은혜의 수단이다

그런 희생은 베풂이라는 주제를 다루는 동안 항상 그 저변에 숨겨져 있던 한 가지 질문을 제기한다. 그것은 "우리의 자유로움과 기쁨을 만끽하려고 하지 않고 친구나 낯선 사람을 위해 사심 없이 성탄절 선물이나 연말 기부금이나 음식 등을 나눠 주는 관대한 태도나 희생적인 행위에는 보상이 뒤따르는가?", 즉 "다른 사람들에게 베푸는 것이 위로부터 오는 은혜를 받는 길인가?"라는 질문이다.

신약성경은 베풀면 이 세상에서 물질적인 보상을 받을 수 있다고 약속하지 않지만, 그것이 우리 영혼을 위한 은혜의 수단이라고 가르친다. 하나님은 믿음으로 베푸는 사람들을 기꺼이 축복하신다.

"주는 것이 받는 것보다 복이 있다"(행 20:35).

고린도후서 9장의 약속은 이보다 훨씬 더 분명하다.

"이것이 곧 적게 심는 자는 적게 거두고 많이 심는 자는 많이 거둔다 하는 말이로다"(6절).

"하나님이 능히 모든 은혜를 너희에게 넘치게 하시나니 이는 너희로 모든 일에 항상 모든 것이 넉넉하여 모든 착한 일을 넘치게 하게 하려 하심이라"(8절).

"심는 자에게 씨와 먹을 양식을 주시는 이가 너희 심을 것을 주사 풍성하게 하시고 너희 의의 열매를 더하게 하시리니 너희가 모든 일에 넉넉하여 너그럽게 연보를 함은 그들이 우리로 말미암아 하나님께 감사하게 하는 것이라"(10-11절).

하나님의 은혜는 영혼을 이기심에서 자유롭게 하고, 관대하고 희생적인 베풂을 가능하게 해준다. 하나님은 그런 희생을 결코 간과하지 않으신다. 믿음으로 다른 사람들의 필요를 채워 주면 우리의 영혼이 하나님의 은혜를 더 풍성하게 누릴 수 있다.

5. 하나님은 베풀기를 가장 즐겨 하는 분이시다

우리가 아무리 즐겨 베푼다고 해도 진정으로 즐겨 베푸시는 하나님을 능가할 수는 없다. 하나님은 자신의 독생자를 억지로나 마지못해서가 아니라 마음에 결심한 대로 기쁨으로 선뜻 내주셨다(요 3:16, 롬 8:32). 예수님도 영원하신 성령으로 말미암아 자기를 기꺼이 바치셨고(히 9:14), 우리의 가장 큰 필요를 채워 주기 위해 자신의 부요함을 포기하셨다.

"우리 주 예수 그리스도의 은혜를 너희가 알거니와 부요하신 이로서 너희를 위하여 가난하게 되심은 그의 가난함으로 말미암아 너희를 부요하게 하려 하심이라"(고후 8:9).

하나님이 즐겨 베푸는 사람을 좋아하시는 이유는 자신이 즐겨 베풀기를 좋아하시기 때문이다. 우리가 그리스도 안에서 베푸는 모든 선물은 우리가 이미 받은 것, "은혜의 지극히 풍성함"(엡 2:7)을 되돌려 주는 것에 지나지 않다.

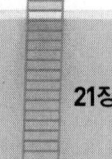

21장. 시간을 지혜롭게 사용하라

우리는 항상 시간 속에서 살아간다. 이를 피할 길은 없다. 지구 상에 있는 인간은 문화와 상관없이 모두 끊임없이 흘러가는 시간에 종속되어 있다. 모래시계의 모래는 쉴 새 없이 아래로 흘러내린다. 그 광경을 외면하거나 막아 보려고 애쓰는 등 아무리 발버둥을 쳐도 시간의 흐름을 저지할 수는 없다. 시간의 흐름을 무시하면 심각한 위험을 자초할 뿐이다. 그렇게 하지 않으려면 지혜를 발휘해 우리의 짧은 인생을 하나님이 주신 선물로 알고 선한 청지기처럼 잘 사용해야 한다.

시간에 관심을 기울이는 것과 관련해 가장 먼저 생각해야 할 점은 성경이 그런 태도를 권장하고 있다는 것이다. 시간을 잘 사용하기 위해 노력해야 한다는 것은 세상의 가르침에서 시작되지 않았다. 최근에 시간을 주제로 다룬 경제 서적이 많이 출간되었지만, 성경의 가르침은 그보다 훨씬 오래전에 주어졌다. 바울은 "그런즉 너희가 어떻게 행할지를 자세히 주의하여…세월을 아끼라"(엡 5:15-16)라고 말했고, 모세는 그보다 1,500년 앞선 시대에 "우리에게 우리 날 계수함을 가르치사 지혜로운 마음을 얻게 하소서"(시 90:12)라고 기도했다.

성경은 여러 곳에서 재물을 선용하라고 가르치지만, 익히 알다시피 시간은 재물보다 훨씬 더 귀중하다. 도널드 휘트니는 이렇게 말했다.

> 만일 사람들이 아무 생각 없이 시간을 낭비하는 것처럼 돈을 마구 낭비한다면 우리는 그들을 미쳤다고 생각할 것이다. 그러나 시간은 돈보다 무한히 더 귀중하다. 왜냐하면 시간은 돈으로 살 수 없기 때문이다.[1]

하나님의 뜻이면

성경은 시간을 잘 관리해야 한다고 가르칠 뿐 아니라 지나치게 시간에 쫓겨 살아가는 삶을 경계하라고 당부한다. 시간을 헛되이 낭비하는 것은 종종 많은 위험을 초래하지만, 오늘날에는 그와 정반대되는 위험이 크게 만연해 있다. 그 근본 원인이 불안이나 이기심이든, 아니면 교만이나 오만함이든 상관없이 우리는 우리 자신이 시간을 너무 소중하게 떠받들며 살아가고 있다는 것을 부인할 수 없다. 시간 관리라는 우상이 그리스도와 그분의 섭리 및 특권을 밀어내고 그 자리를 신속하게 장악하고 있다.

야고보는 시간에 대한 우리의 태도를 바로잡기 위해 책망의 말을 아끼지 않았다.

"들으라 너희 중에 말하기를 오늘이나 내일이나 우리가 어떤 도시에 가서 거기서 일 년을 머물며 장사하여 이익을 보리라 하는 자들아 내일 일을 너희가 알지 못하는도다 너희 생명이 무엇이냐 너희는 잠깐 보이다가 없어지는 안개니라 너희가 도리어 말하기를 주의 뜻이면 우리가 살기도 하고 이것이나 저것을 하리라 할 것이거늘 이제도 너희가 허탄한 자랑을 하니 그러한 자랑은 다 악한 것이라"(약 4:13-16).

야고보는 잠언 27장 1절("너는 내일 일을 자랑하지 말라 하루 동안에 무슨 일이 일어날지 네가 알 수 없음이니라")의 가르침을 되풀이하고 있다. 우리는 예측은 할 수 있지만, 실제로 다음 주는 고사하고 한 시간 뒤에 무슨 일이 일어날지조차 정확히 알 수 없다. 우리의 시간이 우리의 것처럼 생각될 테지만, 사실 시간은 모두 하나님의 것이다. 하나님은 노년이 되어 백발이 될 때까지 우리를 살려 두실 수도 있고(사 46:4), 또 아무 경고 없이 "어리석은 자여 오늘 밤에 네 영혼을 도로 찾으리니"(눅 12:20)라고 말씀하실 수도 있다.

시곗바늘은 항상 하나님의 손안에 있다. 따라서 하나님을 위한 계획을 고려하지 않고 일정을 계획하는 것은 오만함에 해당한다.

생산성 높은 시간 관리라는 통념

시간을 소홀히 하는 사람들도 많지만, 요즘에는 시간 관리가 세간의 큰 화제로 유행하고 있다. 최소한 서구 사회에서는 이전보다 시간을 더욱 귀하게 여기고 있고, 시간이 얼마나 신속히 흘러가는지에 대한 관심이 크게 높아졌다.

서점에 가 보면 철학이나 종교보다 생산성과 시간 관리를 주제로 다루는 책들이 더 많이 눈에 띈다. "생산성 높은 시간 관리"라는 통념이 날로 향상되는 시스템 안에서 수많은 사람의 이목을 사로잡고 있다.[2]

오늘날 전문가들은 다른 사람이 우리의 일상생활을 통제하기 전에 우리가 먼저 우리의 일상생활을 주도적으로 이끌어 나가야 한다고 조언한다. 그들은 우리의 가장 큰 문제가 "수동적인 태도"에 있다고 지적하며, 우리의 신성한 일정이 다른 사람들의 필요나 우선순위에 의해 침해받지 않도록 주의해야 한다고 강조한다.[3]

어쩌면 요즘에는 고린도전서 6장 19-20절에 기록된 사랑 많으신 성부의 말씀에 귀를 기울이는 것이 그 어느 때보다 필요한 듯하다. 그분은 "너희의 시간은 너희의 것이 아니다. 너희는 값으로 산 것이 되었으니 그런즉 너희 시간으로 나를 영화롭게 하라."라고 말씀하신다.

그렇다면 어떻게 해야 할까? 우리의 시간이 궁극적으로 우리의 것이 아니라 하나님의 것이라면, 어떻게 하는 것이 우리에게 위탁된 시간을 믿음으로 잘 관리하는 것일까?

사랑으로 역사하는 믿음

그리스도인의 시간 관리 원칙 가운데 하나는 '다른 사람을 사랑하는 마음으로 절도 있고 의도적인 계획을 세워야 한다.'는 것이다. 사랑은 하나님의 율법을 모두 이룬다(롬 13:8, 10). 시간을 경건하게 사용하는 것은 다른 사람들에게 다양한 사랑의 행위를 베푸는 것을 의미한다. 선행으로 하나님의 필요를 채워 그분을 영화롭게 한다는 것은 있을 수 없다(하나님은 아무것도 부족한 것이 없으시다. 행 17:25). 하나님은 우리가 선을 행해 다른 사람들을 섬길 때 영광을 받으신다. 마르틴 루터는 하나님이 아닌 우리의 이웃이 우리의 선행을 필요로 한다고 말했다.

하나님께 우리의 날을 계수함을 가르쳐 달라는 것은 우리가 거듭 되풀이해서 배워야 할 교훈이다. 이 교훈을 실천할 수 있는 한 가지 방법은 하나님이 우리에게 주신 소명을 열심히 이행하고, 다른 사람들의 긴급한 필요를 신속히 채워 줄 수 있도록 시간을 계획하는 것이다. 사랑으로 시간을 계획하는 동기로 삼는 법을 배운다는 것은 일하는 시간을 엄격하게 정해 열심히 일에 몰두하고, 나머지 시간은 탄력적으로 운용해 뜻하지 않게 다른 사람들의 필요를 채워 주어야 할 일이 발생하더라도 관대하게 대응하는 법을 배우는 것을 의미한다.

아마도 성경에서 시간 관리의 신학적 원리를 가장 분명하게 제시하고 있는 말씀은 바울이 제자인 디도에게 보낸 편지의 마지막 대목일 것이다. 그는 그곳에서 "또 우리 사람들도 열매 없는 자가 되지 않게 하기 위하여 필요한 것을 준비하는 좋은 일에 힘 쓰기를 배우게 하라"(딛 3:14)고 말했다. 열매 맺는 것(생산성)은 '좋은 일'(우리의 시간과 노력과 재물을 바쳐 사랑으로 섬기는 것)로, 다른 사람들의 필요를 채워 주는 것을 의미한다. 시간을 잘 계획하지 않으면 유연성을 잃고 다른 사람들의 필요는 등한시한 채 우리의 일에만 관심을 기울이기 쉽다.

지금까지 낭비해 온 시간을 보상하라

사랑을 염두에 두고 의도적으로 시간을 계획한다고 해도 그 계획을 완전하게 지킬 수 있는 사람은 아무도 없다. 죄인인 우리는 시간을 낭비하는 고질적인 습성이 있다. 우리는 사랑 없는 일에 충동적으로 이끌린다. 시간을 가장 절도 있게 관리하는 사람도 날마다 시간을 헛되이 낭비하기가 쉽다.

그동안 시간을 낭비해 온 것을 후회한다면 이제부터는 과연 어떻게 해야 할까? 하나님은 우리가 시간을 잘 관리함으로써 사랑을 베푸는 법을 배우고자 할 때 우리에게 큰 희망을 보여 주신다. 즉 그분은 "믿음으로 예수님을 바라보며 앞으로 남아 있는 시간을 좀 더 주의 깊게 사용함으로써 지금까지 낭비해 온 세월을 보상하라."라고 말씀하신다.

복음이 우리의 마음과 일정을 지배할 뿐 아니라 그리스도 예수께서 우리의 불완전함과 무분별함에도 불구하고 우리를 자신의 소유로 삼으셨다는 것을 기억하고 성령의 능력에 힘입어 믿음으로 살며 사랑으로 행하면 그리스도 예수께 잡힌 바 된 그것을 잡으려고 달려갈 수 있고, 또 뒤에 있는 것은 잊어버리고 앞에 있는 것을 잡으려고 푯대를 향하여 그리스도 예수 안에서 하나님이 위에서 부르신 부름의 상을 위하여 달려갈 수 있다(빌 3:12-14).

우리는 항상 시간 속에서 살아가고, 그리스도의 은혜는 매일 아침, 심지어는 매 시간 새롭다.

시간을 선용하기 위한 4가지 교훈

지금까지 말한 원리들을 좀 더 구체적이고 실천적으로 적용하려면 다음 4가지 교훈에 주목해야 한다. 이 교훈들은 사랑을 실천함으로써 시간을 선용하는 법을 잘 보여 준다.

1. 자신의 소명을 생각하라

하나님은 공공의 이익을 위해 우리 각자에게 은사를 나눠 주셨다(고전 12:7). 그분은 다양한 은사와 사역과 활동을 허락하셨다(고전 12:4-6). 우리는 전문적인 '직업 소명'과 관련해서는 하나님이 우리를 미래에 어떤 길로 인도하실지 그리 어렵지 않게 예측할 수 있지만, 현재 그분이 우리에게 어떤 소명을 요구하시는지는 쉽게 알지 못한다. 예를 들어 경영학을 배우는 학생은 미래에는 사업체를 일으켜 하나님의 영광을 위해 일할 것이라는 소명 의식을 느끼면서도 정작 자신의 현재적 소명이 학생이라는 것, 곧 미래의 소명을 준비하는 과정에 있다는 것은 잘 의식하지 못한다.

우리의 직업 소명, 곧 하나님이 인생을 살아가도록 설계하신 우리의 머리와 마음과 손을 활용해 늘 힘써 노력해야 할 일은 우리 자신의 열망이나 다른 사람들의 기대감만으로는 이루어질 수 없고 구체적인 기회가 주어져야만 가능하다. 바꾸어 말해, 우리 스스로 새로운 직업의 소명을 의식해야 하고, 우리를 가장 잘 알고 있는 사람들이 격려와 인정을 아끼지 않더라도 실질적인 기회의 문이 열려야 하며, 또 우리 자신이 그 기회를 살려 그 분야에서 일하기 시작해야만 확실한 미래의 소명으로 정착할 수 있다. 따라서 우리가 현재 준비해야 할 일에 충실하지 않으면 우리 자신도 기쁨을 누릴 수 없고, 다른 사람들도 유익하게 할 수 없다.

2. 굵직굵직한 계획을 먼저 세워라

하나님의 소명을 의식했다면 그 소명을 이루기 위해 중요한 우선순위를 결정하라. 의도적으로 계획을 수립하지 않으면 그런 우선순위를 등한시하거나 적당히 타협하는 잘못을 저지르기 쉽다.

어떤 사람들은 이것을 '큰 돌'에 비유했다.[4] 작은 자갈은 우리가 정기적으로 시간을 할애하는 일이면서 소명의 중요한 우선순위에 해당하는 것에는 직접적으로 기여하지 않는 일을 가리킨다. 계획을 세울 때 큰 돌에 해당하는 일을 먼저 쌓으면 작은 자갈들로 사이사이의 틈을 채워 넣을 수 있지만, 작은 자갈을 먼저 쌓으면 큰 돌을 쌓기에 적합하지 않다.

3. 아침 시간을 최대한 활용하라

시편 기자와 예수님을 비롯해(시 5:3, 30:5, 46:5, 59:16, 88:13, 90:5-6, 14, 92:2, 143:8, 막 1:35) 교회사의 많은 신앙 위인들로부터 아침 시간을 최대한 활용하는 법을 배워라.

많은 연구 조사에 의해 소명의 가장 중요한 측면을 이행하는 데는 아침 시간이 매우 큰 비중을 차지한다는 사실이 거듭 확인되고 있다. 아침에는 대개 정신이 가장 맑을 뿐 아니라 일을 창의적이고 적극적으로 할 수 있는 활력이 넘친다. 더욱이 아침은 하루의 다른 시간에 비해 방해 요인이나 긴급한 일이 발생해 주의를 빼앗을 가능성이 낮다.

아침 시간을 어떻게 사용하는지를 보면 많은 것을 알 수 있다. 우리 가운데 '아침이 있는 곳에 우리의 마음도 있다.'라는 것이 사실임을 깨달은 사람이 얼마나 많은가? 매일 예수님을 사모하며 성경을 통해 그분의 음성을 듣는 일을 가장 중요한 일로 생각한다면, 아침 일찍 그 일을 행할 것이 분명하다. 그렇게 되면 그 일을 나중으로 미뤄 다른 일을 하느라 등한시할 가능성은 거의 없을 것이다.

소명을 이행할 때도 하루의 처음 몇 시간을 활용하는 것이 매우 중요하다. 우리는 대개 가장 집중해서 해야 할 중요한 일('큰 돌'과 같은 일)을 뒤로 미루려는 경향이 있다. 그러나 그런 일을 가장 잘 처리할 수 있는 전략적인 시간이 있다면, 바로 아침이다. 그런 식으로 아침 시간을 최대한 활용하면 더욱 자유롭게 사랑을 실천할 수 있다. 아침 시간을 사소한 일에 사용하지 않으면 나중에 느닷없이 사랑을 베풀어야 할 일이 발생하더라도 좀 더 유연하고 적극적으로 대처하는 여유를 가질 수 있다. 이 사실은 마지막 네 번째 교훈으로 자연스레 이어진다.

4. 다른 사람들의 필요를 채워 주기 위한 시간을 마련하라

지금까지 시간 관리에 관한 교훈을 폭넓게 다루면서 은연중에 사랑의 섬김을 암시해 왔다. 이번에는 그 점을 좀 더 분명하게 다루어 보자.

소명을 주의 깊게 생각하고, 중요한 우선순위를 고려해 계획을 세우고, 아침 시간을 최대한 활용하는 이유는 모두 우리의 소명을 적극적으로 이행해 다른 사람들을 섬기고 축복하는 사랑을 실천하기 위해서다. 이것이 소명의 가장 참되고 심원한 의미다.

하나님이 우리를 준비시키시고, 우리에게 재능을 허락하신 목적은 인생의 여러 계절을 거치는 동안 다른 사람들의 유익을 위해 시간과 노력을 기울이게 하시기 위해서다. 이것은 소명의 적극적인 차원에 해당한다.

한편 우리의 재능을 알고, 우선적인 일에 먼저 관심을 기울이고, 그 중요한 일을 아침 시간에 처리하면 하루를 살아가는 동안에 크든 작든, 분명하든 그렇지 않든 다른 사람들의 필요를 채워 주어야 할 일이 예기치 않게 발생하더라도 여유롭게 대처할 수 있다. 항상 사랑을 근본적인 동기로 삼으면 사랑을 실천하려는 계획을 적극적으로 세울 수 있고, 또 다른 사람들의 필요가 예기치 않게 발생한 경우에도 여유롭고 유연하게 사랑을 베풀 수 있다.

예수님의 말씀을 기억하라

시간을 잘 사용하면 큰 기쁨을 얻을 수 있다. 예수님은 "주는 것이 받는 것보다 복이 있다"(행 20:35)라고 말씀하셨다. 시간을 헛되이 낭비하거나, 시간에 인색하거나, 시간을 이기적으로 사용하지 않고 다른 사람들에게 희생적인 사랑을 베풀어 하나님을 영화롭게 하는 데 사용하면 크나큰 기쁨을 누릴 수 있다. 우리의 시간과 노력을 다른 사람들을 유익하게 하는 데 사용하면 그들도 자신의 시간과 노력을 통해 우리를 기쁘게 해줄 것이다.

간단히 말해, 사랑의 행위는 저절로 이루어지지 않는다.

Habits of Grace

습관이란
어떤 행위를 오랫동안 되풀이하는 과정에서
저절로 익혀진 행동 방식이다.

나가는 글

바쁠수록 그리스도와 가까이하라

누구나 정신없이 바쁜 날을 경험해 보았을 것이다. 아마 오늘도 그런 날 중에 하루, 곧 정신없이 바쁜 날인지도 모른다. 실제로는 그렇지 않다고 해도 최소한 영적으로는 그렇게 말할 수 있을 것이다.

모두가 규칙적인 습관, 곧 '은혜의 습관'을 발전시켜 하나님과 날마다 교제를 나눌 수 있는 시간과 장소와 방법을 알고 있었으면 좋겠다. 어쩌면 이미 충분히 오랫동안 은혜의 습관을 유지해 온 사람들이 있을 수도 있다. 그들은 평범한 날에는 아침에 알람이 울리면 습관에 따라 잠자리에서 일어나 아침을 먹고, 하루의 일과를 시작하기 전에 간단하게 '말씀을 읽으며', 생각을 새롭게 하고, 마음을 재충전하고, 정신을 가다듬는 생활을 반복한다.

그러다가 느닷없이 정신없이 바쁜 하루가 시작될 때가 있다. 그런 날은 우리가 생각하는 것보다 더 자주 있는 것 같다. 전날 밤에 늦게까지 중요하지만 지루한 대화를 나누느라 피곤한 탓에 다음 날 아침에 알람을 몇 번이나 꺼 버린 경우가 있을 수도 있고, 친척들의 집에 늦게까지 머물거나 그들을 우리 집에 너무 늦게까지 붙잡아 둔 경우도 있을 수 있다.

젊은 부부의 경우에는 자녀가 밤중에 잠에서 깨어나는 일이 있을 수 있고, 침대에서 굴러 떨어져 너무 일찍부터 이리저리 보살피거나 아침을 먹여야 하는 일이 있을 수도 있다. 또 솔직히 말해 그때는 매일 아침이 정신없이 바쁘기 일쑤다. 원수 마귀는 매일 새롭고 창의적인 술책으로 '하나님과 홀로 있는 시간'을 갖지 못하게 방해하는 것 같다.

어떤 상황이 우리의 습관을 방해하든 상관없이 우리는 정신없이 바쁜 날이면 '나는 성경 묵상과 기도라는 은혜의 습관을 어떻게 생각하는가? 선하지만 종종 나를 불편하게 만드는 하나님의 주권적인 섭리로 인해 규칙적인 습관을 이행하지 않고 곧바로 일과를 시작해야 하는 상황이 발생하더라도 기꺼이 은혜의 수단에 관심을 기울여야 하는가?'라는 질문을 떠올려야 한다.

'은혜의 습관'이 무엇을 의미하는지를 기억하라

아침의 영적 습관이 무엇을 의미하는지부터 생각하는 것이 좋을 듯하다. 성경 묵상은 성경 읽기 진도표를 채우는 것이 아니라 말씀을 통해 살아 계신 그리스도와 교제를 나누는 데 그 목적이 있다. 하루를 그리스도의 은혜 가운데 살아가는 것은 우리의 일상적인 경건의 습관이나 실천 행위에 달려 있지 않다. 중요한 것은 일상적인 경건의 습관을 실천하는 것이 아니라 그리스도와 규칙적으로 교제를 나누는 태도다.

성경을 읽고, 묵상과 기도를 통해 신앙 일기를 길게 작성하고서도 다른 사람들의 필요에 무관심한 채 자신의 힘만 믿고 이기적인 태도로 하루의 삶을 살아가는 경우도 얼마든지 있을 수 있다. 가장 큰 활력을 느끼고 영적으로 가장 충만한 듯한 생각이 들 때도 하나님이 공급하시는 힘이 아니라 스스로의 힘으로 살아갈 가능성이 없지 않다 (벧전 4:11).

사랑의 길을 기억하라

하나님과 규칙적으로 교제를 나누는 것은 곧 다른 사람들을 사랑하는 행위다. 우리의 영혼이 수직적인 차원에서 충만하고 풍요로운 삶을 누리면 수평적인 차원에서도 좋은 영향력을 발휘하게 된다. 우리의 영혼이 말씀과 기도로 하나님과 참된 관계를 맺음으로써 늘 새로워지고 충만해지면 더 나은 배우자요 부모요 친구요 친척이요 자녀가 될 수 있다.

때로는 몇 분 동안 사람들을 멀리하고 하나님과 그분의 선하심을 묵상함으로써 새로운 활력을 얻고, 가족이나 공동체로 되돌아와 다른 사람들의 필요에 관심을 기울이는 것이 우리가 베풀 수 있는 가장 큰 사랑의 행위가 되곤 한다. 하지만 경우에 따라서는 성경 묵상이나 기도를 위한 시간이나 개인적인 시간을 갖고 싶은 마음을 포기하고, 몸이 아프거나 아침 일찍 잠에서 깬 어린 자녀를 보살피고, 타지에 갔다가 돌아온 가족들을 위해 아침 식사를 준비하고, 몹시 바쁜 하루

일과를 시작하는 배우자나 친구를 돕는 것이 참된 사랑의 행위가 될 수도 있다.

유연성 있는 아침의 영적 습관을 계발하라

정신없이 바쁜 아침을 생각해 보자. 그런 때가 올 것을 알고 미리 준비한다는 것은 곧 유연성 있는 아침의 영적 습관을 계발한다는 것을 의미한다. 시간이 충분하다면 한 시간 이상 경건의 시간을 가질 수도 있고, 그렇지 않다면 사랑의 요구에 따라 10분이나, 아니면 그보다 훨씬 적은 시간을 경건의 시간에 할애할 수 있다.

예를 들어, 이 책에서 강조해 온 간단한 영적 습관(성경을 읽고, 묵상하고, 기도를 드리는 것)을 생각해 보자. 시간이 많은 날에는 성경을 좀 더 오래 읽으면서 묵상하고, 신앙 일기를 기록하고, 은혜로운 말씀을 암송하고, 찬양과 고백과 감사와 간구의 요소를 모두 갖춘 기도를 오랫동안 드릴 수 있다. 그러나 정신없이 바쁜 아침에는 필요에 따라 성경 읽기와 묵상과 기도를 몇 분 안에 끝낼 수 있다.

그런 날에는 성경 읽기 진도표에 할당된 성경 말씀을 모두 읽지 말고, 짧은 시편이나 간단한 복음 구절이나 서신서의 짧은 대목을 읽을 수 있다. 그 말씀 안에서 하나님의 선하심에 관한 내용을 찾아 묵상하라. 그 하나님의 선하심이 예수님 안에서 나에게 베풀어진 것이라는 점을 기억하고, 마음속에 그 진리를 깊이 새기려고 노력하라. 그런 다음에는 그날 아침에 당장 처리해야 할 문제와 하루의 일과와 그날의 필요를 생각하며 깨달은 진리에 입각해 기도를 드려라.

시간이 빠듯할 때는 간단히 기도를 드리고, 하나님을 의지하는 믿음과 기도하는 마음으로 하루의 일과를 시작하라. 활동하면서도 얼마든지 그리스도를 만날 수 있다. 불가피한 상황과 사랑의 요구에 따라 하루의 일과를 서둘러 시작할 수밖에 없었노라고 하나님께 아뢰라. 묵상과 기도를 아무리 오래하더라도 그것이 하나님의 도우심을 얻는 공로가 될 수 없다는 것을 인정하고, 영적으로 연약할 때 힘을 주시어 굳게 붙들어 달라고 기도하라.

사실 정신없이 바쁠 때 오히려 하나님을 가장 힘 있게 의지하는 경우가 많다. 우리가 연약함을 느끼는 순간에 하나님은 위대한 능력을 나타내신다.

"내 은혜가 네게 족하도다 이는 내 능력이 약한 데서 온전하여짐이라"
(고후 12:9).

하나님이 다른 사람들을 통해 공급하시는 도움을 구하라

은혜의 수단은 개인의 차원에 국한되지 않는다. 은혜의 수단은 공동체적인 속성을 띤다. 개인적인 성경 묵상과 기도조차도 공동체 안에서의 삶과 우리를 가르치는 사람들에 의해 큰 영향을 받는다. 개인적인 성경 읽기와 기도의 효력도 강력하지만(그것은 매일 추구해야 할 가치가 있는 은혜의 습관이다) 배우자나 친구나 동료 신자들을 통해 주어지는 은혜의 효력도 강력하기는 마찬가지다. 은혜의 수단인 교제의 능력을 경시하지 말라.

몹시 바빠서 예수님과 홀로 있는 시간을 갖지 못했다면, 예수님을 사랑하는 사람과의 대화를 통해 복음의 양식을 얻으려고 힘써라. 두 사람 모두 바쁜 경우에는 한두 마디의 말로 서로에게 그리스도와 그분의 선하심을 일깨워 주라. 그러면 두 사람 모두 혼자서는 얻지 못할 영적 양식을 얻을 수 있을 것이다.

나중에 적용할 수 있는 교훈을 생각하라

정신없이 바쁜 날이 지나갔거든 다음에 그런 날이 또 닥칠 경우 어떻게 대처할 것인지를 미리 생각해 두라. 예를 들어, 영화를 불필요하게 너무 늦게까지 관람했다면 다음에는 미리 더 나은 계획을 세우는 것이 좋다. 그러나 안타깝게도 우리는 교훈을 되새기지 않을 때가 많다. 요즘에는 대부분 그렇게 살아간다.

정신없이 바쁜 날은 또 있을 것이다. 집안에 갓난아이가 태어나면 모든 계획이 무효가 되고, 정신없이 바쁜 인생의 계절이 시작된다. 그러나 조금만 관심을 기울여 적절히 계획을 세우면 하나님을 더욱 의지하면서 그 시절을 잘 헤쳐 나가기 위한 방법을 찾을 수 있다. 다시 말하지만, 아침의 영적 습관을 이상적으로 유지해야만 하나님의 은혜와 축복을 받을 수 있는 것은 아니다. 아무리 바쁜 날이더라도 그리스도와 얼마든지 깊은 교제를 나눌 수 있다.

주

서문
1. 이 책을 읽어 보면 알겠지만, 나는 특히 세 권의 책을 강력히 추천하고 싶다. 나 역시 이 책들을 통해 많은 도움을 받았다. Donald S. Whitney, *Spiritual Disciplines for the Christian Life*, rev. ed (Colorado Springs: NavPress, 2014). John Piper, *When I Don't Desire God: How to Fight for Joy* (Wheaton, IL: Crossway, 2004). Timothy Keller, *Prayer: Experiencing Awe and Intimacy with God* (New York: Dutton, 2014).
2. 휘트니는 또 다른 책을 통해 그 점을 보완하려고 노력했다. *Spiritual Discipline within the Church: Participating Fully in the Body of Christ* (Chicago: Moody, 1996).

들어가는 글
1. 오직 믿음으로 의롭다 하심을 받는다는 진리를 비롯해 칭의가 성화와 믿음의 성장 및 거룩과 어떤 관계를 맺고 있는지에 관해 좀 더 자세히 알고 싶으면 다음 자료를 참조하라. "The Search for Sanctification's Holy Grail," *Acting the Miracle: God's Work and Ours in the Mystery of Sanctification*, ed. John Piper and David Mathis (Wheaton, IL: Crossway, 2013), 13-17.
2. John Piper, *When I Don't Desire God How to Fight for Joy* (Wheaton, IL: Crossway, 2004), 43-44.
3. 나는 '영적 훈련'보다 '은혜의 수단'이라는 표현을 더 좋아한다. 어떤 점에서 이 책은 흔히 기독교의 '영적 훈련'이라고 일컫는 내용을 다루고 있다. 그러나 나는 '은혜의 수단'이라는 표현이 그런 습관에 관한 성경의 가르침과 좀 더 일관된 관계를 맺고 있을 뿐 아니라 그 핵심을 옳게 파악할 수 있도록 도와준다고 생각한다. D. A. 카슨은 "은혜의 수단은 영적 훈련보다 오해를 덜 불러일으키는 매우 훌륭한 표현이다."라고 말했다. D. A. Carson, "Spiritual Discipline," *Themelios*, 36, no. 3 (November 2011).
4. 앞으로 알게 되겠지만 은혜의 수단은 근본 원리에 해당한다. 이 원리를 구체적으로 적용하면 무수히 많은 창의적인 실천 행위(습관)를 만들어 낼 수 있다.
5. 존 파이퍼는 『조직 신학』(Phillipsburg, NJ: P & R, 2013)에서 이 세 가지 원리를 중심으로 은혜의 수단을 나열했다. 이런 식으로 은혜의 수단을 범주화시키는 것은 초대교회의 삶을 간단히 요약한 사도행전 2장 42절과 매우 흡사하다. "그들이 사도의 가르침을 받아 서로 교제하고 떡을 떼며[떡을 떼는 것도 교제로 분류된다] 오로지 기도하기를 힘쓰니라." 라일도 이와 비슷한 식으로 은혜의 수단을 범주화시켰다. 그는 "'은혜의 수

단'은 성경 읽기, 개인 기도, 교회에서 드리는 정기적인 예배(우리는 예배 중에 말씀을 듣고 성만찬에 참여한다)와 같은 것을 가리킨다. 장담하건대 이런 일을 소홀히 하는 사람은 성화를 통한 성장을 기대하기가 어렵다. 뛰어난 성인들 가운데 이런 일을 소홀히 한 사람이 있다는 기록은 어디에도 없다. 이런 일은 성령께서 영혼에게 새로운 은혜를 공급하시고, 그분이 우리의 속사람 안에서 시작하신 사역을 강화시켜 주시는 통로로 정해진 것이다. …우리의 하나님은 수단을 통해 역사하는 하나님이시다. 하나님은 스스로가 매우 신령하고 탁월하기 때문에 이런 일을 행하지 않고서도 충분히 잘 살아갈 수 있다고 생각하는 사람을 결단코 축복하지 않으신다."라고 밀했다. J. C. Ryle, *Holiness: It's Nature, Hindrance, Difficulties, and Roots* (Peabody, MN: Hendrickson, 2007), 26.

6. Donald S. Whitney, *Spiritual Disciplines for the Christian Life*, rev. ed. (Colorado Springs, CO: NavPress, 2014), ix-x.

7. 나는 개혁주의 기독교 신학의 전통에 따라 '은혜의 수단'이라는 표현을 독특한 개신교적 의미로 받아들인다. 나는 은혜의 수단이 자동적으로 효과를 발휘한다는 가톨릭 전통의 '사효론'(*ex opere operato*)을 믿지 않는다. 은혜의 수단은 하나님이 약속하신 축복의 통로를 가리킨다. 우리는 적극적이고 의식적인 믿음, 곧 예수 그리스도를 통해 은혜를 베푸시는 하나님을 믿는 믿음으로 은혜를 받아 누린다. 은혜는 교회가 아니라 예수님이 베푸시는 것이다. 스코틀랜드 신학자 제임스 배너맨은 이렇게 말했다.

"교회가 자신에게 부여된 고유한 은사를 내세워 의식을 관장하고 그리스도의 이름으로 영적 은혜를 베푸는 것이 아니라 그리스도께서 친히 임하시어 의식을 관장하시고 교회를 통해 축복을 베푸신다. 교회는 자기 안에 거하시는 그리스도와 동떨어진 상태에서는 한순간도 생명을 유지할 수 없다. 그리스도께서 교회의 의식에 함께하지 않으시면 그 의식은 아무런 은혜도 끼칠 수 없다. 교회의 직분자들도 그들을 통해 다스리시고 역사하시는 그리스도와 동떨어진 상태에서는 그 어떤 능력이나 사역이나 권위나 은사를 행사할 수 없다." James Bannerman, *The Church of Christ*, vol. 1 (Vestavian Hills, AL: Solid Ground Christian Books, 2009), 199.

8. Whitney, *Spiritual Disciplines*, 13. 또는 조나단 에드워즈가 표현한 대로 우리는 "눈길을 끄는 매혹적인 모습을 하고 영적 욕구를 한껏 발산하도록" 노력할 수 있다.

9. 성경의 '특별 계시' 만이 아니라 하늘을 비롯한 모든 피조물을 통해 나타나는 '일반 계

시' 도 하나님의 말씀에 해당한다. "하늘이 하나님의 영광을 선포하고 궁창이 그의 손으로 하신 일을 나타내는도다 낮은 낮에게 말하고 밤은 밤에게 지식을 전하니"(시 19:1-2).
10. Joe Rigney, *The Things of Earth: Treasuring God by Enjoying His Gifts* (Wheaton, IL: Crossway, 2015). 존 파이퍼도 『말씀으로 승리하라』라는 책에서 한 장을 할애해 이 점을 다루었다.
11. Rigney, *Things of Earth*, 121.
12. 릭니의 책도 세 가지 중에 두 가지, 곧 간접적으로 하나님을 추구하는 방법과 공동체 차원에서 하나님을 추구하는 방법을 다룬다. 공동체 차원에서 하나님을 추구하는 방법은 이 책이 제시하는 방법과 일맥상통하지만 릭니의 책은 간접적인 방법에, 이 책은 직접적인 방법에 각각 초점을 맞추고 있다. 릭니의 책을 통해 '세상의 것'이 어떻게 일반적인 은혜의 수단으로 기능하는지에 대해 살펴보기를 적극 권장한다.

1장
1. 이 말은 존 프레임이 저술한 책들에서 종종 발견된다. 그러나 그는 특별히 다음 자료에서 책 한 권에 해당하는 분량을 할애해 이 말의 의미를 다루었다. John Fame, *The Doctrine of the Word of God* (Phillipsburg, NJ: P & R, 2010).
2. *When I Don't Desire God: How to Fight for Joy* (Wheaton, IL: Crossway, 2004), 81, 91. 우리 자신에게 복음을 전하는 것에 관해서는 이 장 마지막 부분에서 좀 더 상세히 다루었다.
3. Ibid., 91.
4. 5장에서 한 문장으로 된 '복음 구절' 10가지와 짧은 '복음 본문' 12가지를 소개했으니 참고하기 바란다. 성경 공부와 우리 자신에게 복음을 전하는 것의 관계에 관해 좀 더 자세히 알고 싶으면 다음 자료를 참조하라. David Mathis and Jonathan Parnell, *How to Stay Christian in Seminary* (Wheaton, IL: Crossway, 2014), 38-40.

2장
1. 다음 자료를 참조하라. Mortimer and Charles Van Doren, *How to Read a Book: The Classic Guide to Intelligent Reading* (New York: Touchstone, 1972). Tony Renke, *Lit! A Christian Guide to Reading Books* (Wheaton, IL: Crossway, 2011).
2. *Spiritual Disciplines for the Christian Life*, rev. ed (Colorado Springs: NavPress, 2014), 29.
3. '맥체인 성경 읽기 계획'은 http://edginet.org/mcheyne/printable.html에서, 제이슨 드라우치가 개발한 '킹덤 성경 읽기 계획'은 http://cdn.desiringgod.org/pdf/blog/3325_FINAL.DeRouchie.pdf에서, 네비게이토에서 발행한 『디사이플십 저널』은 http://www.navigators.org/www_navigators_org/media/navigators/tools/

Resources/Discipleship-Journal-Bible-Reading-Plan-9781617479083.pdf에서 각각 얻을 수 있다.
4. 다음 자료들을 추천한다. *ESV Study Bible*, ed. Wayne Grudem et al. (Wheaton, IL: Crossway, 2008). D. A. Carson and Douglas J. Mco, *An Introduction to the New Testament*, 2nd ed. (Grand Rapids, MI: Zondervan, 2005). Tremper Longeman III and Raymond B. Dillard, *An Intoduction to the Old Testament*, 2nd ed. (Grand Rapids, MI: Zondervan, 2006).
5. *Future Grace: The Purifying Power of the Promises of God*, rev. ed. (Colorado Springs: Multnomah, 2012), 10.

3장

1. *Spiritual Disciplines for the Christian Life*, rev. ed. (Colorado Springs: NavPress, 2014), 46.
2. Ibid., 86-93. 다음 자료에서도 묵상이 하나님의 말씀을 듣는 것과 기도로 그분께 반응하는 것을 연결하는 '가교 수단'이라는 것을 중심 주제로 다루었다. Timothy Keller, *Prayer: Experiencing Awe and Intimacy with God* (New York: Dutton, 2014).
3. William Bridge, "The Work and the Way of Meditation."
4. Thomas Manton, *Complete Works*, vol. 17.
5. Thomas Watson, "How We May Read the Scriptures with Most Spiritual Profit," dir. 8.
6. William Bates, "On Divine Meditation," chap. 4.
7. 다음 자료에서 인용했다. Donald S. Whitney, *Spiritual Disciplines for the Christian Life*, rev. ed. (Colorado Springs: NavPress, 2014), 88.

4장

1. 다음 자료에서 인용했다. Donald S. Whitney, *Spiritual Disciplines for the Christian Life*, rev. ed. (Colorado Springs: NavPress, 2014), 71.
2. "Must Bible Reading Always End wih Application?," Ask Pastor John, episode 26, desringgod.org, February 13, 2013, http://desringgod.org/interviews/must-bible-reading-always-end-with-application.
3. Ibid.

5장

1. 이 점에 대해서는 '분주한 날'에 갖는 그리스도와의 교제를 다루는 "맺는말"을 참조하라.
2. 다음 웹 사이트를 참조하라. desringGod.org, July 10, 2013, http://www.desringgod.org/blog/posts/ten=passages-for-pastors-to-memorize-cold.

3. 성경 전체를 암송하고자 할 때는 다음 자료를 참고하는 것이 가장 좋다. Andrew Davis, *An Approach to Extended Memorization of Scripture*. 다음 웹 사이트를 참조하면 무료 파일을 얻을 수 있다. http://www.fbcdurham.org/wp-content/uploads/2012/Scrioture-Memory-Booklet-for-Publication-Website-Layout.pdf.

6장

1. http://www.desringgod.org/AskPastorJohn/.
2. http://www.thegospelcoalition.org/.

7장

1. *When I Don't Desire God: How to Fight for Joy* (Wheaton, IL: Crossway, 2004), 142-43.
2. *The World's Last Night and Other Essays* (New York: Mariner Books, 2002), 8.
3. 'ACTS'를 떠올리면 기도가 찬양(Adoration), 고백(Confession), 감사(Thanksgiving), 간구(Supplication)로 구성된다는 것을 쉽게 기억할 수 있다. 이는 하나님께 드리는 온전하고 건강한 기도의 구성 요소를 기억하게 해주는 연상법이다. (기도의 'ACTS'에 관해서는 다음 장을 참조하라.)
4. Donald S. Whitney, *Spiritual Disciplines for the Christian Life*, rev. ed. (Colorado Springs: NavPress, 2014), 93.

8장

1. 2015년 1월 3일에 열린 "패션 2015"의 무대에서 한 말.
2. *Prayer: Experiencing Awe and Intimacy with God* (New York: Dutton, 2014), 23.
3. *When I Don't Desire God: How to Fight for Joy* (Wheaton, IL: Crossway, 2004), 153.
4. Keller, *Prayer*, 23.
5. *My Path of Prayer: Personal Glimpses of the Glory and the Majesty of God Revealed through Experiences of Prayer*, ed. David Hanes (West Sussex, UK: Henry Walter, 1981), 56.
6. *A Narrative of Some of the Lord's Dealings with George Mueller, Written by Himself, Jehovah Magnified. Addresses by George Mueller Complete and Unabridged*, 2 vols. (Muskegon, MI: Dust and Ashes, 2003), 1:272-73. 이 주제를 잘 다룬 새로운 책을 원한다면 다음 자료를 참조하라. Donald S. Whitney, *Praying the Bible* (Wheaton, IL: Crossway, 2015).
7. Law, *A Serious Call to Devout and Holy Life* (Grand Rapids, LI: Eerdmans, 1966), 154.

8. 기도 목록을 작성해 기도하는 방법을 무시할 의도는 전혀 없다. 그러나 그런 방법을 따를 때는 티모시 켈러가 제임스 패커의 말을 인용해 언급한 위험을 자초하지 않도록 주의해야 한다. J. I. Packer, *Prayer: Experiencing Awe and Intimacy with God* (New York: Dutton, 2014), 229-30.

9장

1. *Prayer: Experiencing Awe and Intimacy with God* (New York: Dutton, 2014), 28.
2. "Prayer (I)," 다음 웹 사이트를 참조하라. Poetry Foundation. http://www.poetryfoundation.org/poem/173636.
3. 존 파이퍼의 책에서 종종 발견되는 말이다. 내가 편집 주간으로 일하고 있는 "하나님을 향한 갈망"의 사명은 모든 사람이 이 진리를 깨닫고 받아들이도록 돕는 것이다.
4. 기름을 바르는 행위에 관해 많은 논의가 있을 수 있다. 여기에서 그 모든 견해를 다 다루기는 적절하지 않지만, 은혜의 수단을 주제로 다루는 책에서 이 행위의 본질 및 그것과 은혜의 수단인 기도와의 관계를 간단하게나마 언급해도 좋을 듯싶다.

    어떤 사람들은 야고보서 5장의 '기름 바름'을 의료적인 행위로 생각한다. 그들은 이 말을 기도와 함께 당시에 사용되던 약품을 적용하라는 의미로 이해한다. 이 해석은 성경 도처에서 발견되는 기름 부음의 상징성과 의미에 관한 심오한 신학적 진리, 곧 '기름 부음 받은 자'이신 그리스도를 통해 궁극적으로 성취된 진리('그리스도'는 '기름 부음을 받은'을 의미한다)를 간과하고 있다.

    성경에서 기름 부음은 하나님께 거룩히 헌신하는 것을 의미한다(출 28:41, 눅 4:18, 행 4:27, 10:38, 고후 1:21, 히 1:9). 그리스도께서는 세상에서 완전한 삶을 사셨고, 희생적인 죽음을 감당하셨으며, 죽음을 이기고 부활하심으로써 하나님께 거룩히 헌신하는 것이 무슨 의미인지를 가장 확실하게 보여 주셨다. 기름 부음은 어떤 사람이나 사물을 특별한 방식으로 하나님께 바치기를 원하는 믿음의 내적 성향과 바람을 외적으로 표현하는 육체적 행위에 해당한다.

    더글러스 무는 야고보서 5장을 염두에 두고 "장로들이 기도할 때 병자에게 기름을 바른 것은 그 사람을 하나님의 사랑과 관심을 받게 하기 위해 특별히 따로 구별한다는 의미를 지닌다."라고 말했다. Douglas Moo, *The Letter of James, Pillar New Testament Commentary* (Grand Rapids, MI: Eerdmans, 2000), 242. 마가복음 6장 13절도 야고보서 5장 14절과 비슷하게 기름을 바르는 행위를 병자를 위한 사도들의 기도에 동반된 은혜의 수단으로 언급했다. 사도들은 많은 병자에게 기름을 발라 고쳤다. 물론 기름을 바르는 행위 자체가 자동적으로 치유의 효력을 나타내는 것은 아니다. 그러나 그것은 하나님께 드리는 간구를 더욱 간절하게 만드는 기도의 표현, 곧 그분께 구하며 치유를 기다리는 강력한 염원이 담겨 있는 행위다.
5. Keller, *Prayer*, 23.
6. Ibid., 119.

10장

1. D. Martyn Lloyd-Jones, *Studies in the Sermon on the Mount* (Grand Rapids, MI: Eerdmans, 1960), 1:38.
2. *Spiritual Disciplines for the Christian Life*, rev. ed. (Colorado Springs: NavPress, 2014), 200-17.
3. Matthew Henry, *Commentary on the Whole Bible* (New York: Funk and Wagnalls, n.d.), 4:1478. 다음 자료에서 인용했다. Whitney, *Spiritual Disciplines for the Christian Life*, 214.
4. 축제라는 영적 훈련에 관해서는 한 장을 온전히 할애해도 될 만큼 설명할 말이 충분하다. 그러나 나는 조 릭니의 책을 읽어 보는 것이 더 낫다고 생각한다. Joe Rigney, *The Things of Earth: Treasuring God by Enjoying His Gifts* (Wheaton, IL: Crossway, 2015). 미국 교회는 배가 부를 대로 부른 상태라서 금식에 관한 가르침을 필요로 하지 않을 것이라고 생각하는 사람이 있을지도 모르겠다. 사실 우리는 배부른 상태에 익숙해 있기 때문에 금식을 매우 부당한 영적 훈련으로 간주하는 경향이 있다. 사람들은 대부분 금식을 도외시하거나 생각조차 하지 않을 때가 많다. 그러나 참된 축제도 익숙함과 남용과 영적 목적의 상실로 인해 급격하게 쇠락하고 있는 중이다. 욕망을 만족시키기보다 믿음 안에서 함께 즐기며, 창조주요 구원자이신 하나님의 관대하심과 은혜를 특별한 때에 함께 찬미하는 축제의 영적 의미를 회복해야 할 필요가 있다. 그리스도인들은 매일 똑같이 마구 소비하며 살기보다는 믿음과 선한 양심 안에서 욕망을 억제하며 특별한 때에 축제를 즐기는 삶을 견지해 나가야 한다. 매일 욕망을 억제하면 금식도 할 수 있고, 축제의 날에 특별히 만찬을 즐길 수 있는 여력이 생길 것이다.
5. *When I Don't Desire God How to Fight for Joy* (Wheaton, IL: Crossway, 2004), 171.
6. *A Hunger for God*, rev. ed. (Wheaton, IL: Crossway, 2013), 25-26. 금식에 관해 좀 더 자세히 알고 싶으면 이 책을 참조하라.
7. Lloyd-Jones, *Studies in the Sermon on the Mount*, 1:13.

12장

1. *Spiritual Disciplines for the Christian Life*, rev. ed. (Colorado Springs: NavPress, 2014), 228.

13장

1. 서로 권고와 책망을 주고받는 것에 관해 좀 더 자세히 알고 싶으면 18장을 참조하라.
2. 등록 교인이 된다는 것의 본질과 중요성에 관해 좀 더 자세히 알고 싶으면 다음 자료를 참조하라. David Matthis, "Why Join a Church," http://www.desiringGod.org/articles/why-join-a-church.
3. Bonhoeffer, "the ministry of listening," *Life Together: The Classic Exploration on Faith*

in Community (New York: HarperOne, 2009), 97-99. 『디사이플십 저널』에 실린 재닛 던의 논문 "잘 듣는 자가 되는 법"은 다음 웹 사이트에서 이용 가능하다. desiringGod. org, http://www.desiringgod.org/articles/how-to-become-a-good-listener.

14장

1. *Spiritual Disciplines for the Christian Life*, rev. ed. (Colorado Springs: NavPress, 2014), 111.
2. 다음 자료에서 인용했다. *Worship by the Book*, ed. D. A. Carson (Grand Rapids, MI: Zondervan, 2002), 159-60.
3. *Desiring God: Meditations of a Christian Hedonist*, rev. ed. (Colorado Springs: Multnomah, 2011), 90.
4. Ibid., 92.

15장

1. *Preaching: A Biblical Theology* (Wheaton, IL: Crossway, 2013), 21.
2. Marcus Peter Johnson, *One with Christ: An Evangelical Theology of Salvation* (Wheaton, IL: Crossway, 2013), 220.
3. John Calvin, *Institutes of the Christian Religion*, ed. John T. McNeill, trans. Ford Lewis Battles, 2 vols., The Library of Christian Classics 20-21 (Philadelphia: Westminster, 1960), 4.14.17. 다음 책에서 인용했다. Johnson, *One with Christ*, 219.
4. Johnson, *One with Christ*, 221.
5. 다음 자료에서 인용했다. John C. Clark and Marcus Peter Johnson, *The Incarnation of God* (Wheaton, IL: Crossway, 2015), 192.

16장

1. Frame, *Systematic Theology* (Phillipsburg, NJ: P & R, 2013), 1060.
2. 나는 '신자의 세례'를 믿는다. 신뢰할 만한 믿음의 고백이 없는 사람은 성례에 참여할 수 없다. 나는 예수님을 믿는 믿음을 고백하지 않은 사람은 성찬이나 세례에 참여할 수 없다고 믿는다. 그러나 믿음을 고백한 신자들에게만 세례를 베풀어야 한다고 믿는 복음주의자들과 신자들의 자녀인 유아에게 세례를 베풀어야 한다고 믿는 복음주의자들 사이에 논쟁이 오랫동안 진행 중이다. 여기에서 그 논쟁을 매듭짓기는 불가능하다. 이후에 "세례를 잘 활용하라"라는 주제를 다루게 될 텐데, 그 내용에서도 알 수 있는 대로 은혜의 수단인 세례의 유익 가운데는 유아세례를 찬성하는 자들과 반대하는 자들 모두에게 적용되는 것이 많다. 그러나 나는 세례를 의식적으로 받아들이고 그것을 기억할 수 있어야만 은혜의 수단인 세례를 온전히 경험할 수 있을 뿐 아니라 자신의 세례를 '잘 활용할 수 있고', 나아가 다른 사람들의 세례를 믿음으로 지켜보면서 큰 유익을

얻을 수 있으리라고 확신한다. 이 점에 대해서는 계속해서 좀 더 자세히 다루고 있다.
3. *Systematic Theology: An Introduction to Biblical Doctrine* (Grand Rapids, MI: Zondervan, 1995), 954.

17장

1. 결혼식과 장례식도 믿음으로 받아들이면 은혜의 수단이 될 수 있다. 결혼식은 그리스도와 그분의 교회 사이에 맺어진 언약을 일깨워 주고, 장례식은 죽은 사람을 기림으로써 인생이 안개와 같다는 진리(약 4:14)를 비롯해 우리 자신의 유한성, 죄의 영향력, 죄와 죽음에 대한 그리스도의 궁극적인 승리를 일깨워 준다(고전 15:54-58). 개신교 교회는 이 두 의식을 성례나 예식으로 인정하지 않는다. 그러나 이들은 복음을 상기하도록 도와줄 뿐 아니라 믿음으로 받아들이는 사람들에게는 은혜의 수단이 될 수 있다.
2. *Desiring God Affirmation on Faith*, 12.4, 다음 웹 사이트를 참조하라. http://www.desiringgod.org/about/affirmation-of-faith.
3. *Systematic Theology: An Introduction to Biblical Doctrine* (Grand Rapids, MI: Zondervan, 1995), 954-55.
4. The Westminster Confession of Faith, 29.1.
5. *Systematic Theology* (Phillipsburg, NJ: P & R, 2013), 1069.

18장

1. *Matthew*, rev. ed. The Expositor's Bible Commentary (Grand Rapids, MI: Zondervan, 2010), 456.

19장

1. Bill Hybels, *Becoming a Contagious Christian* (Grand Rapids, MI: Zondervan, 1996), 30, 32.
2. *The Walk: Steps for New and Renewes Followers of Jesus* (Phillipsburg, NJ: P & R, 2009), 211.
3. *The Master Plan of Evangelism* (Grand Rapids, MI: Revell, 1993), 23.

20장

1. *Glittering Vices: A New Look at the Seven Deadly Sins and There Remedies* (Grand Rapids, MI: Brazos, 2009), 106.
2. 존 파이퍼와 콜린 한슨과의 인터뷰. "Piper on Pastor's Pay," *The Gospel Coalition*, November 6, 2013, http://www.thegospelcoaliton.org/article/piper-on-pastors-pay.

21장

1. *Spiritual Disciplines for the Christian Life*, rev. ed. (Colorado Springs: NavPress, 2014), 166-67.
2. James Bedell, "The Trap of Productivity Porn," Medium.com, December 21, 2013, http://www.medium.com/thinking-about-thinking/the-trap-of-productivity-porn-7173d1cc6f95.
3. 다음 자료를 참조하라. *Manage Your Day-to-Day: Build Your Routing, Find Your Focus, and Sharpen Your Creative Mind*, ed. Jocelyn Glei, 99U Book Series (Las Vegas: Amazon Publishing, 2013).
4. Ibid., 197.

사명선언문

너희가 흠이 없고 순전하여……세상에서 그들 가운데 빛들로
나타내며 생명의 말씀을 밝혀 _ 빌 2:15-16

1. 생명을 담겠습니다
만드는 책에 주님 주신 생명을 담겠습니다.
그 책으로 복음을 선포하겠습니다.

2. 말씀을 밝히겠습니다
생명의 근본은 말씀입니다.
말씀을 밝혀 성도와 교회의 성장을 돕겠습니다.

3. 빛이 되겠습니다
시대와 영혼의 어두움을 밝혀 주님 앞으로 이끄는
빛이 되는 책을 만들겠습니다.

4. 순전히 행하겠습니다
책을 만들고 전하는 일과 경영하는 일에 부끄러움이 없는
정직함으로 행하겠습니다.

5. 끝까지 전파하겠습니다
모든 사람에게, 땅 끝까지, 주님 오시는 그날까지
복음을 전하는 사명을 다하겠습니다.

서점 안내

광화문점　서울시 종로구 새문안로 69 구세군회관 1층
　　　　　　02)737-2288 / 02)737-4623(F)

강남점　　서울시 서초구 신반포로 177 반포쇼핑타운 3동 2층
　　　　　　02)595-1211 / 02)595-3549(F)

구로점　　서울시 동작구 시흥대로 602, 3층 302호
　　　　　　02)858-8744 / 02)838-0653(F)

노원점　　서울시 노원구 동일로 1366 삼봉빌딩 지하 1층
　　　　　　02)938-7979 / 02)3391-6169(F)

일산점　　경기도 고양시 일산서구 중앙로 1391 레이크타운 지하 1층
　　　　　　031)916-8787 / 031)916-8788(F)

의정부점　경기도 의정부시 청사로47번길 12 성산타워 3층
　　　　　　031)845-0600 / 031)852-6930(F)

인터넷서점　www.lifebook.co.kr